比较政治学研究（学术辑刊）

主　编：李路曲

学术委员会
(中方学术委员以姓氏笔画为序)

张小劲（清华大学）　　李路曲（上海师范大学）
周　平（云南大学）　　周淑真（中国人民大学）
徐湘林（北京大学）　　袁　峰（上海市委党校）
黄卫平（深圳大学）　　曹沛霖（复旦大学）
景跃进（清华大学）　　谭君久（武汉大学）
〔英〕克特·理查德·路德 Kurt Richard Lurther（英国基尔大学）
〔日〕坂本胜（日本龙谷大学）

Comparative
Politics Studies No.3

比较政治学研究

主编 李路曲
主办 上海师范大学法政学院

第3辑

中央编译出版社
Central Compilation & Translation Press

目录 / Contents

【比较政治学理论研究】

政治文化的比较维度 ………………………………… 佟德志 / 1

理性选择制度主义：历史、方法与逻辑 …………… 高春芽 / 16

民主转型与巩固：民主化理论模式的评析与民主巩固的

    序列分析模式建构 ………………………………… 欧阳景根 / 35

内涵式民主化：制度成长的动力与形态 …………… 汪仕凯 / 58

【比较政治学方法研究】

政治信任研究：历史、逻辑和测量

    ——基于1955年来全球政治信任研究成果的文献分析

    ………………………………………… 虞崇胜　陈　鹏 / 77

从单一国家研究到多国比较研究 …………………… 李路曲 / 98

【比较政治学案例研究】

民主何以成功，何以失败？

    ——关于2010年各国民主政治几个重要事件的比较观察

    ………………………………………………… 谭君久 / 114

多民族国家两种治道的冲突：苏联共产党在
　　族际政治整合上的教训分析 …………………… 常士訚/129
生态危机：工业文明的外在性及其内在化 ………… 张劲松/141
转型社会中的政党权威：挑战与重塑 ………………… 罗　峰/157
东亚协商政治与民主转型的比较研究：模式、理论与实践
　　——以马来西亚和印度尼西亚为例 …………… 阙天舒/171

【比较视野下的中国政治】

国外政府创新的理论与实践及其对中国的启示…… 施雪华　曹丽媛/182
民主化进程中中国城乡居民的政治效能感研究 ………… 李蓉蓉/199
当代社会结构变迁及中国共产党适应性分析 …………… 杨云珍/218
国家建设模式的类型和中国国家建设模式的选择 ……… 黄　杰/232

【比较视野下的地区和国别政治】

2011年新加坡大选的观察与思考 …… 黄卫平　陈　文　陈家喜/249
巴勒斯坦难民营状况考察 …………………………… 范鸿达/262
泰国政党模式的变迁与民主巩固 …………………… 高奇琦/292
20世纪90年代以来斯洛伐克的欧洲化与政治转型 ……… 周忠丽/305
新加坡2011年大选与宗教角色转变 ………………… 章　远/321

【全球议题】

进步的全球主义——挑战蛮横的资本
　　………〔美〕威廉·K.塔布（William K. Tabb）　王金良 译/328

政治文化的比较维度

佟德志[*]

【内容摘要】 作为一个学科，政治文化实际上包含了本国政治文化、外国政治文化和比较政治文化，因而形成了本国传统政治文化、本国现代政治文化、外国传统政治文化、外国现代政治文化、传统政治文化比较、现代政治文化比较等不同课程。在这里，我们主要从政治文化的层次结构和内容结构两个方面对其内涵进行进一步的界定，从而解释比较政治文化展开的维度。

【关键词】 政治文化；比较；结构

政治文化的结构实际上是对其概念的一个再深入的过程，对政治文化结构的理解构成了对其基本要素的一般性理解，直接决定了政治文化研究的内涵。因此，如何确定政治文化的结构，就成为政治文化研究的一个框架。如何确立这一框架对于比较政治文化研究具有重要意义，它实际上规定了比较政治文化研究的基本内容和比较维度。

实际上，从不同角度区分，政治文化就会呈现出不同结构。正所谓"横看成岭侧成峰，远近高低各不同"。比如，我们可以从国别上把政治文化的内涵区别为本国政治文化、国外政治文化；从时间上把政治文化

---

[*] 佟德志：天津师范大学政治与行政学院教授、博士生导师，副院长。

区别为传统政治文化、现代政治文化，等等。作为一个学科，政治文化实际上包含了本国政治文化、外国政治文化和比较政治文化，因而形成了本国传统政治文化、本国现代政治文化、外国传统政治文化、外国现代政治文化、传统政治文化比较、现代政治文化比较等不同课程。在这里，我们主要从政治文化的层次结构和内容结构两个方面对其内涵进行进一步的界定，从而解释比较政治文化展开的维度。

一、政治文化的层次结构

提出政治文化的概念之后，阿尔蒙德在接下来政治文化研究的相关成果中进一步确定了政治文化的结构，从而以认知、情感和评价三个基本要素确立了政治文化研究的框架。阿尔蒙德的理解代表了西方对政治文化的主流理解。阿尔蒙德的政治文化概念体现为三种形态：认知因素，指对政治系统、官员、输入和输出的知识和信仰；情感因素，指对政治系统人员和执行的情绪；评价因素，指对政治目标的判断和意见。[1]

就政治文化的内容来讲，西方学者对政治体系的主观倾向的理解并不一致，存在各种各样的理解。阿尔蒙德、普特南等人一般从政治心理的角度来理解政治文化，这实际上突出了那种可以通过心理学方法科学地获取政治文化特征的角度，也是一种经典理解。杰克·普拉诺在《政治学分析辞典》中亦认可这种解释。他指出："政治文化是每一社会内由学习和社会传递得来的关于政府和政治行为模式的聚集。政治文化通常包括政治行为心理因素，如观念、情感及评价意向等，政治文化既是全社会历史经验的产物，也是每个人社会化的个人经验的能力。"[2]

---

[1] 参见〔美〕加布里埃尔·A.阿尔蒙德、西德尼·维巴：《公民文化——五国的政治态度和民主》，马殿君等译，浙江人民出版社1989年版，第24页。
[2] 〔美〕杰克·普拉诺等：《政治学分析辞典》，胡杰译，中国社会科学出版社1986年版，第111页。

但对政治文化内涵的界定并不限于此,亦存在各种各样的定义。法根(Richard Fagen)、索罗门(R. H. Solomon)等人则从政治思想的角度来定义政治文化的内容。① 布鲁姆(W. T. Bluhm)和威尔逊(Richard Wilson)等人则从更为广泛的内容出发,认为政治文化可以包括政治意识形态,甚至更多的是一种政治意识形态。② 另外,还有学者从民族性的角度来定义政治文化的内容。③ 洛威尔·底特默(Lowell Dittmer)则从政治符号(political symbol)的角度来定义政治文化,认为政治文化是"一个政治符号的系统"④。

中国学术界对政治文化的结构性认识基本是从学科角度来划分的,从学科划分的角度来看待政治文化实际上是政治文化研究本土化的结果。从学科角度来划分政治文化的不同认识基本上形成了两种比较流行的观点。这里可以进一步从政治文化的结构来确定政治文化的内涵。由于人们对政治文化所涵盖的范围有不同认识,形成了三种具有代表性的认识:

(1) 广义概念:政治心理、政治思想、政治制度
(2) 中义概念:政治心理、政治思想
(3) 狭义概念:政治心理

将政治制度也包括进政治文化的广义观点并不多见,但这一观点强调了政治文化与政治制度之间的联系,具有一定的启发价值。国内学者

---

① Richard Fagen, *The Transformation of Political Culture in Cuba*, Stanford Cal.: Stanford University Press, 1969; R. H. Solomon, *Mao's Revolution and the Chinese Political Culture*, Berkeley: University of California Press, 1971.
② W. T. Bluhm, *Ideologies and Attitudes: Modern Political Culture*, Englewood Cliffs: Prentice-Hall, 1974; Richard Wilson, *Learning to be Chinese: the Political Socialization Children in Taiwan*, Cambridge: MIT Press, 1970.
③ R. H. Fitzgibbon & J. A. Fernando, *Latin America: Political Culture and Development*, Englewood Cliffs, N. J.: Prentice-Hall, 1981.
④ Lowell Dittmer, "Political Culture and Political Symbolism: Toward a Theoretical Synthesis", *World Politics*, Vol. 29, No. 4, 1977, p. 566.

有朱日耀、赵军、郑敬高等人,在国外学者当中,P.R.穆迪等人即持这种观点。朱日耀在《中国传统政治文化的结构及其特点》一文中明确肯定了政治文化的三个层次:政治思想层次,这是政治文化的主要内容,也是精华部分;政治心理则处于潜层次;传统的政治制度和政治行为方式亦应该是传统政治文化结构中的基本要素。① 在穆迪看来,"文化分析有时会造成特殊的假说。文化上的概括也不能取代制度分析或其他各类政治分析。文化提供了各种政治、经济、社会力量得以运行的背景;反过来,制度、社会关系或历史事件规定了文化得以显示自身的方式"②。

就普遍通行的观念来看,大多数人对政治文化持中义的认识,也就是说,政治文化不仅包含了政治心理部分,也包括了政治思想部分。这代表了中国政治学界研究政治文化内在结构的一个变化,在20世纪80年代,中义的政治文化观念即同广义的政治文化形成争论的局面。赵军的《如何认识政治文化及其研究的社会意义》,郑敬高的《从三个层面看中国传统政治文化的特质》,戚珩的《政治文化结构剖析》,胡象明的《政治体制改革中的文化障碍及其克服途径》,刘泽华、葛荃的《王权结构的刚柔结构与政治意识》等论文即是典型代表。有意思的是,进入20世纪90年代,这种争论基本消失,出现了向中义概念一边倒的趋势,中义的认识成为我国政治文化研究中一种占主导性的认识。③ 国内学者基本从政治系统的主观方面来认识政治文化,将所有关于政治系统的主观倾向都纳入政治文化的范畴。

徐大同教授曾多次指出,"所谓政治文化,主要是指人们在长期的

---

① 朱日耀:《中国传统政治文化的结构及其特点》,载《政治学研究》,1987年第6期。
② P. R. Moody, Jr., "Trends in the Study of Chinese Political Culture", *The China Quarterly*, September 1994, p. 740, 转引自王乐理:《政治文化导论》,中国人民大学出版社2000年版,第23页。
③ 具体的论证,参见王乐理:《政治文化导论》,中国人民大学出版社2000年版,第37—41页。该书完整准确地梳理了政治文化的概念之争,在此不赘。另可参见徐大同、高建主编:《中西传统政治文化比较研究》,天津教育出版社1997年版,第9页。

社会生活和所形成的各种政治理论、思想、价值观念的总积淀"①。王惠岩教授基本认可这种观念，即认为政治文化既有潜层次的心理存在，同时亦有显层次的理性表达。他指出："政治文化是长期积累的由诸多因素影响而形成的多层次的政治认识。政治文化具有历史性、民族性、阶级性的特征。政治文化是人们政治理性认识和政治情感的综合产物。"②王沪宁教授亦认可将政治思想这种理论性较强的内容要素包含进政治文化中。他认为："作为一种主观意识领域，政治文化包括了社会对政治活动的态度、信仰、情感和价值，具体地讲，包括了政治意识、民族气质、民族精神、民族政治心理、政治思想、政治观念、政治理想、政治道德等各个方面。"③ 这种认识已经渗透到政治学理论的教学过程中。比如，在王浦劬主编的《政治学基础》一书中即把政治心理和政治思想视为政治文化的两个层次。作者在该篇导论中指出："政治心理主要是一种政治权利的精神现象……特定社会政治中占统治地位的政治思想，则是政治权力意志的集中体现，其他政治思想也只是在统治阶级权力意志许可的范围内发生作用。"④

从政治文化的中义概念出发，政治文化的内涵层次如下：

  广义概念：政治心理、政治思想
  狭义概念：政治心理

从政治心理的角度定义政治文化更符合政治文化的原义。阿尔蒙德曾经明确地认为，政治文化与政治心理是重合的，所谓政治文化即"指

---

① 徐大同：《政治文化民族性的几点思考——政治文化的多样性与政治文化的民族性》，载《中西政治文化论丛》（第1辑），天津人民出版社2001年版，第36页。另参见徐大同、高建：《试论中国传统政治文化的基础与特征》，载《天津社会科学》，1987年第5期；徐大同、高建主编：《中西传统政治文化比较研究》，天津教育出版社1997年版，第9页。
② 王惠岩：《当代政治学基本理论》，高等教育出版社2004年版，第94页。
③ 王沪宁：《比较政治分析》，上海人民出版社1987年版，第159页。
④ 王浦劬主编：《政治学基础》，北京大学出版社2006年版，第241—242页。

政治体系的心理方面"①。实际上，国内对政治文化进行实证研究的学者一般持狭义定义，更接近于西方研究者。比如，闵琦即从政治认知、政治情感和政治评价这三个结构来界定政治文化的范围，同阿尔蒙德的概念如出一辙；② 张明澍则在《中国"政治人"》一书中从政治观念、政治知识、参与经历的角度来界定政治文化。③ 两者的特点都是运用了大规模调查研究。前者在1987年进行了一次大规模的"中国公民政治心理调查"，而后者亦采用了调查问卷和访谈相结合的方法。在《当代西方政治学新词典》一书中，作者即将政治文化定义为"政治系统的基本倾向或心理方面，它包括一个民族在特定时期普遍奉行的一整套政治态度、信仰、情感、价值等取向"④。这些观念基本上同西方政治文化刚兴起时的原义相吻合，同阿尔蒙德的经典概念大同小异。

我国学者俞可平把政治文化的结构分为五个部分，即政治认知取向、政治态度取向、政治信仰取向、政治情感取向和政治价值取向。他认为："政治文化就是人们的政治取向模式。作为政治取向模式，政治文化包括五个基本组成部分，即人们的政治认知取向、政治态度取向、政治信仰取向、政治情感取向和政治价值取向。政治认知就是人们关于政治的智慧和知识；政治态度就是人们表现在政治问题上的性格和精神状态，如对政治参与是积极还是消极；政治信仰即是对政治目标忠诚与否；政治情感是对政治目标的依附或反抗的心态；政治价值即是对政治目标的判断和评价。政治认知、政治态度、政治信仰、政治情感和政治价值这五个方面是密切相关的，并且在一个民族、一个国家、一个阶层中有某种规律性的联系方式，它们的有机结合便构成了一个民族或一个

---

① 〔美〕加布里埃尔·A. 阿尔蒙德、小G. 宾厄姆·鲍威尔：《比较政治学：体系、过程和政策》，曹沛霖等译，上海译文出版社1987年版，第15页。
② 闵琦：《中国政治文化——民主政治难产的社会心理因素》，云南人民出版社1989年版。
③ 张明澍：《中国"政治人"——中国公民政治素质调查报告》，中国社会科学出版社1994年版，第10—11页。
④ 潘小娟、张辰龙主编：《当代西方政治学新词典》，吉林人民出版社2001年版，第431页。

国家的政治文化。"①

对政治文化的这种认识可以做如下图示：

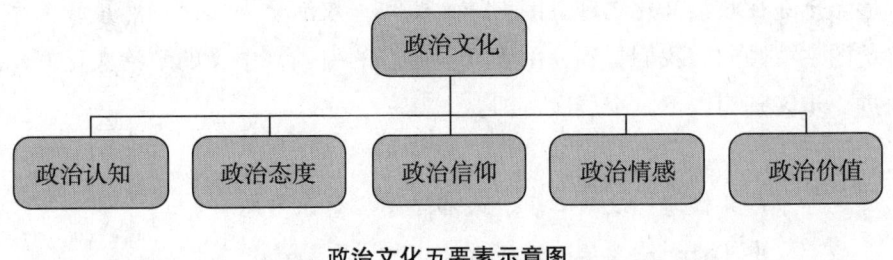

政治文化五要素示意图

狭义与中义之争在20世纪90年代后期开始逐渐形成，并一直存在于中国目前对政治文化概念的认识中。狭义概念强调了西方政治文化的原意，而中义概念则强调了政治文化内涵的一致性。

实际上，我们无法把一个普通公民的政治心理同政治思想家的政治态度区别开来，就像政治文化无法将精英的政治文化排除在政治文化之外一样。抛开具有一定影响并以理论形式系统化的政治思想，政治文化就无法完整地反映对政治系统认知的主观倾向。因此，将政治思想的内容纳入政治文化的概念内涵更能表现政治文化在概念上的一致性，即政治心理是一种潜层次存在的政治思想，政治思想是以显形式存在的政治心理，两者构成了政治文化的两种表现形式，但实质是一样的，均是政治系统的主观倾向。

意识形态是政治观念系统化、理论化的表现形式。最初，意识形态主要指"观念的科学"，但在19世纪早期，这一概念主要用来指一种思考方式。后来，意识形态逐渐被视为一种系统化的表现方式。阿尔蒙德即认为，所谓意识形态，实际上是一般的政治倾向系统化的外在形式。②从这个意义上讲，意识形态是一系列意识和观念按照一定的逻辑组合起来的集合体，并具备系统化、理论化的外在表现形式。

---

① 俞可平：《权利政治与公益政治》，社会科学文献出版社2000年版，第85—87页。

② Gabriel A. Almond, "Comparative Political Systems", *The Journal of Politics*, Vol. 18, No. 3, Aug. 1956, p. 397.

如果我们承认政治思想是政治文化的重要内容，那么，我们就无法将更为理论化、系统化，并对人们的政治行为构成重要影响的政治意识形态排除在政治文化之外。因为毫无疑问，政治意识形态仍然是政治系统的主观倾向。我们看到，由于意识形态的引入，中义的政治文化概念进一步区别为以下三个层次，即：

广义概念：政治心理、政治思想、意识形态

中义概念：政治心理、政治思想

狭义概念：政治心理

就政治意识形态是否应该被列入政治文化的范畴这个问题，学术界存在不同认识。阿尔蒙德即从"系统性与显性"两个方面区别了政治文化和意识形态，认为政治文化实际上是对政治系统"含糊、隐性"的认识，而作为系统性、显性存在的意识形态则不是政治文化的应有之义。与之相反，布鲁姆和威尔逊等人则将意识形态包含进政治文化之中。

国内学者对此亦有不同认识，但一般认为，意识形态属于政治文化的范畴。较早对这种内涵予以确认的当属徐大同和高建在《中西传统政治文化比较研究》一书中指出的那样："作为一种文化现象的研究，只停留在感性、心理阶段是不够的，还是表层的……政治文化就不仅仅包括政治心理等感性部分，还应包括更深层的政治观念、政治思想以及政治学说等理性部分，即包括经过人们对民族心理、民族的表层政治文化提炼以后而升华为观念形态的思想文化。"[①] 甚至有政治文化研究者将大众政治心理和意识形态作为分析政治文化的两个基本维度，认为处理好大众政治心理与意识形态之间的关系，使其尽可能保持一种和谐状况，对于任何一种政治文化都是至关重要的。[②] 一些有影响的教材也逐渐将

---

① 徐大同、高建主编：《中西传统政治文化比较研究》，天津教育出版社1997年版，第8—9页。

② 郑维东、李晓男：《政治文化的两种维度：政治心理与意识形态》，载《中国青年政治学院学报》，2004年第1期。

这种认识作为共识加以传播。比如，复旦版的 MPA 政治学理论教材即把意识形态视为政治文化的组成部分，该书指出，"在任何政治文化系统中，政治意识形态处于核心地位"①。

我们认为，如果从政治系统的主观方面来理解政治文化，那么，无论其反应形式如何，但其指向的内容都是一样的，就其内容来讲，应该归入政治文化的范畴之中。

实际上，人们一般对政治文化概念的区别并不十分严格。比如，南开大学刘泽华教授曾经指出："政治文化是政治中的主观因素，是政治思想、政治信仰、政治观念、政治价值标准、政治意识和政治心理的总和，它的表现形式有理论形态，心理趋向和情感趋向等。"②但有时他又认为，政治文化是"政治系统赖以生存的文化条件或背景，即一个民族在特定的历史时期流行的政治价值观念、政治信仰、政治情感和政治心理等"③。这里并没有提及政治思想和政治意识形态。

政治文化的概念之争反映了政治文化在认识上的区别，是一种表达的需要。只要在规范的学术研究中有所交代，它并不会曲解政治现象本身。因此，我们并不试图在诸种政治文化概念中强求一致，而是采取了比较灵活的界定。我们可以在概念的架构上体现广义概念，但这并不是否认其他概念的合理性。

二、政治文化的内容结构

我们进一步将这一概念层次细化为四个基本范畴，即政治认知、政治态度、政治观念和意识形态。这种内容结构的细分如下图所示：

---

① 孙关宏、胡雨春主编：《政治学》，复旦大学出版社 2006 年版，第 240 页。
② 朱日耀主编：《论中国传统政治文化》，吉林大学出版社 1987 年版，第 26 页。
③ 刘泽华：《序》，见葛荃：《立命与忠诚——士人政治精神的典型分析》，浙江人民出版社 2000 年版，第 2 页。

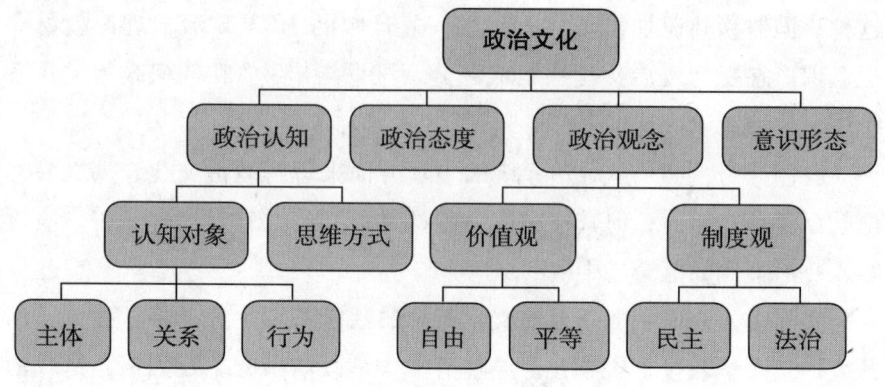

政治文化的结构示意图

1. 政治文化的静态结构

所谓的"政治认知"即政治主体获得政治知识的过程。一般来讲，认知就是对客观存在的知识进行观察、记忆的活动，是一种心理过程。它包括感觉、知觉、记忆、思维、想象等过程。人脑接受外界输入的信息，经过头脑的加工处理，转换成内在的心理活动，进而支配人的行为，这个过程就是信息加工的过程，也就是认知过程。而政治认知就是对客观存在的政治现象进行认知的过程。

研究作为一种心理过程的政治认知需要现代心理学、信息科学、神经科学、数学、科学语言学、人类学乃至自然哲学等学科交叉发展。但一般来讲，政治科学的研究常常是研究政治主体形成的政治认知水平，尤其是政治主体具备的政治知识对政治行为的影响。

在政治生活中，政治文化主体会通过家庭、学校、社会等政治社会化的媒介对政治生活中存在的主体进行认识，这一认识的结果即政治认知的内容。政治认知指政治文化的主体通过政治生活的实践对政治系统进行实然性的认识活动。从认知的一般规律来讲，认知包括了对象和方法两个重要组成部分。

在政治体系中，政治认知的对象是极为丰富的。一般来说，只要是政治生活中存在的对象都属于政治认知的范围，既有国家、社会这样的宏观主体，也有个人这样的微观主体，甚至我们可以把政治主体对自身的认知也纳入认知对象。在政治认知的体系中,主体不仅是政治文化的承载者,同时,它还会成为政治认知的客体。因此,政治文化的主体既是政治文化的创造者,同时又是政治文化的载体。由于意识形态的引入,政治文化的主体不再只是政治心理的主体,同时还可以是组织、团体,或者是政党,在某种情况下,民族国家亦成为重要的主体。在比较政治文化的视野中,这种主体通常是国家。

在政治生活中,政治主体对认知对象的认知并不是孤立的,而是联系在一起的,主体对自身的认识通常会扩展到对主体间关系的认识。政治主体一般都会在一定的政治关系中认识被认知的对象,不仅将这些认知对象区别开来,而且还联系在一起,甚至会自觉不自觉地形成某种排序,从而形成了与主体认知既相区别又相联系的关系。一般来讲,权利关系从个体的独立出发,而权力关系则从个体之间的合作着眼,两者从本质上构成了政治认知的两大领域,在政治文化领域中,权力与权利构成了政治认知的两个主要方面,即政治文化的主体如何看待政治权力的作用,如何看待政治权利的保障与发挥。在权力基础上形成的统治与被统治关系、管理与被管理关系直接决定人们对政治系统的主观认识。同时,不同的权利观念亦是主体间关系的一种表现样式。

如果从更为广泛的角度去考察政治认知的对象,还应该包括政治主体对政治行为的认知,这里既包括对宏观主体的国家与社会发展的认识,同时也包括了政治主体对个体政治行为的认识,诸如革命与改革、统治与参与等等都是政治认知的内容。统治、管理行为的认识实际上是对权力关系运行的表现形式,而政治参与行为的认识则体现为人们对政治权利行为的认识。作为政治发展的两种重要形式,革命与改革表现出的政治发展观是政治体系运动的形式。实际上,作为决定个体政治行为的主观因素,政治文化必然包含对政治行为的认识,比如,成功的政治参与行为构成了政治参与的能力感,对政治参与的行为就会形成积极的态度,从而渗透到政治文化当中,并影响其进一步的政治行为。

政治认知另一个重要的要素即思维方式。如果说政治认知的对象构成了政治认知的内容,那么,思维方式则是获得这些政治认知内容的手段。在这里,思维方式即政治认知的模式,即政治文化的主体认识和思考政治生活的方式。思维方式的不同不但决定了对政治认知对象的取舍,而且直接影响对政治认知对象的认识。比如,由于理性主义与实用主义思维方式的影响,西方和中国的政治文化形成了很大差异:中国传统政治文化更注重形而下层面的"治国之道",而西方传统政治文化则更注重形而上层面的"城邦之善"。同时,思维方式不仅是主体获取政治认知的方式,同时还会直接影响政治态度和政治价值的形成,构成了政治文化从政治认知向处于更高层次的政治态度、政治价值转化,从而由主体内部的实然向应然转化的一个桥梁。

政治态度是一个复杂的内涵。有时候,人们以政治态度来指称政治文化,认为政治态度实际上是政治认知、政治情感和政治评价等因素的复合体。这以阿尔蒙德和维巴的《公民文化——五国的政治态度和民主》为典型。在这部著作中,阿尔蒙德多次用政治态度同政治文化互换。① 这种认识有一定代表性。比如,戈登·阿尔波特(Gordon Allport)即在《态度》一文中指出:"政治态度是由政治认知、政治情感与政治行为倾向共同组成的一种心理或生理组织,用以引导或影响个人对有关政治目标、政治情境的反应。"② 这在中国学者那里也具有一定代表性。例如,王敏在《政治态度:含义、成因与研究走向》一文中即指出,"政治态度是指政治人对政治目标与政治情境的认知、情感和行为倾向"③。

在这里,所谓的政治态度实际上是一种狭义的政治态度,只是积极或消极的政治情感。对于政治认知、政治观念和意识形态的研究比较独立,而相对来说,对于政治态度的研究则很难将其从政治文化的各个要

---

① 〔美〕加布里埃尔·A. 阿尔蒙德、西德尼·维巴:《公民文化——五国的政治态度和民主》,马殿君等译,浙江人民出版社1989年版,第14—34页。
② Gordon Allport, "Attitudes", in Carl Marchison (ed.), *A Handbook of Social Psychology*, Worcester, MA: Clark University Press, 1953, pp. 802 – 830. 另可参见 H. T. Renolds, *Politics and the Common Man*, Illinois: The Dorsey Press, 1974, pp. 3 – 6, 他亦将政治态度区分为政治认知、政治情感与政治行为倾向三种要素。
③ 王敏:《政治态度:含义、成因与研究走向》,载《云南行政学院学报》,2001年第1期。

素中独立出来。但是，作为一种重要的政治文化因素，它却成为内含于政治认知和政治价值的一种倾向性因素。比如，自由作为一种价值观念存在时，它本身就存在积极自由与消极自由的分野；民主作为一种制度观念存在时，它本身亦存在积极民主和消极民主的说法；就是作为政治主体的公民来讲，我们甚至亦可以区分为积极公民和消极公民。因此，政治态度是内化在政治文化的结构之中，同时对各种要素构成影响的一种要素。

政治价值是政治文化的核心部分，如果说政治认知还属于政治文化的客观范畴的话，那么，政治价值则更多渗入了感情和评价性的要素，从而具有更多主观倾向。政治价值的基础是政治认知，一定的政治价值一定会以政治知识为基础，政治主体的政治选择，制度偏好都是在政治知识的基础上产生的。政治观念进一步发展，并同政治实践发生联系就有可能转化为政治意识形态。

政治价值的核心是政治生活中客体对主体需要的意义。我们从客体满足主体的角度进一步把政治观念区别为两种不同观念：一种观念是价值观念，它实际上是一些基本原则对主体的满足程度，包括自由、平等、公平、正义等政治价值的偏好；另一种是制度观念，与价值观念不同，制度观念则明确地将客体限定为政治制度，表明了政治制度对主体的满足程度，包括民主、法治、宪政、分权等政治制度。

意识形态是理论化、系统化、抽象化的政治文化。同时，因为意识形态在政治生活中的实践作用，意识形态也是对人们政治行为产生最重要影响的政治文化要素。意识形态提供的常常是政治认知、政治态度、政治价值的种种组合，因而形成了种种不同的意识形态。在当代西方，自由主义、保守主义和社会民主主义三大政治思潮长期占有重要地位，除此之外，女权主义、绿色和平主义、新共和主义、社群主义等政治思潮均在某个时期占据了重要地位。在中国古代，也曾经出现过儒家、道家、法家、墨家等政治流派。在当代中国，占据主流地位的政治意识形态是马列主义、毛泽东思想、邓小平理论、"三个代表"重要思想和科学发展观。这些政治意识形态均是在某种特定政治认知的基础上形成的一整套政治理论和政治主张，构成了政治文化结构中最为显性的要素。

2. 政治文化的动态结构

我们认为，政治文化四大模块的分类并不是独立的，而是一个整体，互相之间存在千丝万缕的联系。就这一结构的形成来看，整个政治文化的结构实际上是动态的，即体现为由实然向应然转变的过程，遵循由个性向共性转变的过程。这些过程本身就构成了政治文化由政治观念（idea）向政治意识（ideology）转化的过程。从英文来看，以"idea"形式存在的观念、观点实际上是零星的、个性的、带有很强的实践性；而以"ideology"形式存在的意识形态则是完整的、共性的，带有很强的理论性。意识形态实际上是对政治认知、政治态度、制度观念的一种排列组合。以自由主义为例，它实际上是通过组合个人观、国家观、社会观、权力观、权利观、参与观、自由观、平等观、民主观、法治观等一系列政治认知、政治态度和政治价值从而形成一种系统的政治观念组合。这种由政治观念向意识形态转化的过程就是由实然向应然、由个性向共性转化的过程。同时，这种动态的政治文化结构又是同时并存的。也就是说，政治文化的这一动态结构始终在连续不断地循环，并表现出不同形态。在政治文化的内涵当中，即有实然的、个性的、观念的，也有应然的、共性的、意识形态的东西。

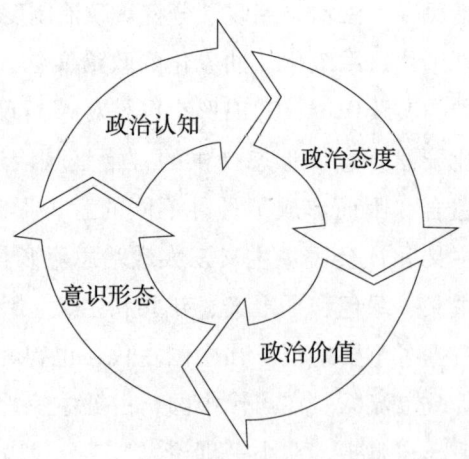

政治文化的动态结构示意图

政治文化的内部结构是一种由实然向应然转变的过程结构，政治文化的动态结构示意图体现了这一变化过程。政治认知的内容还停留于对政治生活中的主体、关系、现象、过程等的认识，是客观世界在政治个体主观世界的一种反映，这种反应的目标是一种对实然的追求，政治个体自觉或不自觉地以某种思维模式去努力认识政治生活的本来面目，从而形成对国家、个人、社会等基本主体，权利、权力等基本关系，统治、管理、治理等基本政治行为的认识。在这些认知的基础上，政治主体逐渐形成自己的态度，并进而上升为政治思想或是政治理论、政治学说等更高层次的意识形态，开始在政治实践中产生影响，发展成为政治思潮。在这一过程中，抽象化的努力使得政治文化的主体逐渐开始自主地忽略某些政治现实，出现过滤现象；理论化的努力则使得政治主体获取的知识按一定顺序排列，出现结构化知识。这一过程使得政治文化的实然性内容逐渐减少，客观性降低，而应然性内容逐渐增加，主观性增强。

政治文化的内部结构遵循了由个性向共性转变的过程，政治文化的动态结构示意图中颜色由浅入深的变化即体现了这一变化过程。从总体上讲，政治要完成的即是由个性向共性的转化，它深刻影响了政治文化的过程，政治文化的形成亦遵循了由个性向共性转化的过程。在政治认知层次，政治认知内容的获得是个体性的，是政治个体在政治实践中观察和体验的结果。无论是对国家的认知，还是对社会的认知，尤其是政治个体对自身的认知实际上还主要是政治个体性的东西，主要源自政治个体的政治实践。随着个体之间的交流，个体在政治实践中获得的知识逐渐在一定层次上被整合，一些个体性的知识被忽略，共性的知识按照一定结构被组织起来，逐渐体现出共性的内涵。在这一过程中，一方面，个体政治社会化的结论倾向于同群体政治文化融合，抛弃某些个性化的认识，认可某些群体政治社会化形成的政治文化成果；另一方面，政治文化的主体也表现出群体倾向，无论社会团体组织、政党，还是民族、国家，其政治文化的形成都需要经历这样一个过程。

理性选择制度主义：历史、方法与逻辑

高春芽[*]

【内容摘要】 现代西方政治学的重大发展与方法论的突破密切相关。在行为主义政治学、理性选择政治学和新制度主义政治学的发展过程中，方法论创新成为理论创新的直接动力。理性选择制度主义从微观基础的角度研究行为与制度的互动关系，假定行动者的理性动机外生于制度环境，导致其对制度如何塑造偏好以及历史进程如何影响制度变迁的分析陷入诸多困境。

【关键词】 方法论；行为主义；理性选择；理性选择制度主义

现代西方政治学的重大发展与研究方法的突破密切相关，方法论革命成为理论创新的直接动力。20世纪80年代以来，制度分析在西方政治学界得到全面复兴，这被视为继行为主义和理性选择理论之后的又一次方法论革新运动。新制度主义政治学重新界定了制度的含义与构成，从制度与行为互动的视角广泛分析了立法程序、政策过程、体制转型、国际联盟等重大议题，对政治理论的发展产生了重要影响。推进当代西

---

[*] 高春芽：天津师范大学政治与行政学院副教授，政治学理论博士后研究人员。本文系作者主持的2009年国家社科基金青年项目"西方集体行动理论发展跟踪研究"（项目编号：09CZZ006）成果之一。

方制度理论的研究,既可以总体考察新制度主义的一般特征,也可以关注新制度主义分支流派的具体取向。① 本文尝试在厘清行为主义、理性选择理论和新制度主义发展脉络的前提下,从政治学方法论范式变迁的视角检讨理性选择制度主义的知识背景、理论基础及其方法论特征。

一、新制度主义的知识背景:行为主义

在政治学基本研究范式的重大转换中,方法论革新通常伴随着对既有研究模式的批判,而既有研究模式也会影响新型方法论的发展方向。新制度主义政治学是在反思行为主义政治学的基础上形成的,针对行为主义的分析成为研究新制度主义的重要起点。

行为主义是20世纪四五十年代在美国崛起并逐渐占据主流地位的政治学流派,"行为主义运动可以被解释为重新进行努力和加强努力来认真对待政治学中的'科学',使政治学成为一门真实的或真正的科学"②。有关行为主义兴起的原因,政治学家达尔作出过较为全面的总结:权威学者的领导示范;欧洲和美国社会科学工作者之间的人员流动及其研究方法的融合;政治实践与学术研究之间的区隔所形成的反向激励;政治学研究者的组织化及其发挥的引导作用;非政府组织的资金赞助。③ 总体而言,行为主义的兴起是西方国家知识结构变迁和社会结构

---

① 国内有关理性选择制度主义的研究主要区分为三种类型:在对新制度主义政治学诸流派进行分类的基础上,论述理性选择制度主义的方法论特征;以具体代表人物为样本,分析理性选择制度主义的主要观点;依据理性选择制度主义的理论框架,考察中国的现实问题。参见魏姝:《政治学中的新制度主义》,载《南京大学学报》(哲学·人文科学·社会科学版),2002年第1期;李月军:《温格斯坦理性选择制度主义政治学研究》,载《教学与研究》,2005年第12期;胡荣:《理性选择与制度实施——中国农村村民委员会选举的个案研究》,上海远东出版社2001年版等。

② 〔美〕格林斯坦、波尔斯比:《政治学手册精选》(上卷),竺乾威等译,商务印书馆1996年版,第73页。

③ Robert Dahl, "The Behavioral Approach in Political Science: Epitaph for a Monument to a Successful Protest", *The American Political Science Review*, Vol. 55, No. 4, 1961, pp. 763–766.

变迁互动作用的结果。首先，行为主义的兴起受益于自然科学和社会科学的融合。19世纪末20世纪初，在科技革命的冲击下，诸多学者对传统政治学的研究方法提出质疑，开始采用自然科学的方法研究政治问题，推动政治学转换为严格意义的政治科学。这场科学主义的反抗运动最终引发了行为主义革命，富有道德色彩的"法律—制度"研究模式开始被物理学、心理学等方法取代。其次，行为主义的兴起是西方国家社会结构变迁在政治学研究中的客观反映。西方国家的社会结构在20世纪上半叶发生了重大的分化组合，科学技术和商品经济的发展促使在家庭之外形成企业、工会等中间组织，逐渐进入政治舞台，对政府行为产生重要影响。在这样的社会背景下，传统政治学的法规主义和整体主义的分析模式已经难以适应社会情势的需要，研究者将关注重心从形式主义的宪法文本转向动态的政治过程，实现了"政治学从制度主义到现实主义的转换"[1]。政治学研究模式的转型是其摆脱自身的落后状况和谋求独立学科地位的重要举措，科学主义是其发展的基本动力和最终目标。在传统政治学结构决定论的描述中，"个人至多不过退居模模糊糊的不重要的位置"[2]。而在行为主义的分析模式中，政府结构等正式制度逐渐被视做研究背景，现实的公民行为和集团活动开始成为主要的研究对象。在"二战"后西方民主政制框架趋于稳固的时期，行为主义研究首先表现为对选举过程和投票活动的量化分析。在基于一人一票原则的大众民主实践与实施量化分析的行为主义政治学之间，显然存在研究对象和研究方法的契合。在此意义上，政治学研究方法不能简单视为随意选择的分析工具，"政治学的发展离不开它所生存的环境的启示和制约"[3]。

传统政治学带有强烈的规范色彩，将政治描述与对"好政府"的关

---

[1] Gabriel Almond, "The Return to the State", *The American Political Science Review*, Vol. 82, No. 3, 1988, p. 869.

[2] 〔美〕戴维·伊斯顿：《政治体系——政治学状况研究》，马清槐译，商务印书馆1993年版，第191页。

[3] 〔美〕格林斯坦、波尔斯比：《政治学手册精选》（上卷），竺乾威等译，商务印书馆1996年版，第132页。

注联系在一起。① 在旧制度主义理论中，研究者已经开始借鉴自然科学的原则考察自由民主制度，但其中纠结着"科学使命"与"教导公民"之间的冲突。这种科学抱负和超科学使命之间的紧张，最终以行为主义运动的形式爆发出来。首先，行为主义奉行价值中立的基本原则，坚守实证主义的学术立场，反对以抽象的哲学辩难代替具体的经验分析。其次，行为主义实现了政治学研究从结构到过程的转变，政治过程中的公民行为和集体行动成为主要的研究对象。最后，行为主义主张采用自然科学的方法研究政治现象，在"调查研究中使用量的而不仅仅是质的语言和方法"② 将理论系统化，突出解释和预测能力。

行为主义采用严谨的分析方法，努力确立政治学研究的科学品质，但在行为主义的科学化过程中同样潜伏着内在矛盾，如何协调科学性与公共性之间的关系仍然无法回避。自亚里士多德以来，政治事务总是与维护和增进公共利益相联系，而行为主义"有意不提这个特性"③。例如，杜鲁门在对利益集团的研究中直接否定"国家整体利益"的存在，认为所谓的公共利益只能表现为集团利益，不存在超越集团利益之上的整体利益。④ 克里斯琴·贝指出，政治生活旨在满足和改善人类的需要，而行为主义主要关注和私人或集团利益有关的"伪政治"问题，使政治学蜕变为"伪科学"。⑤ 行为主义科学方法的臻于精致，反而造成政治学学科正当性的消失。此外，行为主义以社会而非国家作为研究政治过程的重心，以对政治行为的定量分析置换对制度正义的实质性思考，这使声称价值中立的行为主义处于尴尬境地。李普塞特在行为主义的繁荣时

---

① Guy Peters, *Institutional Theory in Political Science*: *The New Institutionalism*, New York: Continuum, 2005, p. 11.

② 〔英〕格雷厄姆·沃拉斯：《政治中的人性》，朱曾汶译，商务印书馆1995年版，第109页。

③ 〔美〕罗伯特·A. 达尔：《现代政治分析》，王沪宁等译，上海译文出版社1987年版，第19页。

④ 〔美〕D. B. 杜鲁门：《政治过程——政治利益与公共舆论》，陈尧译，天津人民出版社2005年版，第54—55页。

⑤ Christian Bay, "Politics and Pseudopolitics: A Critical Evaluation of Some Behavioral Literature", *The American Political Science Review*, Vol. 59, No. 1, 1965, p. 40.

期宣称"意识形态的终结"①并非偶然，它表明行为主义违背了科学中立的学术目标，在事实上沦为对既有政制的保守性辩护。

在行为主义逐渐掌握主流话语的20世纪五六十年代，达尔和伊斯顿曾经分别对其发展趋势作出过不同预测。达尔认为，追求科学性的行为主义将逐渐融入现代政治学，成为这场方法论运动胜利的"第一个牺牲品"②。如此充满辩证性的预测显示出达尔的乐观情绪：行为主义一旦进入现代政治学的舞台，针对具体行为的经验研究和系统分析将变得常规化，行为主义将褪去自身的激进色彩，方法论抗议运动的消失恰恰是其实质上取得成功的自然结果。与达尔的观点形成对照，伊斯顿表示出对行为主义科学性追求的担忧。政治学如果以自然科学作为样板，而只专注于方法论的严谨性，将无视政治学科的特殊性，沦落为"科学主义的牺牲品"③。达尔认为行为主义的发展将使其成为科学研究方法取得胜利的牺牲品，而伊斯顿则谨慎地指出，政治学的唯科学主义追求将使其成为盲目模仿的牺牲品。有关行为主义发展趋势的论争，预示着政治学研究向后行为主义转向的可能。

行为主义接受自然科学方法的影响，在研究过程中摒弃价值判断，导致政治哲学和制度理论的衰落。传统政治学认为，政治哲学的思考和政治制度的研究相互渗透，政治制度是政治价值的载体。在行为主义时期坚持制度分析的亨廷顿就曾经指出，"政治制度具有道德和结构两个范畴"④。对制度精神的忽视将转移对制度结构的关注。由此可以理解，为何行为主义政治学的兴盛同时伴随着政治哲学和政治制度研究的式微。虽然行为主义声称可以从政治行为的角度研究政治制度，但它把可

---

① 〔美〕西摩·马丁·李普塞特：《政治人——政治的社会基础》，张绍宗译，上海人民出版社1997年版，第390—404页。

② Robert Dahl, "The Behavioral Approach in Political Science: Epitaph for a Monument to a Successful Protest", *The American Political Science Review*, Vol. 55, No. 4, 1961, p. 770.

③ David Easton, "The Decline of Modern Political Theory", *The Journal of Politics*, Vol. 13, No. 1, 1951, p. 56.

④ 〔美〕塞缪尔·P.亨廷顿：《变化社会中的政治秩序》，王冠华等译，生活·读书·新知三联书店1989年版，第22页。

测度的公民行为和集团活动当做主要的研究对象，并没有重视政治制度的自主性，缺乏对制度理论的深入研究。①

20世纪70年代以来，在政治哲学和制度理论复兴的背景下，行为主义政治学逐渐走向衰落。然而，行为主义的实践历程是对现代政治学学术品格的一次锤炼，它使个人在传统政治学中的模糊身影变得日益清晰，开始关注人的行为能动性。行为主义寻求学科融合，主张动态考察政治过程，这能够成为理性选择政治学和新制度主义政治学的思想资源。

二、理性选择制度主义的理论基础：理性选择

行为主义的兴起实现了分析视角从结构到过程的转变，拓展了政治学的研究范围，是方法论科学化的重要尝试。在此基础上，理性选择理论以行动者为中心考察政治过程，通过推广经济学研究方法，对市场失灵的机理、集体行动的困境、民主的宪政基础等问题提出了新见解，冲击了政治分析的传统解释。针对理性选择理论的反思和选择性吸收，成为新制度主义，特别是理性选择制度主义的发展动力。

理性选择理论兴起于"二战"后，长期被视为方法论的"异端"，遭受主流学界的排斥。20世纪70年代以后，西方国家出现了石油危机和经济滞涨现象，研究者开始反思政府规模的消极影响，理性选择理论逐渐崭露头角。伴随着20世纪八九十年代国际政治格局发生的巨大变化，倾向于支持自由市场模式的理性选择理论开始大行其道。与行为主义接受自然科学的影响不同，理性选择理论深受经济学分析方法的影响。根据缪勒的观点，理性选择理论可以"简单地定义为是把经济学运

---

① Robert Dahl, "The Behavioral Approach in Political Science: Epitaph for a Monument to a Successful Protest", *The American Political Science Review*, Vol. 55, No. 4, 1961, p. 770.

用于政治科学的分析"①。理性选择理论的方法论可以总结为三点：方法论个人主义、理性人假设和政治是一种交易过程。其中，对理性人假设的推广所引起的反响最大。唐斯认为："理性人仅仅指这样一种人，他们在自己知识的限度内，运用每单位有价值的产出的最少的稀缺资源投入来达到自己的目的。"② 理性人假设是理性选择理论提出的有关人类行为的模型，它并不是对现实世界中行为特征的经验描述，而是对个人行为取向的设定。理性人假设仅在"逻辑一致性"的意义上是"正确"的。③ 传统理论以人性二元观看待人们的行为选择，认为个体在市场交易中是追求利益最大化的经济人，而在政治生活中是具有促进公共利益趋向的政治人。以布坎南为代表的理性选择理论家则认为，政治家和官僚本质上也是理性人，"个人在公共选择和私人选择中具有相同的动机"④。理性选择理论区分了两种类型的市场，一个是提供私人物品的经济市场，另一个是提供公共物品的政治市场。经济市场和私人选择相关，消费者为了获取私人物品与厂商进行经济交换。政治市场和公共选择相关，选民、利益集团同政治家和官僚进行政治交换，将分散的个人偏好整合为公共政策。无论是在经济市场还是政治市场中，参与者都是追求利益最大化的理性人。

理性选择理论关注公民的投票行为、利益集团的游说活动、政治家和官僚的决策过程等问题，引发了"研究政府和政府活动方面的方法论革命"⑤。根据 1994 年国际政治科学联合会第 16 次世界大会的统计，《民主的经济理论》、《集体行动的逻辑》等理性选择理论的代表作入围

---

① 〔美〕丹尼斯·C. 缪勒：《公共选择理论》，杨春学等译，中国社会科学出版社 1999 年版，第 4 页。

② 〔美〕安东尼·唐斯：《民主的经济理论》，姚洋等译，上海人民出版社 2005 年版，第 5 页。

③ Mancur Olson, *The Logic of Collective Action*, Cambridge: Harvard University Press, 1971, p. 160.

④ 〔澳〕杰佛瑞·布伦南、〔美〕詹姆斯·布坎南：《宪政经济学》，冯克利等译，中国社会科学出版社 2004 年版，第 5 页。

⑤ 〔美〕詹姆斯·M. 布坎南：《经济学家应该做什么》，罗根基等译，西南财经大学出版社 1988 年版，第 ix 页。

西方政治学界引用次数最多的书目。① 从政治学方法论范式变迁的角度，理性分析方法能够为研究者逐步接受，首先在于它顺应了政治学寻求学科融合的趋势。沃尔多指出，现代政治学为了摆脱其落后的发展状况必须接受先进学科的影响，应该欢迎"入侵者"②。为了完善政治学的分析方法，既要寻求物理学、心理学等自然科学的帮助，也要寻求经济学、社会学等相对成熟的社会科学的支持。行为主义政治学在早期的发展过程中，已经在局部范围内接受了经济学的影响。比如杜鲁门在对多元主义集团理论的研究中就认为，利益集团的多元竞争能够起到相互制约的作用，从而使公共政策不至于过度偏向某一群体，集团均衡是自然的社会结果。③ 这种分析模式含蓄地接受了古典自由主义经济学中"看不见的手"的理论：利益集团像经济人那样追逐各自特殊利益，最终能够形成表现为集团均衡的公共利益。而且，杜鲁门假定社会利益分化具有自我平衡的内在倾向，这从本质上排斥了政府干预的矫正作用，它与主张严格限制政府的职能范围、发挥市场自行调节作用的理性选择理论具有共通性。

理性选择理论能够为研究者逐步接受，还与其方法论特征密切相关。理性选择理论与行为主义具有诸多共性，都倾向于使用方法论个人主义从相对微观的视角考察政治过程，这是某些学者将理性选择理论视为行为主义组成部分的重要原因。④ 但与行为主义使用经验归纳的方法形成对照，理性选择理论采用演绎的方法，理性人假设的价值并不在于其本质的经验性，而在于依据此类假设得出结论的可验证性。在理性选

---

① 〔美〕罗伯特·古丁、汉斯－迪特尔·克林格曼：《政治科学新手册》（上册），钟开斌等译，生活·读书·新知三联书店2006年版，第38页。
② 〔美〕格林斯坦、波尔斯比：《政治学手册精选》（上卷），竺乾威等译，商务印书馆1996年版，第96页。
③ 〔美〕D. B. 杜鲁门：《政治过程——政治利益与公共舆论》，陈尧译，天津人民出版社2005年版，第31页。
④ 〔英〕大卫·马什、格里·斯托克：《政治科学的理论与方法》，景跃进等译，中国人民大学出版社2006年版，第62页。

择理论的发展之初，研究风格带有"内在的规范性"①。理性选择理论的逻辑前提非常明确，它以具有成本—收益计算能力的理性人作为起点，为研究政治行为提供了微观基础。由于采取这种设定，观察者能够以统一的人性观研究个人在不同环境中作出的决策。理性选择理论并不否认人类行为的多重动机，但它认为经济激励是最为稳定的影响因素。在排除了难以量化的非经济激励之后，理性选择理论易于通过数学的运用显示自身的科学性。如果说行为主义的解释力在于经验研究的系统性，那么理性选择理论的解释力就在于逻辑一致的严密性。理性选择理论虽然没有提供客观全面的分析，甚至被斥为缺乏事实支撑，但它为考察复杂的政治现象提供了简洁有力的研究工具。

理性选择理论在提出可供选择的分析工具的同时，引发了有关理性分析方法的局限性及其适用范围的思考。伊斯顿在行为主义兴起时期曾经指出，政治学如果竭力扩张研究范围，"就可能被指责为野心太大或怀有帝国主义倾向"②。而在理性选择理论兴起之后，贝克尔认为："经济分析是一种统一的方法，适用于解释全部人类行为。"③ 奥尔森也认为，只要"一种行为在广义上是有目的的和一致的"④，理性人假设就适用。理性选择理论主张尽可能地扩张研究范围，表现出"经济学帝国主义"的倾向。经济学帝国主义至少可以区分为两种类型：跨学科的经济学帝国主义，以经济学方法统一社会科学研究；跨地域的经济学帝国主义，将形成于美国等西方国家的理性分析方法直接运用于发展中国家。前一种倾向遭到政治学理论研究者的批判，认为理性人是从市场交易中提炼出来的理念类型，在政治社会领域推广运用将忽视网络关系的复杂

---

① Dennis Mueller, *Perspectives on Public Choice*, New York: Cambridge University Press, 1997, p.4.
② 〔美〕戴维·伊斯顿：《政治体系——政治学状况研究》，马清槐译，商务印书馆1993年版，第3页。
③ 〔美〕加里·S. 贝克尔：《人类行为的经济分析》，王业宇等译，格致出版社、上海三联书店、上海人民出版社1995年版，第11页。
④ Mancur Olson, "Economics, Sociology, and the Best of all Possible Worlds", *Public Interest*, Vol. 12, Summer 1968, p.99.

影响。人们的决策实质并非得失计算的经济过程,而是受非经济激励渗透的社会过程。格林和沙皮罗指出,理性选择理论的误区"来自于方法驱动而不是问题驱动的研究途径,研究者更为热衷的是为某种普遍适用的模式辩护而非理解和解释实际的政治后果"①。后一种倾向遭到从事地区政治问题研究者的驳斥,认为理性选择理论主要是在美国的社会土壤中形成的分析模式,将区域性研究方法放大为普遍性研究方法,将无视现实的文化差异,盲目追求逻辑的自洽。在市场发育成熟和政治制度稳固的西方国家,政治参与主要关注如何有效地采取策略从政治体系中分配社会资源,理性选择理论的研究方法对此具有一定适用性。而针对处于政治结构转型和社会价值变迁的发展中国家,研究者往往会选择制度变迁分析或社会网络分析,而较少采用注重个体经济激励的微观理性分析。约翰逊指出,理性分析方法的跨文化扩张是狭隘主义的表现,是冷战后西方国家推行自由市场模式的意识形态表达,没有认识到国家与市场共生共存的客观事实。② 由此可见,分析方法并非简单的中性工具,其具体运用的合理性与研究对象的特殊性密切相关。无条件地扩大理性选择理论的解释范围,将使其陷入错误地选择研究对象的误区。

有关理性选择理论方法论的思考,还引发了理性分析与制度分析之间关系的讨论。理性选择理论考察行为决策的激励结构,通常会得出结论认为"制度至关重要"③。既然人类行为的经济动机无法改造,就只有通过制度设计来协调个人与集体之间的利益关系。理性选择理论以缺乏社会性内涵的理性人假设作为逻辑起点,最终结论倾向于重视制度的效能,但在具体的分析过程中容易忽视制度变量对决策过程的影响。比如奥尔森在集体行动逻辑的研究中指出,集团规模庞大是群体协作的不利

---

① 〔美〕格林、沙皮罗:《理性选择理论的病变——政治学应用批判》,徐湘林等译,广西师范大学出版社2004年版,第45页。

② Chalmers Johnson, "Preconception vs. Observation, or the Contributions of Rational Choice Theory and Area Studies to Contemporary Political Science", *PS: Political Science and Politics*, Vol. 30, No. 2, 1997, pp. 170–174.

③ 〔美〕丹尼斯·C. 缪勒:《公共选择理论》,杨春学等译,中国社会科学出版社1999年版,第9页。

条件，就没有考察政治制度的特性与集团行动能力的关系。① 形式化的理性人模型排除了结构性影响因素，没有充分关注决策者如何在时间维度中与制度互动。此外，由于把制度理解为可置换的工具性规则，理性选择理论支持通过制度设计的方式实现制度变革。布坎南等学者就主张在民主社会中实施宪法革命，从基本制度结构的层面严格限定政府的职能范围。② 这种契约主义的制度设计观，将忽视历史进程对制度变迁的影响。尽管理性选择理论可能存在诸多误区，但其微观的分析视角具有一定的开放性，并不排斥制度理论。缪勒在展望理性选择理论的发展趋势时指出，必须将行为和制度的知识相互结合。③ 正是在行为分析和制度分析如何融合的探讨中，理性选择制度主义逐渐形成。

三、理性选择制度主义：理论与方法

新制度主义政治学的兴起是对传统制度理论的回归，它通过吸收现代政治学、经济学和社会学的成果，克服了传统制度理论的诸多误区。与行为主义和理性选择理论的激进色彩有所不同，新制度主义虽然对现有的政治学状况表示不满，但它的学科融合和知识综合的趋势非常明显，推动政治学研究进入"相对平稳、和睦的阶段"。政治科学家不再把行为倾向和组织结构截然对立，而是寻求组织或结构、利益或制度的有效结合。④ 作为学科融合的另一个结果，新制度主义政治学内部分化出不同流派，相互之间存在竞争性对话关系。根据豪尔和泰勒的划分，

---

① Mancur Olson, *The Logic of Collective Action*, Cambridge: Harvard University Press, 1971, p. 175.
② 〔澳〕杰佛瑞·布伦南、〔美〕詹姆斯·布坎南：《宪政经济学》，冯克利等译，中国社会科学出版社2004年版，第152—169页。
③ Dennis Mueller, *Perspectives on Public Choice*, New York: Cambridge University Press, 1997, pp. 16–17.
④ 〔美〕罗伯特·古丁、汉斯-迪特尔·克林格曼：《政治科学新手册》（上册），钟开斌等译，生活·读书·新知三联书店2006年版，第12页。

新制度主义包括：主要受政治学影响的历史制度主义，主要受经济学影响的理性选择制度主义和主要受社会学影响的社会学制度主义。鉴于在传统政治学阶段，政治学就与历史学融为一体，学科发展的继承性相对较强，所以现代政治学者对历史制度主义的研究较为充分，而对于接受微观经济学影响的理性选择制度主义的研究有待深化。在现代西方政治学方法论范式的变迁过程中，理性分析上承行为主义的行为研究传统，下启新制度主义的制度研究传统，针对理性选择制度主义方法论及其基本观点的研究，具有透视学科发展全景的意义。

理性选择制度主义的形成源于 20 世纪六七十年代对国会行为的研究。根据理性选择理论家阿罗提出的"不可能定律"，民主制度无法通过个人偏好加总的方式实现社会福利函数最大化，无法避免投票循环现象。但在实际的立法过程中，国会投票表现出相当大的稳定性。理论与现实的差距促使研究者超越理性分析的简化思维，关注国会的议事规则和委员会体制在建构政治均衡中发挥的作用，重视政治制度在权力分配、议程设定、信息供给等方面的功能。与此同时，崛起中的新制度经济学的交易成本理论、制度变迁理论也为理性选择制度主义的发展创造了条件。随着理性选择制度主义的研究范围扩展至官僚制度、政党制度和司法制度等领域，其内部形成了多种理论流派。根据彼得斯的观点，多种版本的理性选择制度主义在研究方法和内容方面存在诸多共性：均假定个体是政治过程的核心行动者，理性行动的目标是利益最大化；都倾向于把制度定义为规则和激励机制；都关注作为结构性变量的制度在政治均衡中的具体作用。[①] 理性选择制度主义的兴起标志着西方政治学发展的重大转变：在取向上，从反思民主制度的困境、鼓吹市场效能转向对政治过程和制度结构的支持性研究；在方法上，从注重微观动机的行为分析转向行为分析与制度分析的相互融合。

第一，以理性人假设为起点，融合政治学中的制度理论和经济学中

---

① Guy Peters, *Institutional Theory in Political Science: The New Institutionalism*, New York: Continuum, 2005, pp. 50–51.

的行为理论。理性选择制度主义恢复了政治学研究的制度传统，在继承理性分析方法的基础上考察政治制度对公民行为和政治结果的影响。传统旧制度主义理论坚持结构主义的分析模式，认为宪法制度决定政治发展和公民行为，没有重视制度环境中个体具有的自主性。行为主义借鉴自然科学的方法对传统政治学中的结构主义分析模式提出批评，但政治制度被视为"没有研究必要的附带现象"①。理性选择理论采用方法论个人主义研究公民行为和群体活动，理性行动者被设定为缺乏社会性内涵的原子化个体。在理性分析的逻辑演绎与现实的政治过程之间存在显而易见的差距，这种无视制度环境的研究取向招致广泛批评。无论理性选择理论和旧制度主义理论存在多大差异，它们都在实质上将行动者从制度情景和社会网络中剥离出来，"共同认为是社会性孤立的行动者在采取行动和作出决策"②。理性选择理论逐渐关注制度在公共生活中的作用，微观行为分析与宏观制度分析的融合构成理性选择制度主义方法论的基本特征。

理性选择制度主义以理性人假设作为起点，考察策略性行动者如何在制度情境中实现利益最大化。首先，理性分析方法在具体运用过程中与方法论个人主义相互结合，基于成本与收益计算的个体是基本的分析单位。为了客观地考察发生在制度环境中的公民行为，理性选择制度主义声明制度化行动是实现利益最大化的有效方式，并通过吸收具有方法论集体主义色彩的制度分析内容，使自身表现出综合解释的特征。但由于把制度理解为限定策略选择范围的规则，制度在实质上成为行动者实现预期目标的工具，所以在理性选择制度主义的理论中，方法论个人主义的分析模式处于相对显著的地位。其次，理性选择制度主义设定行动者的理性偏好外生于政治制度，作为自变量的经济动机并不随制度环境的转换而改变。不同制度环境决定不同策略选择，但行动者的理性动机

---

① Kenneth Shepsle, "Studying Institutions: Some Lessons from the Rational Choice Approach", *Journal of Theoretical Politics*, Vol. 1, No. 2, 1989, p. 133.

② Mark Granovetter, "Economic Action and Social Structure: The Problem of Embeddedness", *The American Journal of Sociology*, Vol. 91, No. 3, 1985, p. 485.

始终如一。缪勒指出，理性选择研究在面对证伪性事例时往往会表现出不愿意放弃行为假设的倾向。① 这种研究取向在一定程度上反映了理性分析的困境：为了保持逻辑一致性，需要突出理性人假设的合理意义；为了实现分析的有效性，又难以回避文化观念的影响。理性选择制度主义对此作出的解释是，人们无法否认观念与利益通常结合在一起，但文化观念只发挥补充性作用，而利益激励发挥基础性作用，缺少利益支撑的文化观念将流于失败。② 理性选择制度主义引入政治制度作为解释变量，反映了研究者对纯粹采用理性分析方法局限性的认识，也正是通过评估制度变量的作用，延续了理性分析的活力。虽然在理性分析的演绎方法与制度分析的经验内涵之间存有衔接上的紧张，但它使理性选择制度主义的方法论开始表现出现实主义的精神。

第二，以行动者为中心，考察行为与制度的相互关系。在现代政治学的发展历程中，行为主义的兴起标志着研究重心从制度结构转向行为过程。新制度主义的兴起，则提出了"制度是重要的"命题。在此基础之上，理性选择制度主义开始以行动者为中心考察行为与制度的互动关系。早期的理性选择理论在忽视制度环境的前提下分析个人理性与集体理性的冲突，个体利益最大化导致群体陷入低效率的均衡。理性选择制度主义也将政治视为一系列的集体困境，但制度因素的引入约束了机会主义行为，协调了个人利益与集体利益的关系，实现了"结构诱致型均衡"③。作为规则的政治制度能够干预无组织自利行为导致的囚徒困境，将追求自利的个体引导为集体利益的维护者。既然政治制度因应群体摆脱困境、实现潜在利益的目标而形成，其价值就在于降低交易成本、制裁搭便车行为的现实功能。理性选择制度主义试图糅合行为与结构这两种解释变量，但行动者始终处于中心位置。制度的形成源自行动者的理

---

① Dennis Mueller, *Perspectives on Public Choice*, New York: Cambridge University Press, 1997, p. 15.

② Morris Fiorina, "Rational Choice and the New Institutionalism", *Polity*, Vol. 28, No. 1, 1995, p. 114.

③ Kenneth Shepsle, "Studying Institutions: Some Lessons from the Rational Choice Approach", *Journal of Theoretical Politics*, Vol. 1, No. 2, 1989, p. 136.

性设计,制度的维系源自对行动者的有效激励,它只是作为"策略产生的背景特征而显示出重要性"①。在理性选择制度主义理论中,政治制度的自主性远未达到理性人能动性的高度。

围绕制度与行为之间的关系,理性选择制度主义面对的两个基本问题是:制度如何影响行为和人们为何服从制度。豪尔和泰勒区分了考察制度影响行为的两种方式:算计途径和文化途径。算计途径关注策略性计算基础上的利益最大化行为,即制度通过提供信息、制裁机会主义行为影响行动者的理性预期和策略选择。而文化途径在并不否认理性动机的同时,强调观念对行动的影响。制度不仅为行动者的策略选择提供信息,而且能够影响行动者的身份认同和内在偏好。② 社会学制度主义主要采取文化途径的研究模式,而理性选择制度主义对行为与制度关系的分析立足于利益计算而非文化观念,制度的影响力主要表现为对行动者策略选择的结构性约束。有关人们为何服从制度的问题,理性选择制度主义主要从两个方面加以论证:从个体行动者的角度,服从制度能够在既定约束条件下实现利益最大化,而违反制度将面临惩罚;从行动者之间关系的角度,在可以预期他人选择合作的条件下,制度化行动是避免集体困境、实现利益目标的有效方式。③ 理性选择制度主义的研究重点是,行动者如何在制度环境构建的激励机制作用下,选择实现利益最大化的具体策略。施蒂格勒指出:"定义本身不会带来更多的知识,但它们会影响我们对真实世界的看法。"④ 理性选择制度主义以理性人假设作为逻辑起点,它影响了研究者对行为与制度如何相互作用的一般观点。制度被解释为行动者寻求利益最大化而设计的规则,而通过演生的方式形成的非正式制度难以作为理性设计的产物。理性选择制度主义虽然也

---

① 何俊志等:《新制度主义政治学译文精选》,天津人民出版社2007年版,第150页。
② Peter Hall and Rosemary Taylor, "Political Science and the Three New Institutionalisms", *Political Studies*, Vol. 44, No. 5, 1996, p. 939.
③ Guy Peters, *Institutional Theory in Political Science: The New Institutionalism*, New York: Continuum, 2005, pp. 52 – 53.
④ 〔美〕乔治·施蒂格勒:《乔治·施蒂格勒回忆录——一个自由主义经济学家的自白》,李淑萍译,中信出版社2006年版,第71页。

承认规范、惯例的现实功能，但它们主要被当做降低交易成本的工具①，并没有重视个体是如何嵌入在社会网络中并出现偏好转移的问题。由于行动者的经济偏好无法改变，理性人只能作为激励而非社会化的对象。又因为制度被视为行动者策略选择的工具，制度只能作为使用而非认同的对象。与理性选择制度主义的分析形成对比，社会学制度主义认为个体或组织以具有社会适宜的而非利益最大化的方式表达他们的身份认同。② 制度环境决定人们对行动方式的理解和判断，人们首先会选择社会正当的行为而非最为有效的行动。制度并不仅是限定行动者策略范围的规则设计，它还塑造人的偏好与行为，成为忠诚的对象。就个人对制度的服从而言，"在多数时间里，个体是在遵守着规则而不是在作出选择"③。政治制度既作为协调利益冲突的规则而存在，也作为赋予价值和意义的过程而存在。针对制度与行为关系的深入研究，理性选择制度主义有必要加强与社会学制度主义的对话，在偏好、行为与制度之间建立动态的分析框架。

第三，基于功能主义的视角，探讨制度的起源及其变迁。现代西方政治学理论倾向于关注政治发展的平衡性和有效性，从功能主义的角度解释制度变迁。④ 行为主义以社会为中心，认为集团行动能够恢复被结构性变迁打破的利益平衡。理性选择理论以市场为中心，以利益计算的效率法则考察政治过程。理性选择制度主义则紧紧围绕行为与制度的关系，把制度变迁解释为行动者摆脱集体困境的理性设计。理性选择制度主义从个体出发，把制度视为理性人通过规则化行动实现预期目标的工具，所以成本与收益的计算就成为评价制度工具的客观标准。制度变迁

---

① Barry Weingast, "A Rational Choice Perspective on Congressional Norms", *American Journal of Political Science*, Vol. 23, No. 2, 1979, p. 259.

② Peter Hall and Rosemary Taylor, "Political Science and the Three New Institutionalisms", *Political Studies*, Vol. 44, No. 5, 1996, p. 934.

③ 〔英〕大卫·马什、格里·斯托克：《政治科学的理论与方法》，景跃进等译，中国人民大学出版社2006年版，第71页。

④ James March and Johan Olsen, "The New Institutionalism: Organized Factors of Political Life", *The American Political Science Review*, Vol. 78, No. 3, 1984, p. 737.

是节约交易成本的绩效提升过程，制度运行的现有功能被作为其最初起源的合理证明。但在现实情形中，面临相同社会问题的国家却发展出特色迥异的政治体系，而且这些政治体系在面临经济危机的冲击时表现出截然不同的回应能力，反衬出低效率制度难以避免的现实。低效率制度的事实显示了理性设计的限度，也促使研究者思考政治制度是如何嵌入在历史的脉络中。与理性选择制度主义的观点形成对照，历史制度主义关注历史过程对制度变迁的重大影响，指出路径依赖的普遍性。在特定历史条件下形成的制度安排存在回报递增的特性，在学习效应、合作效应的作用下具有自我强化的趋势。即使社会环境已经变迁，高效率制度也不会自动演生并取代低效率制度。皮尔逊指出，与追求资源有效配置的经济世界存在质的不同，政治世界涉及公共权力的分配和公共物品的供给。在公共领域中，鉴于集体行动的主导作用、政治权力的非对称性分布、制度约束的密集以及政治过程的非透明性，政治制度倾向于抵制变革。① 在对制度变迁的比较研究中，理性选择制度主义坚持功能主义的立场，把制度供给视为社会需求的自然结果，忽视历史力量的作用。而历史制度主义的纵深视野表明，制度变迁是政治机遇、偶然事件等多重因素合成作用的结果，现实制度形态并非源于理性设计，而是行动者与社会变迁交互影响的"副产品"②。

　　理性选择制度主义对制度变迁的解释缺乏历史深度，其根本原因在于分析方法的局限。公共选择理论的典型特征在于，理性人是"前瞻性导向"的行动者，依据潜在的成本—收益进行决策，既往的历史经验和行为记录对当下决策的影响被弃之不顾。③ 当理性选择制度主义运用理性分析方法解释制度起源时，时间序列的概念非常模糊，制度设计似乎是成本与收益的瞬时计算，没有分析历史过程对行动者的约束作用。由

---

① Paul Pierson, "Increasing Returns, Path Dependence and the Study of Politics", *The American Political Science Review*, Vol. 94, No. 2, 2000, p. 262.

② Kenneth Shepsle, "Studying Institutions: Some Lessons from the Rational Choice Approach", *Journal of Theoretical Politics*, Vol. 1, No. 2, 1989, p. 140.

③ Dennis Mueller, *Perspectives on Public Choice*, New York: Cambridge University Press, 1997, p. 15.

于缺少对制度变迁的历时分析，所以在时间流变中可能出现的政治机遇、偏好调整或规范惯例都难以纳入理性选择制度主义的分析框架。而历史制度主义准确指出多重因素对制度变迁的复杂影响，更为贴近客观社会现实。也正因为历史制度主义涉及多重变量的复合影响，其分析逻辑较之理性选择制度主义显得不够明确。这两种分析路径存在差异或许表明，它们针对操作性的机制安排和基础性的制度架构的解释具有不同的适宜性。由于方法论的原因，理性选择制度主义容易忽视既有的制度环境对制度创新的影响，这在客观上要求历史制度主义的理论支援。制度变迁是潜在制度创生的过程，也是原有制度转化的过程，理性选择制度主义和历史制度主义可以综合考察理性行动者的策略选择与路径依赖形成机制的关系，在历史维度中研究行为与制度的互动。

理性选择制度主义在继承理性分析的前提下，伸张了制度结构对策略选择和行为结果的约束作用，内在偏好、外部行为与制度情境之间的关系成为主要的研究内容。由于以理性人假设作为起点，行动决策就只能表现为行动者成本与收益的计算，而为了避免行动者之间的集体困境，激励机制的设计构建了策略选择的制度情境。理性选择制度主义假定行动者的经济动机外生于制度，使其对制度如何塑造偏好以及历史进程如何影响制度变迁的分析陷入诸多困境。

结 语

现代政治学发展的基本特征是，通过学科融合推动方法论创新，进而实现理论创新。首先，科学化是现代政治学的基本目标，自行为主义兴起以来，政治学家就竭力寻求建立普遍性的科学理论，但新制度主义围绕行动者偏好、规范性价值和历史路径的争论挑战了科学主义的普遍追求。其次，西方政治学方法论的更新折射了社会结构和意识形态的变迁。研究方法不能简单地视为中性的研究工具和分析框架，政治学分析方法的选择深受研究对象特殊性的影响。最后，学科间融合是政治学方法论发展的重要契机，理性选择制度主义的深入发展，需要加强与社会学制度主义和历史制度主义的交流，关注历史进程中社会行动者、文化环境和制度变迁之间的关系。CPS

民主转型与巩固：民主化理论模式的评析与民主巩固的序列分析模式建构

欧阳景根[*]

【内容摘要】如何实现向民主制度的转型？民主制度在建立之后如何才能巩固？这是比较政治学一个亟需回答的重大理论课题。本文介绍了斯特潘、林茨、拉斯托、亨廷顿等人的理论模式，并试图从宏观与中观两个层次上对西方政治学界提出的理论分析模式进行系统评析。他们的模式或者由于过于笼统，或者由于局限于某一视点，只是孤立地、单一地来看待民主转型与巩固过程，因而并不完善。本文在对这些模式进行系统评析的基础上，提炼出第三世界国家的共同特点，选择了它们在民主巩固过程中必经的四个阶段即精英格局的巩固、制度格局的巩固、体制的政策表现和民主的深化作为分析变量，分析了这四个变量之间的内在联系，并进而提出了这四个阶段的序列模式。

【关键词】民主转型；民主巩固

"二战"结束后在全世界兴起的民族独立运动，使得在比较政治学领域兴起了一场关于现代化道路的理论研究热潮，从而形成了社会学与

---

[*] 欧阳景根：中共河北省委党校教授。

政治学的现代化理论。到20世纪70年代，这些新独立民族国家的威权政体相继崩溃，在全世界又兴起了一波民主化浪潮。它们如何才能实现向民主制度的转变，这成了学者们竞相关注的理论问题。这种理论勃兴，肇始于丹克沃特·拉斯托（Dankwart A. Rustow）于1970年在《比较政治学》杂志发表的《民主转型：一个动态模式》论文。① 但这一阶段的理论研究又体现出一个时段性的特色。直到20世纪80年代末期，民主理论的研究主要关注威权政体的崩溃和向民主制度的转型，而此后，这种理论研究实现了注意力的转变，这种注意力的转变，可能源自于塞缪尔·亨廷顿在《第三波》② 一书中提出的问题：即第三波民主化会像前面两波民主化浪潮一样出现回潮吗？如何才能避免这第三波回潮？也就是新兴的第三世界民主国家如何才能实现民主制度的巩固？对这些问题的关注与回答，构成了迄今为止分歧都相当激烈的民主巩固理论。

为什么有些国家的民主制度能够实现民主巩固，而有些却不行？有哪些因素在决定着民主制度能否巩固呢？在这种对如何巩固民主进行回答的民主巩固理论中，国外的比较政治学家们都提出了自己的分析模式。但这些理论模式或许是为了分析的方便，都把问题进行简化，只强调某一个单一因素，没有看到民主巩固是一个复杂的系统工程，即使注意到了民主巩固的多元复杂因素，也没有去关注这些促成民主巩固的因素之间的相互关系与相互影响，而是割裂了它们之间的逻辑关系。我却认为，现代化后发国家体制的转型是一种精英主导式转型，它完全不同于早发国家的自发式现代化过程。这种转型的最终成功是一个系统工程，在这个系统工程里，各个部分内在关联，不同的序列安排可能会产生不同的结果。有些新兴民族国家之所以转型成功就是因为这种序列式的主导与安排得当；反之，有些国家没有实现这种体制的最终转变，却

---

① 参见 Dankwart A. Rustow, "Transitions to Democracy: Toward a Dynamic Model", *Comparative Politics*, April 1970, pp. 337 – 363。

② 参见〔美〕塞缪尔·亨廷顿：《第三波——20世纪后期民主化浪潮》，刘军宁译，上海三联书店1998年版。

是因为这种序列的人为安排不当。

　　序列（sequence）的英文解释是"succession"，而财产继承的法定继承次序在英文里用的就是"succession"一词，因为继承次序是由法律设计、规定和安排的，这种安排带有一定优选性。法律为什么要把配偶作为排在子女、父母前面的第一顺序继承人呢？这里面自然有法律制定者基于人伦、生活责任等各方面情况的考虑，从而认定于理于情，配偶置于子女、父母前更为符合准则。配偶并非天生就是第一顺序继承人，他（她）作为第一顺序继承人只是法律制定者主观选择的结果。

　　但我并不是说，这种精英的人为式安排是一个国家能否成功转型的最终决定因素，我只是认为，这种序列安排会对这种转变的最终结果产生重大影响。对于这种影响有多大，并不是本文的任务。同时，我也认为，由于每一个国家的国情、现代化背景、环境等方面的差异，并不存在一个放之四海而皆准的序列模式。我提出的只是一种理论化的、理想型的、简化式的分析模型，它抛除了其他一系列因素，这个模型是建立在后发国家共同点的基础上。因此，本文的目的就是要在对前人的民主转型与巩固的分析模式进行评析的基础上，建立自己的关于民主巩固的序列分析模式。事实上，在现代化理论体系的政治发展研究模式中，有很多人认为，如果把政治发展放到整个长远的现代化过程中去考察，在这种前提下的政治发展也存在一个序列模式。就连开辟民主转型理论领域的拉斯托本人，也认为序列是至关重要的，而他自己也提出了一个民族国家政治发展的序列模式。[1] 当然，我们不能把政治发展就简单地等同于民主化过程，民主化过程只是整个政治发展过程的其中一个环节或组成部分。

---

　　[1] 请参见 Eric Nordlinger, "Political Development—Time Sequences and Rates of Change", *World Politics*, Vol. 20, Apr. 1968; Leonard Binder, *Crises and Sequences in Political Development*, Princeton: Princeton University Press, 1971; Robert A. Dahl, *Polyarchy: Participation and Opposition*, Yale University Press, 1971; Dankwart Rustow, *A World of Nation: Problems of Political Development*, The Brookings Institution, 1967.

鉴于民主化过程包括了体制崩溃、民主转型与民主巩固三个阶段，所以本文研究的时间范围，是从威权政体崩溃，到民主政体建立，再到民主政体巩固这一段时间。

一、民主转型理论

对民主转型与巩固的研究，主要集中在东欧、南欧以及拉丁美洲国家。民主化是一个较长过程，民主化过程包括三个阶段：威权政体崩溃；向民主政体转变；民主政体巩固。因此，关于民主转型的重大问题，大体说来体现在以下四个方面：第一，旧体制对民主转型的影响问题。第二，民主转型的途径问题；第三，民主转型的策略与模式问题；第四，过渡政府的组建问题。对这四类问题，比较政治学家都分别进行了专门研究。

关于旧体制的遗产对未来政体的可能影响方面的问题，卡尔和施密特[1]认为，拉丁美洲与东欧恰恰形成了鲜明的对比。在拉丁美洲，转型时期压倒性的约束源于文官/军方的关系性质。因此，问题的性质就是：军方会不会容忍回到竞争性的文官统治，特别是会不会容忍回到那些致力于削减军方在未来特权与直接作用的文官统治形式。而在东欧，这种约束源于国家/市民社会的关系的性质。因此，问题就是：政党/国家机器是否会允许当选政府削弱它们对行政角色的垄断并把大量的生产性资产移交给私人？他们认为转型是由那些选择策略——这些策略导致从一种体制向另一种体制发生转变——的人"制造"出来的。而他们的这些策略选择会受到社会、经济与政治结构以及策略相互影响的限制，并最终使得结果并非任何一方最初希望的结果。

---

[1] Terry Lynn Karl and Philippe C. Schmitter, "Modes of Transition in Latin America, Southern and Eastern Europe", *International Social Science Journal*, No. 128, 1991, pp. 269–284.

针对这一问题,蒙克与勒夫也提出了民主转型与巩固的路径依赖理论。他们根据推动转型进程的行动者身份和他们使用的策略来界定民主转型①,认为这些形式通过影响精英竞争的模式、转型时期制定的制度规则,以及接受/拒绝新游戏规则的重要行动者的立场,来影响转型后的政治体制。他们把民主转型的过程划分为两个阶段:即从权威主义的转变阶段(transition *from* authoritarianism)和转向民主的阶段(transition *to* democracy)。在这一区分的基础上,提出了一个民主转型与巩固过程的路径依赖理论,即正是从权威主义统治转变的过程,不仅有助于决定民主巩固,还首先有助于决定民主转型的成功。在他们看来,关于转型模式的文献未能在从旧体制的转变过程和向新体制的转型过程之间作出区分,并因而把对转型模式的评估简单化为它们对民主巩固的影响。而事实上,转型的模式不仅影响到新体制的巩固,还有助于决定这种转型是向民主制度的转型还是向其他体制类型的转变。

那么如何在既有体制的转型之中作出区分呢?他们从既有的理论文献中提炼出了两个标准。第一个标准是在寻求变革的行动者与旧秩序的保卫者之间关系调和与对立程度的标准,根据这一标准,可以区分出两种转型。第一种转型是与旧体制决裂的转型;第二种是在现有法律框架下进行的或通过与当权精英进行协商而实现的转型。区分转型的第二个标准是变革首要行动者的身份标准。即这些转型是由旧有权力结构内的精英实现的,还是由挑战当权精英的反精英或当权精英与反精英相结合的精英群体实现的。

总之,他们的观点固然深刻分析了旧体制对未来政体的可能影响,但对于如何克服这种影响,并没有作出进一步分析。

关于民主转型的途径问题,阿尔弗雷德·斯特潘②把民主转型的途

---

① Gerardo L. Munck and Carol Skalnik Leff, "Modes of Transition and Democratization: South America and Eastern Europe in Comparative Perspective", in Lisa Anderson (ed.), *Transitions to Democracy*, New York: Columbia University Press, 1999, pp. 193 – 216.

② Alfred Stepan, "Paths toward Re-democratization: Theoretical and Comparative Considerations", in O'Donnell, Schmitter, and Whitehead, *Transitions from Authoritarian Rule, Prospects for Democracy*, Baltimore: The Johns Hopkins Press, 1986, pp. 64 – 84.

径归为三组：第一组类型是民主制度的恢复途径，在这些国家原来就存在民主制度，这又可以分为以下三种情况：外国占领结束后的内部恢复民主制度的国家（比如丹麦）；被外国解放后对民主的内部重新表述（比如法国和希腊）；外国监督下的民主制度设置（比如战后德国）；第二组是权威主义者发起并对民主化进程加以控制的国家（即体制领导型）（这种道路强调权威主义领袖在转型过程中的作用）；第三组是反对派力量在民主化进程中发挥了重要作用的国家。斯特潘认为，不同的道路选择是不同社会中社会与政治力量、权威主义的性质与某种程度上转型所发生的国际背景相汇合的结果。

而在关于民主转型的模式与策略问题上，卡尔和施密特[①]的视角比较特殊。他们假定，转型模式在很大程度上将决定会出现何种类型的民主。并且他们认为，在民主转型问题上，并没有普遍一致的规律，因为任何细小的差异和细微的选择，都可能导致重大的不同结果。因此，他们特别强调偶然性在民主转型过程中的作用。

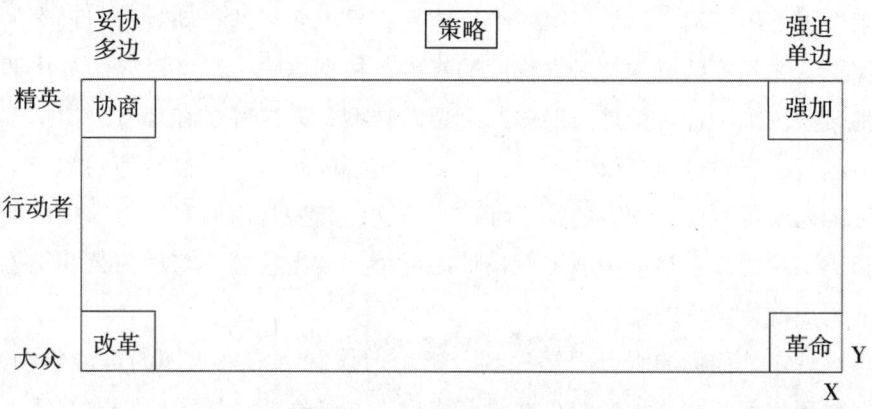

他们认为，从X轴上看，转型的策略就可以沿着一个从单边诉诸暴力向多边愿意妥协的连续谱变化。在这两极之间，存在大量模糊的行动区域。在这个区域中，各方相互威胁、身体恐吓及强制行为都有可能发

---

① Terry Lynn Karl and Philippe C. Schmitter, "Modes of Transition in Latin America, Southern and Eastern Europe", *International Social Science Journal*, No. 128, 1991, pp. 269–284.

生。而在 Y 轴上，转型的动力在来自于被排斥在旧体制社会、经济与政治秩序之外的底层行动者（即大众），向在权威主义体制内占据统治地位的上层精英发生变化。因此，在四个极端，出现了四种转型的理想类型：当精英同意在他们之间作出妥协时的协商策略；当精英有效地单边使用强迫手段来使体制发生转型，并成功反对当权派的抵制；当大众自下而上动员起来并且不是通过诉诸暴力来实施一个妥协的结果，以及当大众武装起来并在军事上成功击败以前的权威主义精英。而在这四个极端之间，存在大量的行动者及其策略的混合选择。

关于过渡政府的组建问题，林茨[①]认为：在决定解散权威主义体制与在自由民主选举基础上形成新政府这一过渡时期，由谁来进行治理，这是一个关键问题。对以下这两种选择：即第一种选择，民主反对派所主张的权威主义政权失去了继续进行统治的合法性因而需要建立一个完全"民主的"临时政府和当权派所认为的"新成立的政党在选举中得到选民支持前也不具有合法性"，林茨认为，这不是一个民主合法性的问题，而是一个在转型时期由谁来控制政治资源以及民主反对派在选举前是否有机会在社会中实现重要转型的问题。林茨认为，没有一种选择能确保民主转型的成功，反而在这一问题上的公开冲突可能会使转型进程遭遇挫折。他认为民主转型进程的顺利进行，一方面需要对民主进行制度化之公正性的信任，另一方面同样需要各政党力量的相对均衡。权威主义体制中合法继承者的权力连续性，可以中和现状维持者特别是军方对现状改变的恐惧与担忧，而且这种权力的连续性也有助于缓和那些希望激进社会变革的人的要求与行为，并因而降低关键转型时期的恐惧，当然前提是权威主义的国家机器并没有解体。而在选举前把权力转让给民主反对派的选择，恰恰会导致相反的局面：国家机器的解体，特别是武装力量的分裂。

对民主转型以上四个方面问题的回答，关乎到民主转型的成功前

---

① Juan J. Linz, "Transitions to Democracy", in Geoffrey Pridham (ed.), *Transitions to Democracy: Comparative Perspectives from Southern Europe, Latin America and Eastern Europe*, Dartmouth, 1995.

景。然而，在比较政治学的著作中，我们看不到一项对民主转型进行全面系统的研究。在旧体制的影响、民主转型的途径、民主转型的策略模式选择以及过渡政府的组建这四个方面，是否存在一种关系和相互影响？如果存在，又是一种什么关系？它们之间又有什么影响？民主转型对民主巩固又有何影响？对此，我们不得而知，因此，对以上四个方面相互影响的研究，以及对民主转型进行系统的全面研究和民主转型对民主巩固的影响进行研究，是摆在比较政治学家们面前的一个迫切任务。

二、民主巩固理论

1. 概念的界定与区分

熊彼特在《资本主义、社会主义与民主》一书中把民主定义为"民主是实现政治决策的一套体制，在这一体制中，个体通过竞争人民的选票的途径来获得决策权力"。罗伯特·达尔的寡头民主定义非常经典，他从两个维度来界定寡头民主，第一个维度是反对，即通过定期、自由和公正的选举组织抗议的权利；第二个维度是参与，所有成年人选举和竞选公职的权利。① 但是这些概念都是从固定的视角来观察和定义民主的，民主也就成了一个单一形态的东西。事实上，我们可以根据民主的不同发展形态把它区分为选举民主和自由民主。所谓选举民主就是指这样一个宪政体制，在这一体制中，立法机构和行政机构的主要职位是通过定期的、竞争性的、多党制的普遍选举来确定。可以看得出来，这种定义主要发源于熊彼特的程序民主定义。但如果从这一个定义来看，土耳其、俄罗斯、哥伦比亚、斯里兰卡等国家都可以称为民主国家。实际上，俄罗斯虽然具有这种选举，但它还远远谈不上是一个民主国家（当

---

① 请参见 Robert A. Dahl, *Polyarchy: Participation and Opposition*, New Haven: Yale University Press, 1971。

然，它已经为成为民主国家奠定了制度框架）。① 相反，我们可以把自由式民主定义为，除了具有选举民主的所有要素之外，它还要求具备下列要素：不存在为军队或其他行动者直接或间接保留的、对选民不承担责任的权力空间；行政权力受到限制；除了政党和选举之外，公民还有表达和代表他们各种利益和价值观点的渠道等等。如果从这个角度看，那么世界上属于自由民主的国家就少得多了。我们还可以从另一个角度看，民主可以分为虚假民主、半民主和完全民主。民主应该用一个发展的视角来进行考察。戴蒙德认为②，民主是不断发展的，它是一个发展的现象。即使是一个实现了选举民主的国家，甚至是一个实现了自由民主的国家，民主制度也还可以不断改进和深化，政治竞争可以变得更加公平与开放，政治参与可以变得更加具有包容性和活跃性。从这个角度看，所有民主，即使是西方传统的民主国家，都可以变得更加民主与巩固。在这些对民主定义中，我觉得，如果从民主巩固的角度来讲，或许选举民主与自由民主这种二分和界定要更好些。

那么什么是民主的巩固呢？从不同角度，可以对它给出不同定义。

民主制的巩固是一个持续的过程。有一个对民主巩固的形象比喻就是，"当民主制度变得已经令人厌烦了时，它就巩固了"③。另一个形象的比喻是，把民主的转型比做"运动战"，而把民主的巩固比做"阵地战"。作为一个过程，民主政治的巩固包括各种制度选择。在这之中，相当部分是以公开和协商的方式进行，并在正式的公共行为中表现出来——包括宪法的设计和批准，议会对"框架性立法"的通过，行政法

---

① 在俄罗斯也存在着多党制度，但俄罗斯的政党往往把某一个体或小型的联盟集团作为自己的中心，政党差别不是体现在纲领与意识形态的差别，而更多的是体现在政党领袖个人之间的竞争关系。而且在这一政党制度中，还存在着一个独特的权力党。这种政党制度往往会削弱议会与强势总统相抗衡的力量。所以，尽管俄罗斯存在着多党制，但还不能说它是一个民主国家。这无论是在叶利钦时期，还是在普京时期都是如此。参见〔英〕卡瑟琳·丹克斯：《转型中的俄罗斯政治与社会》，第八章，欧阳景根译，华夏出版社2003年版。

② 参见 Larry Diamond, *Developing Democracy: Toward Consolidation*, Baltimore: The Johns Hopkins University Press, 1999.

③ 参见〔日〕猪口孝、〔英〕爱德华·纽曼、〔美〕约翰·基恩编：《变动中的民主》，林猛等译，吉林人民出版社1999年版，第40页。

令和管理条例的颁布等等。希格利认为,一个巩固的民主是"一个符合各种民主的程序性标准的政体,而且在这一个政体当中,所有政治集团接受建立的政治制度并遵守游戏的民主规则。因为这是一个理想类型,在这一理想类型的意义上,没有民主政体是完全巩固的,因此民主的巩固最好被看成是"一个民主结构与规则的调适/凝固的过程,这一构架与规则开始被整个或部分市民社会认可为合法的"①。林茨和斯蒂潘(Juan Linz and Alfred Stepan)根据三个要素来界定巩固的民主:从行为上,没有政治团体寻求推翻民主政体或脱离政府;从态度上,民主程序和制度被大众普遍视为管理集体生活的最合适方式,而且不支持或很少支持替代性的方式;从法律上,政治力量变得服从,习惯于在由新的民主程序所批准的特殊法律、程序、制度的框架内来解决冲突。形象地说,"巩固的民主"本质上是指这么一种政治体制,在其中,民主——作为一种制度、规则以及形形色色的动机与挫折的复杂系统——用一个短语来形容,已经成为"城镇的唯一比赛"。简言之,民主伴随着巩固的实现,就成为一种常规,并且深深地内化到社会、制度乃至心理生活中,内化到为实现政治目标的各种计算当中。②

戴蒙德③则认为,民主的巩固应该被理解为广泛深入的合法性的获得过程,使得所有重要的政治行动者,无论是在精英层次还是大众层次,都认为民主体制是这个社会最正确最合适的体制,比他们能够想象到的任何替代性体制都要更好。

普里德汉姆④把民主的巩固划分为消极巩固与积极巩固。在他看来,消极的民主巩固是,解决转型阶段遗留的任何问题,并且总体上说来,

---

① 参见 John Higley and Richard Gunther (eds.), *Elites and Democratic Consolidation in Latin America and Southern Europe*, Cambridge University Press, 1992, p. 3。
② 参见〔日〕猪口孝、〔英〕爱德华·纽曼、〔美〕约翰·基恩编:《变动中的民主》,林猛等译,吉林人民出版社1999年版。
③ 参见 Larry Diamond, *Developing Democracy: Toward Consolidation*, Baltimore: The Johns Hopkins University Press, 1999.
④ 参见 Geoffrey Pridham, *The Dynamics of Democratization: A Comparative Approach*, London: Continuum, 2000, pp. 20 – 21.

如果不是消除，也是抑制或降低对民主化的严峻挑战。当这些反体制（anti-system）的集团与个体的存在与影响在数量上或政治上变得无足轻重时，这时也就实现了消极巩固。与此相对，积极巩固更加强调态度的模式，它包括民主价值在精英与大众层次的灌输，因而，它要求重新建构对新的民主制度起支持作用的政治文化。

综合上述分析，我认为，民主的巩固是指（新兴民主国家）从威权政体崩溃后民主政体的建立到民主政体的巩固这一段时间通过种种手段与途径来实现新建民主制度的制度化、合法化与稳定化的过程，其结果表现为，它能够在体制内应付与解决任何可能的冲突、挑战与危机，而不至于被替代性的制度所取代。尽管民主的巩固是一个漫长的过程，但一般认为民主的巩固需要十年左右时间，也有人把这段时间确定为一代人的时间。

2. 民主巩固的理论模式及其缺陷

我们的源问题是"一个民主制度到底最初是如何形成并存在的"。对此，学者们纷纷提出了自己的理论分析模式。这个源问题又可以表述为下列问题，即是什么因素在促进民主化的过程？是人的因素还是物的因素？是主观环境还是客观环境？为什么有些国家的民主制度能够得到巩固，而有些国家的民主制度却是有名无实甚至又回归到威权政体呢？人们完全有理由相信，任何制度的出现与巩固都有其复杂的原因，可是在这个原因体系里面，哪些原因又显得更为重要呢？我们可以从宏观层次与中观层次来对这些模式一一进行解析。

在对源问题进行宏观回答的层次上，主要是立足于（政治）现代化的角度来进行回答。从这种角度进行回答，总体说来存在如下几个主要观点。第一种观点是经济决定论的观点。李普塞特就强调经济因素对于民主制度的重要影响甚至是关键影响。[①] 他是这种观点的代表人物。可是，如果说社会经济发展水平是政治发展的决定性因素的话，那么，印

---

① 参见 Semour Martin Lipset, "Some Social Requisites of Democracy: Economic Development and Political Legitimacy", *American Political Science Review*, Vol. 53, No. 1, March 1959；〔美〕西摩·马丁·李普塞特：《政治人——政治的社会基础》，张绍宗译，上海人民出版社 1997 年版。

度作为一个经济落后的国家,为什么它又能够建立民主制度,而且在第三世界的民主国家当中,它的民主制度发展还处于领先水平呢?这种理论分析模式的缺陷是不能回答由它衍生出来的问题,即为什么增长了的财富会导致威权政体被民主政体所取代?

第二种观点是历史决定论的观点。持这种观点的代表人物是克劳斯·奥菲和 S. N. 埃森斯塔特。① 这种观点认为,体制变迁意味着要从旧体制的废墟上建立一个新的政治经济秩序,也意味着要清除这些阻碍顺利转型的历史垃圾;历史因素始终影响着一个国家的发展过程,因为旧体制的陈迹不可能被全部清除掉,人们无法摧毁历史 ('undo' the past)。但是这种观点的一个缺陷是它不能解决这一理论困境,即在有些国家,有些历史因素会促进制度的转变,而另一些因素却阻碍制度的转变,如何去区分这样一些积极的和消极的历史因素,并如何去利用有利的历史因素而去除不利的历史因素。如果按照这种理论逻辑,因为历史是给定的、继承的、无法选择的,所以不具备这种历史特征的国家,可能就没有建立民主制度的机会,这样陷入了历史宿命论的困境,并否定了精英作为制度创造者的作用。

第三种观点是文化决定论的观点。这种观点都是对总体水平上的文化与社会发展的因果关系进行解释。它的代表人物是马克斯·韦伯和阿尔蒙德。② 韦伯认为,新教思想对于资本主义的发展起着关键作用。阿尔蒙德则认为,每一种政治系统都建立在特定政治行动取向的格局基础上。也就是说,对政治的不同取向与认识、态度,决定着一个国家的政治发展。这一理论派别所不能解释的问题是,文化的决定性影响是有条件的,还是无条件的。即文化的这种决定性影响是独立存在的,还是依

---

① 参见 C. Offe, *Varieties of "Transition": The East European and East German Experience*, Polity Press, 1996;〔美〕艾森斯塔特:《殖民地和传统政治制度对后传统社会和政治秩序发展的影响》,收录于〔美〕西里尔·E. 布莱克编:《比较现代化》,杨豫、陈祖洲译,上海译文出版社 1996 年版。

② 参见〔德〕马克斯·韦伯:《新教伦理与资本主义精神》,于晓等译,生活·读书·新知三联书店 1987 年版;〔美〕加布里埃尔·A. 阿尔蒙德、西德尼·维巴,《公民文化——五国的政治态度和民主》,马殿君等译,浙江人民出版社 1989 年版。

附于别的条件才能存在,并发挥至极致。

以上对宏观层次的理论模式进行了简要评析。然而,在比较政治学研究中,更多的是关注中观层次的民主化过程,理论家们也把注意力主要投入到中观分析模式的建构中。这种中观层次的理论模式可以分为四类,即精英冲突与选择模式,国际影响模式,社会结构模式和综合、互动关系的模式。而其中尤以精英冲突与精英选择模式为最。迈仑·韦纳认为,要解释民主化,人们应该看看"可供那些追求民主革命的人采用的策略",这一建议恰当地凸显出政治领袖与政治技能在实现民主中的关键角色。①

精英冲突与选择模式又包纳了很多类似的分析模式。

第一种拉斯托的四阶段模式。② 拉斯托1970年发表的论文首先开创了精英冲突与选择模式的分析先河。他在文章中建立了一个民主化的分析框架。他把民主化过程划分为四个阶段,即背景条件的创立(他认为民主化开始要求的唯一背景条件是国家认同);准备阶段(在这一阶段中,持久的和没有结果的政治斗争给民主化提供了动力。他举例说,在18世纪末期的瑞典,围绕关税、税收、军事服役和选举权等重大政治问题,形成了两个主要的政治对立派别,一派是以农民、城市低收入者和工人阶层为主,另一派是大地主、实业家和官僚阶层);决定阶段(决定即意味着选择,由于双方势均力敌,双方的精英最终于1907年达成妥协,同意实行普选制和比例代表制)和习适阶段(Habituation phase,在这一阶段中,即通过冲突的不断出现与在新建制度框架内的不断解决,通过不断的调适与缓和,民主制度得以巩固)。在拉斯托的模式中,他把民主的转型与巩固综合到一起,习适阶段即是民主的巩固阶段。他在此文中认为,使一个民主制度保持稳定的因素,可能并不是促使民主制度产生的因素。围绕特定问题而形成对立政治派别的政治精英,在这

---

① 参见〔美〕塞缪尔·亨廷顿:《第三波——20世纪后期民主化浪潮》,刘军宁译,上海三联书店1998年版,第47页。

② 参见 Dankwart A. Rustow, "Transitions to Democracy: Toward a Dynamic Model", *Comparative Politics*, April 1970, pp. 337–363。

个问题的解决过程中，找到了一种妥协与共识，然后基于这种共识，并利用它们来解决随后的冲突，从而就建立了民主制度。这种冲突是民主转型的源头，而在冲突过程中双方精英的妥协和问题的解决办法又是民主制度得以建立的根本。可能民主制度本身在最初并不是双方的目标，只是因为解决问题时双方是通过民主的妥协才使问题得以解决，从而也就建立了民主制度。尽管拉斯托并不否认结构和文化条件对于现有民主政体的持续和稳定的意义，但他更加关注于确定首先促成民主存在的因素。他发现这些因素是经济、文化特性与偶然的发展和个体选择之间的更为复杂多变的混合物。

在拉斯托提出这一精英冲突模型之后，又有很多人提出了其他的精英分析模式。比如希格利就认为民主的巩固首先是精英的转型。从分析角度来讲，巩固的民主可以被认为是包纳了任何特定的精英与大众的政体。他提出了精英的价值共识（elite settlement）和精英的结构整合（elite convergence）。而在其中起联系作用的是精英的约定（elite pact）。他关注精英结构与运行中的两个平行的基本维度：即结构整合的程度和价值共识的程度。结构整合指的是在精英个人、集团和派系中对沟通与影响的正式与非正式网络的相对包纳；价值共识指的是在精英之间就正式与非正式的规则和政治行为的原则以及就既存制度的合法性的相对协定。他认为，精英就是由于他们在有影响的组织中的战略性地位，而能够定期地、实质性地、根本地影响到国家政治结果的人。他们是社会中各种最大的或资源极为丰富的政治、政府、经济、军事、职业、文化、交流组织和运动的主要决策者。精英"定期地"影响到政治结局，这是因为他们个体的观点和可能的行动被其他有影响的个人看成是在评估体制和政策变迁或持续的可能性时的重要权衡因素。因此，社会集团被精英组织和领导的程度，以及这些精英在有分歧的问题上达成一致的能力及随后让各自集团履行这些协定的能力，是民主巩固和稳定的关键所在。①

---

① 参见 John Higley and Richard Gunther (eds.), *Elites and Democratic Consolidation in Latin America and Southern Europe*, New York: Cambridge University Press, 1992。

总之，精英冲突与选择分析模式强调，精英的信仰、选择、能力和关键政治行动者的聪明在决定民主的命运时会发挥重要作用。这种模式认为，民主变迁不是由抽象的历史和结构因素产生，而是由个体和集团的选择、创造及承担风险所造就。对他们而言，经济利益和政治制度在分析稳定的政体时是重要的，但在分析民主转型时，却几乎没有意义。他们强调和重视偶然的选择、高度的不确定性（预料不到的事件、不充分的信息、匆忙的和大胆的选择、动机与利益的混乱等）在决定结果中成了决定性因素。但是，这种精英分析模式过于强调精英对民主化过程的影响和作用，而且，这些在精英的和解与共识对民主巩固的影响上强调精英选择与作用的分析模式忽略了一点，那就是这种民主体制在解决新的政治、经济危机时的能力，如果不能很好地解决这个危机，那么这种民主就不是巩固的民主。通过精英的选择和共识来建立的合法性也不应当是稳固的合法性。

第二种中观模式是国际影响模式。亨廷顿的《第三波》是这种分析模式的代表。他在此书中强调外部势力的影响，强调外部环境，强调示范效应与滚雪球效应。他认为国际环境和外国在第三波民主国家的建立中扮演着重要的角色。[1] 这种模式由于在不同的历史时期会有不同的表现，没有普遍意义，所以事实上不成其为一种分析模式。

第三种中观模式是社会结构模式。这种模式的其中一个代表人物是吉尔。[2] 他在《精英、市民社会与转型过程》一书中以市民社会为平台，分析了精英在民主转型中的作用。可以说，市民社会是他的分析基础。他认为，市民社会存在的关键是：国家与市民社会都承认对方的合法性，承认对方有进入某些特定领域的权利，是市民社会与精英的相互关系在推动民主。他关于市民社会定义的一个突出特点是：市民社会必须有多个独立政党存在，而且它们还必须能够公开合法地反对执政党。这

---

[1] 参见〔美〕塞缪尔·亨廷顿：《第三波——20世纪后期民主化浪潮》，刘军宁译，上海三联书店1998年版，第327—328页。

[2] 参见 Graeme Gill, *The Dynamics of Democratization: Elites, Civil Society, and the Transition Process*, Basingstoke, Hampshire: Macmillan, 2000。

种模式的另一个代表人物是戴蒙德。他提出了这样一个分析模式，认为民主的巩固发生在规范与行为两个维度和精英、组织与大众三个层次上，并认为精英的信仰与规则是重要的，因为他们的行为方式会影响到大众的行为方式。他还列出了一个民主制度巩固的指标体系（请参下表）。可以说，他的民主巩固模式是较为完整的分析模式。[①] 但是，在他的研究中，并没有很好地解释清楚，如何来或如何才能更好地实现这些指标。而且他的分析模式具有静态分析的特点，忽略了动态过程分析。因而，其解释能力也就大打折扣。

层次	规则与信仰	行为
精英	各种组织的最重要的领袖信任民主制度是合法的；所有主要的政府领袖和重要的政党领袖相信民主是最好的政府形式。这种信仰体现在他们的公开讲话、意识形态、著作等中	这些精英相互尊重对方和平地竞夺权力的权利，服从法律与宪法，并且互相接受政治行为的规则。精英避免鼓动他们的追随者的暴力、不容忍或非法活动。不试图借助军方来谋取政治优势
组织	各种政党、利益集团和社会运动同意（或最少不拒绝）在他们的这些载体中所体现出来的民主的合法性、国家特殊的宪政规则与制度	没有任何组织寻求推翻民主制度或使用暴力、欺骗或其他违宪的、反民主的方法来作为谋取政治权力或政治目标的方法
大众	70%以上的公众一致相信民主比任何其他的政府形式更为可取，民主是该国最为合适的政府形式。不多于15%的公众支持威权式的政府形式	没有任何政党、运动或组织享有重大的群众支持，普通公民通常不使用暴力、欺骗或其他非法与违宪的手段来表达政治偏好或寻求政治利益

---

① 参见 Larry Diamond, *Developing Democracy: Toward Consolidation*, The Johns Hopkins University Press, 1999。

第四种分析模式是互动的综合分析模式。这种模式的主要代表人物是普里德汉姆。他的假设是，民主化是一个多层次的因而也是多向度的过程。这些向度包括：历史因素；威权政体的崩溃；正式的体制转型与设计；政治行动者与政治纽带；经济转型；民主化中市民社会、政治文化与自上而下／自下而上的动力；国家与民族认同；体制变化的国际向度。总之，他希望把能想象到的影响民主巩固的所有重大因素塞进一个松散的体系中，从各个侧面来分析民主的巩固。在他的这个分析模式中，由于他没有找到一根把各个向度联结起来的线索，所以显得非常松散，极不严密。这大大影响了他的模式的解释力量。同时由于他在分析中，只注意到了分析的广度，而没有分析深度，因而，我认为，他的这种所谓互动、综合的分析模式并不可取。只有在找到了使各个向度互动、使它们有机整合的逻辑线索的时候，这种分析模型才会具有不同凡响的解释能力。①

总之，以上各种模式从各个侧面分析了影响民主巩固的要素，但无论从哪个角度来说，他们都忽视了研究民主稳定的一般性条件和民主失败的历史根源。这是以往民主巩固理论的最大不足所在。而这正是此后的研究者所应倾力研究的重大理论课题。

三、序列分析模式的建构

那么什么是民主稳定的一般性条件呢？民主失败的历史根源又是什么呢？什么因素才能使得民主制度茁壮成长呢？我想这几个问题其实都源于同一个问题，即如何才能巩固第三波民主国家的民主。要回答这个问题，就必须提取第三波民主国家的共同特征。前面已经述及本文要研究的时间范围是民主转型到民主巩固的这段时间跨度，因此就应该截取

---

① 参见 Geoffrey Pridham, *The Dynamics of Democratization: A Comparative Approach*, London: Continuum, 2000。

第三波民主国家在由民主转型之后向民主巩固这个过程中都应该经历哪些次级过程和应该具体具备哪些条件来进行分析（即对这个过程进行进一步的分解）。这些过程和条件可能是多元的，但有一点可以作出肯定的判断，那就是不管这些次级过程、这些条件多么的复杂多样，在它们之间一定存在相互关系（correlation）或因果关系（causation）。不同的逻辑起点会产生不同的事实结果，不同的经历与过程也会有不同的政治结局。要解释一个因变量中所发生的变化，通常需要在自变量中出现某种形式的变化。因此，应该回答的问题是，在20世纪60年代和70年代中最可能的自变量出现了什么样的变化，以至于造成了70、80年代的民主化政权这一因变量。这是序列分析模式的逻辑前提。

我们知道，现代民主制度应该被表述为"局部体制"的混合物，而不是一种"单一体制"。伴随着民主巩固过程的推进，每一个局部体制都从一种特殊的序列，按照独特的规则，在不同的场所被制度化。因此，民主政治的巩固就是把局部出现的、特别的政治关系，转化为稳定的结构，从而使得继之而来的进入渠道、包容模式、行动资源和决策规范都符合一个首要的标准。① 而前面论述的理论模式，大都只是孤立地去分析某一变量，却没有看到这种变量之间最为生动的、也是最为重要的内在关联。这是序列分析模式的理论依据。

早发国家的民主化过程经历了100年以上，比如英国民主制度的巩固就经历了1688年光荣革命到1832年实行普选的将近150年的历程。第三波民主国家都是现代化后发国家，它们不具备早发国家的时间优势，也没有那种政治文化，更没有早发国家在资本主义上升阶段所带来的经济飞速发展的优越条件。在这种情况下，它们的民主转型必然是精英主导式的，同样它们的民主巩固过程也应该是精英主导式的。精英在第三波民主国家的民主化过程中发挥着或将要发挥至关重要的作用。这是序列分析模式的事实依据。

---

① 参见〔日〕猪口孝、〔英〕爱德华·纽曼、〔美〕约翰·基恩编：《变动中的民主》，林猛等译，吉林人民出版社1999年版，第32—38页。

在民主转型到民主巩固的这段时间中,第三波民主国家都应该完成下面四大任务:精英格局的巩固;制度格局的巩固;体制的政策表现;民主的深化。

1. 精英格局的巩固。笔者始终认为,在没有那种政治文化、经济条件和民主历史传统的国家,精英冲突与对立是产生民主(既包括民主转型也包括民主巩固)更为根本的条件。但并不是说,只要存在精英之间的冲突,就能产生出民主制度,而是说,它为民主制度的产生创造了一种可能。如果这个冲突的解决不是零和博弈,也不是胜者通吃,而是力求实现双赢的结果,那么,为了实现这一结果,就必须进行妥协与谈判。精英的冲突既是精英谈判和交易(不管是公开的还是秘密的交易)的前提,也是产生妥协的基础,在围绕具体问题的解决中,这种妥协和解决问题的方法就为民主规则的建立创造了条件。中国数千年的专制传统之所以存在,并不是因为缺乏精英冲突的传统,而是因为缺乏精英之间的妥协与让步的传统,在中国历史上存在明显的派系与精英的冲突,但精英之间的游戏是一种胜者通吃的零和结局。① 所以民主在中国几千年的历史中并没有出现与存在过。在现代化后发国家里,建立民主的最基础含义应该是在精英之间建立民主。精英后面都有一大群追随者,精英的行动方式会影响甚至决定这些追随者的行为方式。因而,民主的巩固事实上在很大程度上是精英民主的巩固。这样在民主转型到民主巩固的这段时间里,要实现民主体制的巩固,首先要实现精英格局的巩固。

精英格局的巩固,不仅指维持精英及其所领导的集团之间在民主转型时期的力量均衡,还包括维持精英及其领导的集团之间妥协与谈判的规则及其他各种有助于实现双赢局面游戏规则的巩固。但前者又是后者的基础。在刚刚完成向民主体制的转型之后,这时不可测的变数太多,转型时期精英达成的游戏规则均还没有形成惯例。在这种情况下,就必须保持一种相互抗衡的局面,由于转型后初期的力量格局与促成民主转

---

① 参见邹谠:《二十世纪中国政治——从宏观历史与微观行动角度看》,牛津大学出版社1994年版;〔美〕白鲁恂:《中国政治的变与常》,胡祖庆译,台北五南图书出版公司1988年版。

型的力量格局没有什么根本性差别，所以对立的任何一方都不敢采取暴力行动，形势迫使双方或多方继续采取一种妥协与谈判的游戏规则。就像国际关系中的现实主义理论强调的均势格局一样，双方势均力敌，确保相互摧毁，如果任何一方违反规则，那就会造成鱼死网破的局面。久而久之，这种规则深入到社会，为整个社会所接受，从而形成惯例。这种力量格局维持得越久，民主制度也就能持续得越久。在历史上，英国之所以在1688年后没有出现大的政治民主的回潮而且发展得相对顺利，这可能与英国当时的精英及集团之间形成的两极格局有很大关系。反观1991—1993年的俄罗斯，围绕新宪法最初在叶利钦为首的总统派和以副总统鲁茨科伊和议长哈斯布拉托夫为首的议会派之间的力量格局是均衡的，但后来由于以国防部长格拉乔夫为首的军队加入了叶利钦的阵营，精英力量格局失去均衡，从而最终导致了1993年10月4日的炮轰白宫（即议会大厦）事件，并为制定出一部有利于总统集权却不利于民主巩固的1993年新宪法而提供了先决条件。① 现在俄罗斯的集权倾向，我认为，可以追溯到当时力量格局由均衡到失衡的演变中去。

因此，保持这种精英格局对于巩固民主异常重要，维持这种格局成了实现民主转型国家的当务之急，也是摆在精英们面前的首要任务。

2. 制度格局的巩固。在精英格局得以维持之后，精英们要解决的问题就是如何巩固既有的制度格局。所谓制度格局的巩固，其实就是一个制度化与合法化的过程，是把转型中的偶然安排、规则与问题的解决方法加以制度化和结构化，变成一种为这一社会结构中的政治（行动）参与者和公民所认可与接受的、习惯性的、可以预期的、有规律的关系状态和关系格局。即借助正式规定和非正式惯例，来把"异常"的不确定性化约为"正常"的不确定性。那些设法获得了一定自主性，并能够成功地自我复制的规定和惯例经过一段时间就变成了制度。这种制度格局的巩固还包括宪法的制定、实施与政党制度的发展和固化。一旦这种制

---

① 参见〔英〕卡瑟琳·丹克斯：《转型中的俄罗斯政治与社会》，欧阳景根译，华夏出版社2003年版，第84—85页。

度被公众所接受，并被加以结构化，那么这个新体制也就具有了继续存在下去的合法性。宪法代表了建立一套单一的、凌驾于一切之上的"元规则"的努力，它可以聚合这些局部体制，为其分派任务，并在中间强制规定一种等级关系，从而也就没有出现对现有秩序提出挑战的力量。

韦伯认为，组织的合法性可以由两个途径来维持。首先是惯例和习惯，其次是法律："对特定社会团体的偏差行为能作出整体的、具有实际意义的、反对的反应，规则体系也因此得到保障，从这一意义上说，这一规则体系就可以称之为惯例（convention）。当遵守和服从得到维护——通过对偏差行为的肉体和精神惩罚，以强迫人们遵守和服从，并由被赋予了权力来承担这一功能的组织负责实施——时，这一规则就可以称之为法律。"①

制度格局的巩固体现为体制政治能力的培育与增长。而体制政治能力指的就是国家的法律秩序和规则为人接受和认可的程度。这样韦伯的分析也就与法律秩序和规则如何为人认可和接受紧密相关。制度化对于一个新体制的政治能力来说具有中心地位。制度化是新体制政治能力的基础。在新兴民主国家中有些国家之所以出现回潮迹象，其中可能有很大一部分原因是没有实现（或很好地实现）这种制度化，没有很好地对这种制度格局加以巩固。

可以说，精英格局的巩固是制度格局巩固的基础。但制度格局的巩固又会反过来巩固精英格局，至少可以确保这种精英格局短期内不会出现严重失衡。

3. 体制的政策表现。在制度格局得到巩固之后，这个时候就要看新体制所表现出来的效率。这种政策表现主要体现在体制的经济方面和政治方面。如果一个新的民主体制能够带来经济稳定与增长，并且及时、有效、顺利、和平地解决政治危机，那么毫无疑问，这个体制会更受到公众的欢迎。但民主并不是万能的，它可能更好地保护公民的自由与权

---

① 转引自 Robert W. Jackman, *Power without Force: The Political Capacity of Nation-States*, Ann Arbor: Michigan University Press, 1993。

利,但它不一定能更有利于经济发展,尤其是对发展中国家来说,恐怕更是如此。一个因为精英冲突和政治动荡而刚刚完成政治体制转型的国家,最需要的就是政治稳定和经济发展。当然我并不是说,如果新体制的经济政策表现不佳,就会导致新体制崩溃,而是说,如果有上佳的经济表现与政治表现,公民就会认为这个政府是负责任的政府,而这个体制也就会更为受到人们的欢迎。

在刚刚完成体制转型的国家,政府合法性有很大一部分来自于政策的效率。政策表现不佳为公民的抗议活动提供了有力借口,也是新体制国家政府危机的引线。但只要实现了制度巩固,政府政策即使表现不佳(只要它并没有一直持续并不断恶化下去),也不至于对新体制的生存形成根本性的挑战。而对于没有实现体制巩固政策却有上佳表现的国家而言,一旦经济滑坡甚至严重恶化,那么新体制也就岌岌可危了。

4. 民主的深化。它指的是民主的正式结构变得更为自由,更负责任,更具有代表性,更加可以进入,公民的基本权利能够更加完整有效地得到体现。只要尊重公民身份至上的原则,只要给予公民权利、公正选举和自由结社以最起码的程序保障,所有这些制度都潜在地有可能巩固民主制度。严格说来,民主的巩固是一个漫长的过程。其实如果从发展的视角来看,民主是一个不断发展的过程,美国、英国的民主水平并不代表西方民主发展的终极水平。所以说,对于任何一个民主国家,尤其是对于刚刚完成体制转型的国家而言,民主的深化是一个持久任务。

综上所述,精英格局的巩固、制度格局的巩固、政策的良好表现与民主的深化是巩固民主的条件和必经过程。在这四个过程或要素之间具有一种相互关联。可能各个要素与过程在时间上会有所重合,但我认为对于刚刚完成体制转型的国家来说,实现民主巩固的最佳序列模式是:精英格局的巩固—制度格局的巩固—政策的良好表现—民主的深化。可能在有些国家,它的精英解决问题的次序是一开始即致力于新政府的政策表现即政策的良好表现,然后才是精英格局的巩固、制度格局的巩固与民主的深化,但对于民主体制的巩固来讲,这种序列相比上述最优序列模式,更不具有稳定效应。从排列组合的角度来讲,这四个变量的排列次序有16种，而且可能不同国家事实上所走过的是其中的不同路线。但从一般意义上说，我认为精英格局的巩固—制度格局的巩固—政策的良好表现—民主的深化这个路线是最好的、也是最为可行的路线。

四、结论与问题

在对民主转型与巩固的研究中，西方学界对于民主转型与巩固的条件进行了各个角度的分析。他们或注重结构主义的分析，或注重精英主义的分析，或注重综合模式的分析，他们提出了各种促成民主转型与巩固的要素。但在他们的分析中，忽略了各种民主转型各方面要素之间的关联，忽略了民主巩固的要素之间的内在关联，忽略了民主转型与民主巩固之间的关联。这是以往理论的缺陷所在。

内涵式民主化：制度成长的动力与形态

汪仕凯[*]

【内容摘要】 民主化不是一个简单的制度创建过程，更重要的关切应该是，与民主相契合的基本制度框架被建立之后是怎样发展、丰富乃至完善的，进而使得民主政治制度化的。因此，民主化所要探讨的重要议题就是基本制度框架规范下的政治本身所具备的动力机制，换言之，制度内的政治活动，包括各社会政治力量集团在信念、行动与组织上呈现的冲突、妥协和合作，构成了民主化的直接动力。基本制度框架之内的动力推动的民主化是内涵式民主化，这个过程伴随着信念、行动与组织的交叉作用，伴随着冲突、妥协和合作，伴随着基本制度框架的巩固、体制和机制上的积累和替代。

【关键词】 民主化；制度；内涵式

引　言

目前民主化的研究并没有在何谓"民主化"上取得一致，大致来说

---

[*] 汪仕凯：华东政法大学政治学研究院助理研究员，政治学博士。

存在三种理解。狭义的理解是，民主化就是从非民主政体向民主政体转变的过程，其核心在于竞争性选举制度的确立，因而是一个有始有终的变革过程。对民主化的这种理解被指称为"选举至上"，越来越受到学界的诟病。怀特海（Whitehead）则从广义的角度来解释民主化，他认为"民主化最好被理解为一个复杂的、长期的、动态的、未完结的过程，一个朝着更加以规则为基础、更多共识、更多参与的政治类型迈进的过程"①。这就意味着，不仅非民主政体面临着民主化，而且已经确立了自由民主体制的国家，甚至民主政治已然发达的欧美诸国都处在民主化过程之中，只是各自的任务不同罢了。

林茨持一种适中立场，他反对"选举至上"，但同时也把民主化视为一个有起始端点的政治过程，如果在政治行为、政治态度、政治制度三个方面民主得到了巩固，那么民主化就完成了。详言之，"主要的政治团体不寻求推翻民主政体，或者脱离国家而独立，这样，在行为层面民主就成了最佳的政体选择。达到这样一种共识之后，在民主转型过程之中新生的民选政府，其所面临的主要问题就不再是如何防止民主崩溃。即使在面临严重的政治和经济危机之时，民众之中的绝大多数也都相信，任何进一步的政治调整都必须在民主的制度框架之内进行，这样，在态度层面民主就成了最佳的政体选择。当国家之中的所有行动者都习惯于这么一种事实，即政治冲突必须依据既定规则加以解决，如果违反这些规则，很可能既没有效率又代价高昂，此时在制度层面民主就成了最佳的政体选择。简单地说，随着巩固，民主变成一种常规，深深地内化于社会、制度甚至心理生活之中，同时也内化于以成功为目标的算计过程之中"②。质论之，在林茨看来，所谓民主化就是民主政治制度

---

① Laurence Whitehead, *Democratization: Theory and Experience*, Oxford University Press, 2002, p. 27.
② 〔美〕胡安·J. 林茨、阿尔弗莱德·斯泰潘：《民主转型与巩固的问题：南欧、南美和后共产主义欧洲》，孙龙等译，浙江人民出版社2008年版，第5—6页。

化的过程。①

在本文的讨论中，笔者对民主化的理解持一种适中立场，但是与林茨不同，不是将民主化简单理解为制度创建的过程。笔者把制度创建过程理解为政治转型，即是从非民主政体转变为民主政体，其结果是民主性质的宪法被确立，由此宪法规定的基本制度框架被认可，这些正是我所理解的民主化的基础。笔者关切的是，与民主相契合的基本制度框架被建立之后是怎样发展、丰富乃至完善的，进而使得民主政治制度化的？这个过程伴随着信念、行动与组织的交叉作用，伴随着冲突、妥协和合作，伴随着基本制度框架的巩固、体制和机制上的积累和替代，这就是民主化过程。就民主化的主体而言，除了非民主政权之外，所有的政权都处于民主化过程之中；在类型上可以分为三种，刚完成政治转型的政权、意识形态性政党执掌的发展性政权、欧美的自由民主政权，它们的共同点是存有程度高低不同的民主存量，都有一部民主性质的宪法，其基本制度框架受到平等和自由的二维价值尺度的规范，都不同程度也存在民主化任务。

民主化中的制度因素：文献理解

在上文关于民主化概念的讨论中，有一个问题是明显的，就是制度作为民主化的基础是一个前提性存在，这就是说制度的发展、丰富和完善不仅是与民主化相伴随的，而且在民主化之始就存在一个可供发展、丰富和完善的基本制度框架。针对民主化中的制度因素，学界已有一定的研究积累，主要关注具体的制度安排与民主政治维系之间的关系。

达尔从基本制度的角度有过颇具见地的分析，在论及民主化战略时

---

① 林茨对民主化的理解实际上是站在制度化的基础上进行的。亨廷顿认为："制度就是稳定的、受到尊重的和不断重现的行为模式，而制度化就是组织和程序获得价值和稳定性的过程。"参见〔美〕塞缪尔·亨廷顿：《变革社会中的政治秩序》，李盛平等译，华夏出版社1988年版，第12页。

他言道,"集中力量争取实现该政权为对其进行压制而要付出的纯代价最大的民主制度"①。这种对反对派进行压制的纯代价最大的民主制度一般在自由化(公开争论)、包容性(参与)两个向度上展开;故而有三种可能的发展路径:在自由化的向度上发展,在包容性的向度上展开,在自由化、包容性两个向度上同时努力;达尔认为只有第三条路径才是民主化的路径,才能建立多头政体即民主政体。② 他认为,虽然"一个国家的基本问题,多数不能通过宪法的设计得到解决。如果一个国家的基础性条件非常不利,任何宪法也维持不了民主;而如果它的基础条件非常有利,那么它就有大量的宪法安排可供选择,这些选择都能够使它的基本民主制度得以维持。然而,一个国家的基础性条件如果是多重的,既有有利的一面,又有不利的一面,这时,精心构造一部宪法会大有帮助"③。

其实,究竟何种政治形式有利于民主政治很早就成为政治学家的议题,近代的思想家们曾就政权组织形式有过激烈交锋。众所周知,卢梭坚持认为,只有在城市共和国,人民很容易集会并使每个公民都能很容易认识所有其他的公民时,实行的直接民主制才是真民主,而代议民主制只不过是一种把戏而已。他不无尖刻地指出:"英国人民自以为是自由的;他们是大错特错了。他们只有在选举国会议员的期间,才是自由的;议员一旦选出之后,他们就是奴隶,他们就等于零了。在他们那短促的自由时刻,也确乎是值得他们丧失自由的。"④ 密尔的意见则与之针锋相对,"显然能够充分满足社会所有要求的唯一政府是全体人民参加的政府;任何参加,即使是参加最小的公共职务也是有益的;这种参加的范围大小应和社会一般进步程度所允许的范围一样;只有容许所有人在国家主权中都有一份才是终究可以向往的。但是既然在面积和人口超

---

① 〔美〕罗伯特·达尔:《多头政体——参与和反对》,谭君久等译,商务印书馆2003年版,第6页。
② 同上,第17—19页。
③ 〔美〕罗伯特·达尔:《论民主》,李柏光、林猛译,商务印书馆1999年版,第149页。
④ 〔法〕卢梭:《社会契约论》,何兆武译,商务印书馆2003年版,第121页。

过一个小市镇的社会里除公共事务的某些极次要的部分外所有的人亲自参加公共事务是不可能的，从而就可得出结论说，一个完善的理想类型一定是代议制政府了"①。

现代研究的重点则转到总统制与议会制的争论上。林茨提出了一个值得重视的论点：总统制在政治上是孤注一掷的，非赢即输；而议会制则大大削弱了这种状况，它一般要求由各政党联合组织政府，而且为在国家元首和政府首脑之间建立平衡提供了机会，所以议会制较总统制有利于民主政权的成功。②林茨的意见得到了很多学者的支持，一些学者的研究证明，总统制是一种双重的民主合法性，这往往成为不同权力机关之间形成僵局的根源，而且总统制往往导致政治人物争取偏狭利益集团或者极端政治势力的支持，从而为突破宪法打开缺口。相反在议会制下，行政机关与立法机关的权力是融合在一起的，两者都有清晰的决策权限范围；在多党联合执政的情况下，组建执政联盟的过程意味着不同利益群体间的谈判、协商和妥协，这个过程本身就有益于民主政治。③支持议会制的意见包含另外一种制度考虑，这就是政党制度，也就是说实行多党制的议会制是最利于民主政治发展的。相反的意见认为，总统制具有"事后可追究性"、"事前可辨识性"、"相互制约"、"更大的民主性"、"仲裁者角色"等优点，故而有利于民主政体的稳固。④

利普哈特仍然延续着政权组织形式的思路，不过另辟蹊径，别有突破，从政权组织形态的角度把欧美当下的民主区分为"威斯敏斯特多数民主模式"和"共识民主模式"。前者是指行政权集中于一党、内阁具有支配地位、以多数原则和非比例代表制度为基础的两党制、多元的利益集团结构、单一的中央集权制、立法权的统一和集中、宪法相对宽松且缺乏宪法审查、行政部门全面控制中央银行；后者是指行政权在内阁

---

① 〔英〕J. S. 密尔：《代议制政府》，汪瑄译，商务印书馆1982年版，第55页。
② Juan J. Linz, "The Perils of Presidentialism", *Journal of Democracy*, Winter 1990, pp. 51 –70.
③ 〔美〕斯迪芬·海哥德、罗伯特·R. 考大曼：《民主化转型的政治经济分析》，张大军译，社会科学文献出版社2008年版，第387—392页。
④ 张小劲、景跃进：《比较政治学导论》，中国人民大学出版社2001年版，第324页。

中分享、行政权与立法权平衡、以比例代表制为基础的多党制、合作的利益集团、分权的单一制或联邦制、强两院制、刚性宪法和司法审查、独立的中央银行。在实证比较研究的基础上,利普哈特的结论是:"尤其是就行政机关—政党维度而言,多数民主国家在宏观经济管理和控制暴力方面并不比共识民主国家做得更好,实际上共识民主国家的绩效反倒略胜一筹;而在民主的品质、民主的代表性以及我称之为'公共政策取向的宽容性与温和性'等方面,共识民主国家的绩效远胜于多数民主国家。在联邦制—单一制维度上,共识民主国家采用的联邦制对于大国来说具有明显的优越性,独立的中央银行则为实现抑制通货膨胀的目的提供了有效的服务。"①

联邦制或者分权的单一制是民主政治深入发展的必要条件,这几乎成了共识,至今未见到有力的反驳。早在 18 世纪末,杰弗逊就敏锐地观察到唯有地方自治才能保障民主政治,因而他极力主张限制中央政府的权力、实行中央到地方的层层分权。② 后来,托克维尔给出了更为细致的意见,他指出美国政治体制的特点是政府集权与行政分权相结合,地方分权对于一切国家都是有益的,而对于民主的社会更是最为迫切的需要,地方自由正是国家强大和繁荣的首要理由,也是美国生机勃勃的公民社会的奥妙所在。③ 林茨曾低调地说:"我们认为政治制度的具体作用应该得到更多的关注,而在目前的民主转型与民主巩固文献中,人们对它的关注还不够。"④ 事实上在当代政治学家中,罗伯特·帕特南为此议题提供了更为有力的证据,1970 年意大利进行了行政体制改革创建了

---

① 〔美〕阿伦·利普哈特:《民主的模式——36 个国家的政治形式和政府绩效》,陈崎译,北京大学出版社 2006 年版,第 222 页。作者在书中的分析思路是:根据多数政府与共识政府的差别,把众多民主国家中各式各样的正式的、非正式的规则和制度——政党制度、内阁制度、行政机关与立法机关的关系、选举制度、利益集团、央地关系、立法权的分布、宪法修改与审查、中央银行——归结为一个清晰的二维维度,即行政机关—政党维度和联邦制—单一制维度,笔者把这种思路称为政权组织形态研究角度。
② 徐大同:《西方政治思想史》,天津教育出版社 2002 年版,第 214—216 页。
③ 〔法〕托克维尔:《论美国的民主》,董果良译,商务印书馆 1988 年版,第 96—108 页。
④ 〔美〕胡安·J. 林茨、阿尔弗莱德·斯泰潘:《民主转型与巩固的问题:南欧、南美和后共产主义欧洲》,孙龙等译,浙江人民出版社 2008 年版,第 146 页。

地区政府，并赋予地方政府较大权力。20年的实践证明，尽管意大利南北之间民主政治的绩效在内阁的稳定性、预算的及时性、统计和信息服务、立法改革、立法的创造性、日托中心、家庭诊所、产业政策工具、农业开支能力、地方医疗保健单位的支出等十个方面出现了很大差别，但是地方分权改革使得"政治气候与政治文化发生了巨大的变化，从意识形态冲突转向合作，从极端主义走向中庸之道，从教条主义走向宽容，从抽象的原则转向实际的管理，从利益表达走向利益整合，从激进社会改革转向'好政府'"①。要言之，地方分权制度是使民主运转起来的基础条件，它不仅为地区政治领导人聚集起来讨论地区的实际问题提供了一个场所，带来了政党权力结构的改变，而且拉近了政府与公民之间的距离，激发了公民的责任意识，改善了政府输入，尽管政府输出仍有待改进。

林茨的思考则比较全面，他认为国家的存在是民主巩固的前提，而一个相对自主并且受人尊重的政治社会是民主巩固的条件。"关于民主化进程中的政治社会，我们是指这么一个先决条件，通过政治社会，政治组织围绕如何对公共权力和国家机器实施合法的控制进行竞争。公民社会最多能破坏一个非民主政体。但是，充分的民主转型，特别是民主的巩固，必然涉及政治社会。一个民主政权的形成和巩固，需要人们进行认真思考，并采取行动，以在价值层面形成一种对民主的政治社会的核心制度的肯定性评价——这些制度包括政党、选举、选举规则、政治领导、政党之间的联盟以及立法机关——正是通过这些制度，社会形成了其自身的政治构造，选择民主政府并对其实施监督。"林茨进一步认为，如果没有法律保障的公民权利体系、民主政府可资利用的官僚系统、制度化的经济社会、活跃的公民社会与政治社会相互联系、相互促进，民主政体的巩固是不可能的。②

---

① 〔美〕罗伯特·D. 帕特南：《使民主运转起来》，王列、赖海榕译，江西人民出版社2001年版，第40页。
② 〔美〕胡安·J. 林茨、阿尔弗莱德·斯泰潘：《民主转型与巩固的问题：南欧、南美和后共产主义欧洲》，孙龙等译，浙江人民出版社2008年版，第7—15页。

内涵式民主化：一个可行的解释模式

通过对相关文献的梳理，可以认识到：制度安排与民主政治有着密切关联，然而学者们的争论则指向了一个深层次的问题，这就是制度所蕴含的政治空间能否以及在多大程度上能容纳相互冲突的政治力量，并与它们之间的政治互动过程相适应。本文的讨论将以这个认识为基础，但不是考察具体制度在民主化中的作用，而是把政治制度整体作为关注对象，试图对其在民主化中的作用进行一般性说明。笔者的问题是：（1）制度何以能够获得相互冲突的政治力量的认同并为他们之间的协商、妥协准备条件，从而使得制度在民主政治发展中处于基础地位？（2）制度的基础性地位是怎样的？又是怎样表现出来的？笔者尝试提出"内涵式民主化"这一解释模式来重构民主与制度之间的逻辑关联，从而回答上述设问。内涵式民主化意指如果一个国家拥有了一部民主性质的宪法，并且获得了认同，根据这部宪法设计的基本制度框架得到了确认，尽管制度还不完善，那么只要基本制度框架是在平等与自由的两重维度规范之下，民主化就是在政治信念、政治行动和政治组织的交叉作用下，以基本制度的巩固、体制和机制的积累和替代为表现形态的制度发展过程。

在关于"内涵式民主化"概念的陈述中有两个核心观点，本文正是通过对内涵式民主化解释模式中两个核心观点的解释，来回答上面提出的问题。首先，"内涵式"意味着宪法与基本制度框架是民主化的基础，民主政治的深入发展不会造成宪法的废止和基本制度框架的更替。"内涵式"是从经济学中借用的概念，其基本意思是通过知识和技术的投入来取得经济效益提高的目的，与此同时生产资料和劳动力的投入则相对不变。在本文的讨论中，内涵式是指来自于制度内的力量是推动民主政治发展的动力，只有当一个国家绝大多数主要的社会政治力量认同于宪法和基本制度框架时，内涵式民主化才有可能。此处的争论焦点是绝大多数的社会政治力量为何会认同于宪法和基本制度框架？换言之，宪法和基本制度框架为何能够体制化绝大多数社会政治力量，使得他们不是试图推翻现有的宪法和基本制度框架，而是在制度内寻求解决分歧？"如果冲突中的一方相信宽容对方就会导致它自身的毁灭或严重的灾难，就不能指望冲突中的对手会相互宽容。宽容更可能仅仅在预期互相不会产生严重损害的集团之间发展和继续。这样，就可能因为有效地相互保证不破坏、不过分强制、不严重损害而减少宽容的代价，因此，自由化的战略要求争取这种保证。"[①] 至少有一点是确定无疑的，那就是一部宪法和基本制度框架是不可或缺的，因为宪法和基本制度框架为相互冲突、竞争的社会政治力量提供了相互保障，使得他们之间的相互妥协、宽容和合作有确定性。

如何才能在宪法和基本制度框架上形成妥协甚至共识呢？宪法本身的民主性非常关键。戴尔·赫尔德站在民主自治原则的立场上提供了有价值的思路："如果人们选择了民主，就必须选择让一个彻底的权利和义务体系运转起来——这些义务产生的根源在于，人们必须尊重他人的平等权利，并确保他人享用政治活动的共同结构。这样一个体系应包括什么内容？首先，宪法和权利法案应将自治原则视为神圣原则，明确规定与国家决策过程相关的各项平等权利。""此外，这种权力体系还应当明确公民彼此之间的义务以及国家对公民团体的责任，这些责任是任何特定的政府所不能无视的。""因此，依照这个设计来看，作为民主的政治共同体的平等成员的权利，即公民权，不仅意味着国家有责任确保在法律面前的形式上的平等，而且意味着公民应当有实际能力来利用他们面前的机会。"[②] 戴维·赫尔德的思考与当下的政治情境相契合，应该说代表着民主化的方向，但是现实与之尚有差距。另外一个思路来自孙斯坦，孙斯坦在戴维·赫尔德的自治原则的立场上作了退步，他认为：

---

① 〔美〕罗伯特·达尔：《多头政体——参与和反对》，谭君久等译，商务印书馆2003年版，第237页。

② 〔英〕戴维·赫尔德：《民主的模式》，燕继荣等译，王浦劬校，中央编译出版社1998年版，第314—315页。

"实质上,民主宪法本身并不能保证每个公民都过上好生活,也不保证任何公正,但是民主宪法不管怎样都承担了许多职能。正如我所说的,它的主要优点之一就是对协商困境的普遍威胁作出反应。它一方面通过减少群体两极分化的可能性,另一方面通过体现和推进完全理论化的协商做到这一点,即在需要达成一致意见时,使人们没有必要统一其看法。这一结果对相互尊重和社会稳定来说是个关键的胜利。"① 从一定意义上讲,民主化就意味着起草民主宪法,戴维·赫尔德和孙斯坦的主张符合这一点。

就民主的发展历程而言,19 世纪当美英诸国开始民主化时,宪法和基本制度框架的民主性质是很有限的,不仅被选举权受到极强限制,而且选举权同样被限制在特定的社会范围之内,平等的权利义务体系还是一个国家中一部分人的专利。但是充分认识到以下三点是重要的:一是权利义务体系在当时授予了社会中有着重要影响力的政治势力;二是平等与自由是宪法和基本制度框架的价值取向,故而宪法和基本制度框架获得了发展空间,能够不断吸纳新生的政治上重要的社会势力;三是时至今日欧美诸国基本上能够在权利义务体系的分配上,平等对待社会中的各种政治势力,同时这些政治势力也进入制度内寻求分歧的妥协与利益的获得,所以民主政治的程度获得了提高。

在内涵式民主化这个解释模式中,宪法和基本制度框架的民主性质的政治意义在于,不仅将平等的权利义务体系平等分配给每个公民,而且在于能够将不同的社会力量吸纳进基本制度框架内,使其在基本制度框架的制约下通过协商寻求分歧的解决。正如亨廷顿所言:"如果社会要成为一个共同体,那么每个群体就应该通过政治制度来行使自己的权力,这种政治制度可以调节、限制、疏导这种权力,以便使一种社会势力的统治与许多其他社会势力的共同体和谐共存。"② 因此,宪法和基本

---

① 〔美〕凯斯·R. 孙斯坦:《设计民主:论宪法的作用》,金朝武、刘会春译,法律出版社 2006 年版,第 278 页。
② 〔美〕塞缪尔·亨廷顿:《变革社会中的政治秩序》,李盛平等译,华夏出版社 1988 年版,第 10 页。

制度框架构成了内涵式民主化的基础，没有这个基础也就无所谓"内涵式"。

然而，尽管制度构成了内涵式民主化的基础，但是制度并不是唯一的决定性因素，制度作为结构是理解政治活动的关键，其意义在于为行动提供了有边界的空间；在这个空间内制度与行动的互动对于理解民主政治同样是关键的。① 这就是说内涵式民主化不只是一个基本制度框架巩固的过程，更为重要的是基本制度框架与政治活动的互动过程。学界在何种制度安排有利于民主政治的维系上出现争论，就其涉及的深层次问题而言，就是制度安排必须具有容纳不同政治力量的空间从而能与政治活动相适应。这就是本文对"内涵式民主化"含义陈述中的又一个核心观点：在政治信念、政治行动和政治组织上呈现的冲突、妥协、合作是基本制度框架发展、丰富、完善的动力，也就是内涵式民主化的发展动力。在动力作用下，内涵式民主化呈现出波特尔所描述的发展路径："由较少负责的政府到较多负责的政府；由完全没有竞争或是较少竞争的选举到较为自由和公正的竞争性选举；由羸弱的市民社会（没有或是很少的自治团体）到强大的公民社会（充分自治且数量很多的政治团体）。"② 这反映在制度层面，则是基本制度框架的巩固、体制和机制的积累与替代的制度变迁过程。在接下来的文字里，笔者将着重讨论这一核心观点。

信念、行动与组织：内涵式民主化的动力

有了民主的宪法和基本制度框架，只是有了民主化的基础，民主化需要能够使之发展起来的动力。塔图·温汉南从政治进化的角度提出如下观点：社会总体性资源的匮乏导致的冲突是政治进化的根源，政治结

---

① Hans Keman, *Comparative Democratic Politics*, SAGE Publications, 2002, pp. 9–11.
② David Potter, *Democratization*, New York: Polity, 1997, p. 6.

构与行为模式正是在生存和生产斗争中演进,并逐渐适应环境条件的。只有当社会总体性资源在人口中平均分配,以致任何集团都无法压制其他竞争者的条件下,民主才会产生,"民主是强大的竞争集团间理性妥协的结果"①。正如温汉南自己的陈述所表明的,他所探讨的是政治进化的根源所在,尽管如此,他最终还是把民主的获得落实在与民主最为直接相关的因素上,即竞争集团之间的理性妥协。本文所提出的内涵式民主化解释模式,正是延续这种思路,从民主宪法和基本制度框架所设定的政治空间之内寻找民主政治发展的直接动力。笔者认为,相互竞争的政治集团在信念和行动上难以避免的冲突、妥协和合作,构成了内涵式民主化的动力。

信念是指各方政治势力对现有基本制度框架的认同,行动是指各方政治势力在基本制度框架内寻求分歧解决、利益获得的活动,组织是指政党和公民团体。冲突各方若是在政治信念上几近南辕北辙,那么冲突的结果就会走向极端,对现有基本制度框架的否定是必然的逻辑;只有当冲突各方彼此在信念上能够容忍、学会妥协之时,制度化的行动才会出现。制度化的行动并非是指公民个体的政治参与,而是指政党或者公民团体的组织化政治参与。

亨廷顿曾经从信念和行动的双重角度提出民主巩固的标准:"民主的实质是以定期的、公开的、公平的、竞争性的选举选择统治者。评价民主巩固程度的一个标准是政治精英和公众坚定地相信统治者应该按这种方式加以选择的程度,即对这个国家民主政治文化的形式进行态度上的检验。第二个标准是政治精英和公众的确通过选举选择领导人的程度,即对这个国家政治中民主实践的制度化进行行为检验。"② 亨廷顿的这种"选举至上"倾向,在此姑且不论,就标准本身而言亦有可争论之处。阿尔蒙德的研究提供了如是思路,"在公民文化中诸态度的混合适

---

① Tatu Vanhanen, *The Process of Democratization: A Comparative Study of 147 States*, Taylor & Francis New York Ins., 1990, pp. 49–51.

② 〔美〕塞缪尔·亨廷顿:《第三波——20世纪后期民主化浪潮》,刘军宁译,上海三联书店1998年版,第311—312页。

合民主政治系统"。因为这种混合特征缓解了政治权力和公民都内在具有的双重角色张力,就政治权力而言,其合法性来自于公民参与,这便意味着承担相应的责任;就公民而言,作为合法性的来源享有政治主体地位,同时又必须服从政治权力;所以纯粹的参与文化反而激化内在的角色冲突进而诱发民主制度的危机,混合了村民、臣民因素的公民文化恰是一种协调内在角色张力的柔性机制。

如果说两位政治学家的意见尚处在静态的、可能性的层面上的话,帕特南在《使民主运转起来》中则从动态的、现实性的层面,很好地诠释了民主政治活动与各方政治势力的意识形态是怎样交互改变的,从而成为内涵式民主化的动力。1970年意大利的分权性行政改革,为各政党之间的权力竞争提供了一个新政治舞台,20年后意大利各政党之间的意识形态敌意大为减弱,同时伴随的是一种用实用方法处理公共事务的强大趋势,意大利政党政治高度紧张的传统特征逐渐消失了,取而代之的是逐渐发展的相互尊重。简言之,信念与行动的改变使得意大利的民主政治以一种新的方式运转了起来。这种变化在一些关键议题上明显地表现出来:认为"资本主义对意大利是一个威胁"的左翼人士从1970年的97%剧降到1989年的28%;非共产党人对共产党人的同情态度的分值从1970年的26上升到1989年的44,其他党派对基督教民主党持同情态度的分值从28上升到1989年的39;认为"对自己同胞的忠诚比对自己党派的忠诚更重要"的比例从1970年的68%上升到1989年的94%,公民的共同体认同高于公民的政党认同变成了一个共同的信念。①

卢斯克米尔等人对工人阶级与资本主义民主之间关系的考察,为本问题同样提供了有力的说明。19世纪的资本主义政治制度还带有强烈的寡头色彩,工人阶级对现有政治制度的否定性格使其难以见容于资本主义政治制度,但是工人阶级政党的出现逐渐使得工人阶级融入现有政治制度,并且成为民主政府产生的最关键性力量。"资产阶级和工人阶级

---

① 〔美〕罗伯特·D.帕特南:《使民主运转起来》,王列、赖海榕译,江西人民出版社2001年版,第31—40页。

所处的地位表明，是资本主义制度产生了民主的压力，而不是因为资产阶级。民主是在资本主义发展过程中的矛盾性所引发的后果，这是因为资本主义的发展产生了具有自我组织能力的工人阶级的发展。"① 从19世纪开始，欧美诸国的工人阶级在政党和工会的组织下发起了声势浩大的工人运动，经历了一个争取人身自由权利、政治权利和社会经济权利的历史发展过程，极大推动了欧美民主政治的发展，当前各种新社会运动风起云涌，也是推动民主政治深入发展的动力。美国社会科学界对抗争政治的研究已经从历史的视野证明了斗争与民主化的相互促进关系："首先，从整体上看，民主化大大限制了威胁生命和财产的各种以公众的、集体的名义提出的要求，取而代之的是高度透明并且直接破坏性不大的各种运动。其次，在民主政体下，威胁和宣称采取某种行动（而不是不可商谈的直接行动）的现象，在通常情况下，要比在非民主政体中占有更为重要的地位。"② 这就是内涵式民主化中政治行动与民主化的关系。

罗伯特·帕特南和卢斯克米尔的观点引出了一个饶有兴趣的问题：政党这种特殊的政治结构，在民主政治发展中有着别样的重要作用，是内涵式民主化的动力。内涵式民主化对政党的此种定位，是与民主政治自身的性质密切联系在一起的。

民主发展的重大成就是普选权的普及，它标志着大众民主政治时代的到来，与之相伴而来的就是政党在民主化过程中发挥越来越重要的作用。"在大众型社会中，政治参与是无组织、易变、反常和杂乱的。各种社会势力都力图运用自己最充分的资源，采取最佳策略，以确保自己目标的实现。冷漠和愤懑交替出现——它们是缺少具有权威性的政治象征和政治制度的孪生子。把暴力和非暴力的、合法和非法的、强制性和非强制性的行动结合在一起群众运动，是大众型社会政治参与的独特形式。大众型社会缺少那种能把公众的政治愿望和活动与领袖人物的目标

---

① Dietrich Rueschemeyer, *Capitalist Development & Democracy*, Chicago: University of Chicago Press, 1992, p. 271.

② 〔美〕道格·麦克亚当、西德尼·塔罗、查尔斯·蒂利：《斗争的动力》，李义中、屈平译，译林出版社2006年版，第340页。

和决策联系起来的组织结构。"① 大众政治社会在现代化的影响下又产生了城乡差距的问题：一方面城市成为国家政治生活的中心，但是城市社会的多元化品格，使得城市政治处于不稳定状态，政治越是都市化，政治也越来越不安定；另一方面，普选权的实现把农村带入到国家政治生活中，农村社会的传统性、单一性决定了其作为一种保守政治力量而存在，于是当农村介入城市政治生活时，它就成为决定城市政治斗争胜负的关键因素，能否在某些城市政治集团与广大农村民众之间建立同盟，是现代国家实现政治稳定的关键。

政党正是克服大众社会政治的弱点，使政治生活组织化的组织结构，也是建构城乡政治势力之间的制度性同盟，实现现代国家政治稳定的组织结构。这种关联性为亨廷顿所注意到，他不无深刻地写道："一个现代化中政治体系的安定，取决于其政党的力量。一个强大的政党能使群众的支持制度化。政党的力量反映了大众支持的范围和制度化水平。凡到达目前和预料到的高水平政治稳定的发展中国家，莫不至少拥有一个强有力的政党。""在现代国家中，成功的政党诞生于城市，成熟于农村。"② 虽然亨廷顿的判断是指向发展中国家的，但是对于已然拥有了成熟政党和政党制度的发达国家来说，并非能自外于这个判断。政党不仅将社会中的政治力量组织进现有制度中，扩大了社会政治力量对现有制度的认同，进而巩固了现有制度；而且有效地节约了各种政治力量之间互动的成本，从而可以向现有制度施加压力，不断拓展制度本身蕴含的政治空间，实现内涵式民主化。

制度巩固、积累与替代：内涵式民主化的表现形态

内涵式民主化是以现有的民主宪法和基本制度框架为边界的，其发

---

① 〔美〕塞缪尔·亨廷顿：《变革社会中的政治秩序》，李盛平等译，华夏出版社1988年版，第87—88页。

② 同上，第396、419页。

展动力也根源于现有基本制度框架之内的因素,所以在表现形态上,内涵式民主化是以现有基本制度框架的巩固为依托,遵循一条"在继承中求发展、在稳定中求改革、在坚持中求创新"为基本内涵的制度积累和渐进替代的制度变迁过程。① 故而,内涵式民主化在政治实践上是一个政治稳定、政治建设和政治改革的过程,政治稳定就是民主宪法和基本制度框架的稳定;政治建设就是根据民主政治发展的状况不断推进制度建设,将基本制度框架体制化和机制化;政治改革就是通过制度创新来替换与民主政治发展不相适应的体制与机制。

对于刚刚创建了民主宪法和基本制度框架的政权来说,制度巩固是根本,新制度框架实质上是对政治权力的重新配置,虽然社会政治集团之间可以在新宪法的问题上达成妥协,但是颠覆性势力仍然存在,他们往往是与旧政权有着密切联系的社会政治集团,除了通过革命建立新政权的国家,旧政权的统治集团依然存在于新宪法和基本制度框架创建的政治空间之内。亚当·普沃斯基看得透彻:"与专制政权相联系的各种势力的利益在民主条件下受到保护的唯一有效保证,是这些势力在民主制度下发展成为重要的政治存在。反过来说,只有那些其经济利益使之处于政治谱系中的右翼势力崇尚民主价值的时候,民主才是可能的。"②一般而言,旧官僚集团和新生社会力量是制度巩固的主要挑战者。亨廷顿可谓悟透历史之苍凉,他建议民主政权对于旧官僚集团的历史旧账应该采取模糊态度,他说"真相同正义一样,对民主都是威胁",最满意的情形也许是"不法办、不惩罚、不宽宥、不遗忘"。③ 如果把旧官僚集团与旧行政系统区别对待,那么一个完善有力的行政系统则是新民主政权的巩固所不可或缺的,"民主作为一种治理社会生活的形式,将对公民权利加以捍卫和保护。为了保护公民权利,并且为公民提供他们所需

---

① 郭定平:《制度积累与渐进替代:中国民主政治发展机制解析》,载《学习与实践》,2008年第11期,第23页。

② 〔美〕埃尔斯特、〔挪〕斯莱格斯塔德:《宪政与民主——理性与社会变迁研究》,潘勤、谢鹏程译,生活·读书·新知三联书店1997年版,第67页。

③ 〔美〕塞缪尔·亨廷顿:《第三波——20世纪后期民主化浪潮》,刘军宁译,上海三联书店1998年版,第285页。

要的其他基本服务，民主政府必须有能力有效地行使其所宣称的在其领土上垄断而合法使用暴力的权利。即使国家没有其他更多的职能，它也必须强制征税，以供警察、法官和基本服务之费用。因此，现代民主需要实行有效的命令、管制和提取资源。为了做到这点，必须有一个有效运作的国家和国家官僚体制，并且能够为新的民主政府所使用"①。

是否能将新生社会政治力量吸纳进现有的制度框架之内，取决于两个因素：新生社会政治力量否定现有制度的程度和现有制度所具有的政治空间的性质与广度。现代民主政治制度在性质和广度上，都极大地消解了社会政治力量对现有制度的否定性。因此，现有基本制度框架之内的制度积累和替代，就成为决定新生社会力量能否被吸纳进现有制度体系进而深化民主政治发展的决定性因素。从现代民主政治在欧美诸国的历史发展来看，民主制度的积累和替代是一个持续的渐进过程，集中体现在政党制度的发展、公民权利的拓展以及政府职能变迁等方面。

政党组织和政党制度本身就是现代民主政治的产物，就是现代民主制度积累和替代的集大成者。现代民主制度体系中除政党制度之外，要么是通过改造传统政治制度体系获得的，要么是直接从传统政治制度体系那里承袭而来，只有政党是现代政体特有的政治制度，因为只有现代政治体系才需要具备组织大众参与政治的制度。② 在公民权利的拓展方面，不仅内容上有一个从人身自由权利到公民政治权利再到社会经济权利的发展过程，制度上从带有严重等级色彩的选举制发展到平等选举制再到参与制度得到复兴，而且在性质上民主自治开始引领民主制度的发展，协商民主与基层民主逐渐占据重要位置。有学者在观察西欧民主化最新进程时得出这样的结论：在过去的25年里，政治机构和政治程序也发生了变化，其中最重要的是公民投票被越来越多地用于对困难的政

---

① 〔美〕胡安·J. 林茨、阿尔弗莱德·斯泰潘：《民主转型与巩固的问题：南欧、南美和后共产主义欧洲》，孙龙等译，浙江人民出版社2008年版，第11页。

② 〔美〕塞缪尔·亨廷顿：《变革社会中的政治秩序》，李盛平等译，华夏出版社1988年版，第88—89页。

策问题作出决定，尤其是用于解决与欧盟有关的问题。① 与公民权利发展相伴随，政府从局促的"守夜人"角色所赋予的一隅之地，发展到承担复杂调控和公共服务职能的强势政府，于是行政问责制度发展起来，或许更为重要的是，国家与社会合作的治理理念及相关制度的发展方兴未艾。在艾伦·沃尔夫看来，西方自由民主的发展，甚至带来了自由民主制度整体特征的变化：在自由与民主两种不同逻辑的作用下，欧美国家先后经历了积累国家、和谐国家、扩张主义国家、授予特权国家、二元国家和跨国界国家等六个阶段。②

可以说，现代民主制度的调整仍将继续：就民主制度框架巩固而言，欧美诸国的任务已经完成，民主制度与社会高度契合；而新生民主国家则依然面临制度巩固的挑战。就制度积累与替代而论，无论是欧美诸国还是新民主国家，都不可能外在于民主政治持续性的深入发展过程，当前新社会运动此起彼伏，复杂的社会冲突非但只是试图拓展民主政治的内涵，而且刺激着旧制度的革新和新制度的确立。这就是内涵式民主化的开放性特征。

总　结

民主作为一种国家制度类型，自然与制度有着密切关联。本文使用"内涵式民主化"这一解释模式，一方面将制度置于民主化的基础地位，认为民主宪法和基本制度框架是民主的起点；另一方面将民主化放置到基本制度框架之内，认为以制度巩固、积累和替代为表现形态的制度发展过程就是民主化过程。故而，本文否定了"民主制度建立就意味着民主化完成"的观念，更不能认可"选举制度至上"的意见，内涵式民主化诚然具有历史和逻辑的起点，但是难以给出明确终点，易言之，内涵

---

① 〔美〕霍华德·威亚尔达：《民主与民主化比较研究》，榕远译，北京大学出版社2004年版，第32页。
② 〔美〕艾伦·沃尔夫：《合法性的限度》，沈汉等译，商务印书馆2005年版，第27页。

式民主化是一个开放的未完结的民主政治发展过程。内涵式民主化无意否认复杂的社会历史文化因素对民主化的推动作用，甚至是根源性作用，但是笔者所要探讨的是基本制度框架规范下的政治本身所具备的动力机制，换言之，制度内的政治活动，包括各社会政治力量集团在信念、行动与组织上呈现的冲突、妥协和合作，构成了内涵式民主化的直接动力。以上，即为本文所探寻、所解释的全部问题所在。

政治信任研究：历史、逻辑和测量
——基于1955年来全球政治信任研究成果的文献分析

虞崇胜　陈　鹏[*]

【内容摘要】基于1955年全球政治信任研究成果的文献分析，本文将政治信任研究划分成概念提出阶段、假设验证阶段和论题融合阶段。依据政治信任研究的变量和研究范式，又将政治信任研究划分成理性选择派、文化分析派、制度分析派和经验测量派。通过系统梳理政治信任研究的内涵、变量前提、变量定位、核心假设和测量指标，分别指出政治信任的三次论战、理论局限、控制变量、验证目标和测量项目的情境限制。结合政治信任研究的历史、逻辑和测量，概括了政治信任研究未来发展的七个走向：研究层次需从个体到总体，研究假设从单向到双向，变量前提从常量到下限，研究范围从国内到国际，研究指向从水平网络到垂直网络，研究时间从短期到长期，研究导向从消极反映到预警监测。

【关键词】政治信任；历史；逻辑；测量；走向

---

[*] 虞崇胜，武汉大学政治文明与政治发展研究中心主任、教授、博士生导师；陈鹏，武汉大学政治与公共管理学院研究生。

一、导论

伴随着全球化背景下的后现代政治社会的发展，政治信任在全球应对新后物质主义价值观挑战、治理危机与民主危机、风险社会中起着独特的作用，因此逐步纳入到各国政治学研究者的视野之中。依据学者对政治信任研究背景的概括，思考政治信任问题需考虑国际与国内的宏观社会政治背景和触发事件。

欧美政治信任研究肇始于洛克时代，但将政治信任作为独立研究领域则始于20世纪60年代。欧美政治信任的宏观背景包括：（1）现代社会的转型及后物质主义价值观的兴起[1]；（2）全球化及风险社会的来临[2]；（3）治理危机与民主危机的冲击[3]；（4）传媒技术的革新。上述背景之下，苏东剧变、20世纪70年代资本主义国家经济危机和越战、欧美各国民调中"政治信任"不断下降及参与冷漠不断增强等政治现象，无疑起到推波助澜作用。[4]

国内对政治信任的系统研究应以2007年中共中央党校周治伟的博士论文《政治信任研究——兼论当代政府公信力》为肇始。2009年6月20日，由上海市政治学会、华东师范大学党委宣传部和政治学系联合主办的"社会转型中的政治信任"理论研讨会对政治信任表现出强烈关注。以上研究的国内宏观背景包括：（1）现代化转型及体系结构的重塑[5]；（2）传媒技术的革新和网络社群的组织化；（3）行政改革、治理

---

[1] 参见 R. Inglehart, *Modernization and Postmodernization: Cultural, Economic, and Political Change in 43 Societies*, Princeton: Princeton University Press, 1997。

[2] 上官酒瑞、程竹汝：《政治信任研究兴起的学理基础与社会背景》，载《江苏社会科学》，2009年第1期。

[3] Vladimir Shlapentokh, "Trust in Public Institutions in Russia: The Lowest in the World", *Communist and Post-Communist Studies*, Volume 39, Issue 2, 2006, pp. 153 – 174。

[4] Margaret Levi, "Laura Stoker. Political Trust and Trustworthiness", *Annual Review Political Science*, Vol. 3, 2000, pp. 475 – 507。

[5] 王沪宁：《新政治功能：体制供给和秩序供给》，载《学术季刊》，1994年第2期。

危机和体制合法性维护的迫切。近来国内若干政治事件的发生也推动政治信任研究的深入：（1）2003年SARS引起的政府公信力下降[①]；（2）汶川地震、玉树地震事件等灾害性事件发生之后，公民对地方政府赈灾资金流向的质疑。

虽然国内政治信任研究对国际政治信任研究成果进行一定程度的介绍，但对国际政治学界政治信任研究的内在机制、模型、变量定位、测量指标和未来走向缺乏系统梳理，使中国政治学界参与国际政治信任对话和拓展政治信任研究领域缺乏严谨的学术基础。为促进政治信任的本土化研究，本研究系统地梳理政治信任研究的历史派别、变量定位、模型建构和未来走向等问题。

二、国际政治信任研究的历史和派别

纵观国际政治信任研究，其发展既体现着政治学界主流研究范式的转变，也体现着政治信任的研究内容在测量、解释机制、模型建构和后果测定等多方面的转变。通过对国际政治学界政治信任研究成果的梳理，依据各派在核心变量、核心机制、假设、起源解释、政治信任后果等多维度的分歧，结合学科研究者的聚合程度，将政治信任划分成三个研究阶段和四个派别。

第一阶段从1955年到1974年，包括的派别有测量派中的行为主义流派、文化派中的政治文化流派。第一阶段是政治信任研究的概念提出和研究假设的奠基阶段。其中，测量派中的行为主义流派研究者有克雷格、涅米、西瓦和坎贝尔。[②] 文化派中的政治文化流派研究者包括阿尔蒙德、韦巴和米勒等人。测量派的行为主义流派受席卷欧美的行为主义思潮影响，由拉斯韦尔和伊斯顿等人开拓。行为主义流派假设通过调查

[①] 梅祖蓉：《中国政治信任水平测度指标及现状》，载《云南社会科学》，2009年第2期。
[②] Stephen C. Craig, Richard G. Niemi and Glenn E. Silver, "Political Efficacy and Trust: A Report on the NES Pilot Study Items", *Political Behavior*, Vol. 12, No. 3, 1990, pp. 289–314.

公民的政治心理，继而预测公民的政治行为。因此，行为主义派别通过设计大量测量项目，以此来验证政治信任的理论假设。围绕政治信任测量项目的设计，行为主义派别需要将各种政治信任行为和政治体系中的各变量操作化，从而间接揭示出政治信任的内涵，对政治信任的维度理解作出贡献。克雷格和坎贝尔的测量项目至今在 ANES 和各种跨国调查中依然广泛运用。政治文化派假设特定的公民文化对政治体系的维持至关重要，韦巴对公民志愿活动的关注和阿尔蒙德对五国政治文化的调查试图表明政治文化对政治参与具有积极正向作用。其中，韦巴后期的《发言权与平等：美国政治中的志愿主义》进一步拓展托克维尔和阿尔蒙德有关民主与政治信任之间的研究，揭示美国社会中存在的志愿主义，对公民政治参与行为的影响，探究了美国社会中的志愿主义对政治信任存在着影响[1]，这与列维主张的"政治信任与政治参与"行为研究是相符的[2]。第一阶段两派的出现仅仅意味着政治信任与政治文化、参与假设提出和测量项目的操作化，但是为之后的政治信任研究奠定坚实的调查基础和丰富的理论假设。

从 1974 年到 1984 年属于第二阶段。西特宁[3]和米勒[4]的论战可视做此阶段的开端，西特宁对政治信任与政治犬儒主义展开批判。制度和理性选择学派在该阶段的发展是对文化分析学派的有力挑战，也是经济学公共选择范式在政治信任研究的反映。第二阶段是对文化分析学派的质疑和理性选择范式应用阶段，是政治信任与政治支持概念辨别和假设

---

[1] S. Verba, *Voice and Equality: Civic Voluntarism in American Politics*, Cambridge: Harvard University Press, 1995.

[2] Margaret Levi, Laura Stoker, "Political Trust and Trustworthiness", *Annual Review Political Science*, Vol. 3, 2000, pp. 475 – 507.

[3] J. Citrin, "Comment: The Political Relevance of Trust in Government", *The American Political Science Review*, Vol. 68, No. 3, 1974, pp. 973 – 988.

[4] A. Miller, "Political Issues and Trust in Government: 1964 – 1970", *Annual Review of Political Science*, Vol. 68, No. 3, 1974, pp. 951 – 972.

的发展阶段。第二阶段囊括的派别有理性选择流派和制度分析派。其中，理性选择流派的学者包括沙皮罗、科尔曼、哈丁、奈克和扎克、哈特、卢曼等。[①] 制度分析派包括奈克、西特宁等（学者将制度分析派的理论基础看做是理性选择在国家层面的拓展。考虑到制度自主性的假设，将理性选择作为制度自主性的基础是存在质疑的）。西特宁对米勒研究的批判，鲜明地表明政治信任是可以通过提高政府绩效来改善的，否定政治信任与政治犬儒主义之间的联系和假设。奈克提出揭示人际信任与经济增长之间的联系，建立规范模型表明，包括自由、再分配转移、高效率和教育在内的公共政策可以为经济增长提供足够的信任资源。科尔曼、哈丁、卢曼基于政治哲学的角度，研究发现信任并非行为的，而只能通过一套特定方法进行研究的政治机制；指出信任是一种潜在利益，并且信任仅能发生在对被信任者有充分了解和影响手段的情况之下。理性选择流派强调利益在信任中的地位和基础作用。但理性选择对规范现象解释不足，是该理论存在的根本缺陷。[②]

从1984年至今，属于政治信任的第三阶段。第三阶段以詹姆斯·马奇和奥尔森的《重新发现制度：政治的组织基础》[③]为开端，新制度主义逐渐成为政治学新的主流研究范式。新制度主义包括文化分析派中的社会资本流派和世界文化价值派、制度派别和新发展的测量派（新制度主义作为指导）。第三阶段是新制度主义研究范式与政治信任研究结合的阶段，明显呈现出文化和制度研究之间的交融，政治信任的起源和后果相关研究广泛展开。社会资本流派包括普特南和福山，文化价值派包括英格尔哈特、达尔顿和诺里斯等人。制度分析派包括罗森斯坦、米歇尔、罗斯、纽顿等人。测量派包括基勒和阿兰·米勒等人。社会资本流派假设政治信任是社会资本中人际信任和公民参与资格的反映，

[①] 可参阅罗家德：《社会网分析讲义》，社会科学文献出版社2010年版。
[②] 王绍光、刘欣：《信任的基础：一种理性的解释》，载《社会学研究》，2002年第3期。
[③] 〔美〕詹姆斯·G.马奇、约翰·P.奥尔森：《重新发现制度：政治的组织基础》，张伟译，生活·读书·新知三联书店2011年版。

如普特南运用社会资本理论,论证出社会资本对民主政治的重要作用,通过社会资本对其他中介变量的影响,最终影响一国的政治信任水平。福山提出政治信任是一种特殊的人际信任,人际信任被投射到政治制度,形成政治制度绩效,进一步扩展政治信任起源的文化视角研究。文化价值派包括英格尔哈特通过历时性的纵贯研究,验证了价值系统随着社会经济变量、政治变量的变化而变化,指出物质主义价值观向后物质主义的转变及这种转变对政治制度和国家社会主义的冲击,提供了政治信任变迁的文化解释。诺里斯提出"批判性公民"的概念,基于跨国研究,系统考察20世纪90年代全球治理的政治支持情况及全球各主要政治区域的政治信任状况,同时给予政治信任变化的经济绩效、制度信任、后物质主义、政治绩效方面的解释。① 制度分析派中的米歇尔,从宏观和微观层面验证了政治信任起源的制度论在后共产主义国家中的正确性,揭示了通过制度绩效营造政治信任的可能。② 纽顿指出政治信任与社会信任存在差异,志愿组织与信任的联系并不紧密,个体间信任立场的实际存在应该受到置疑。③ 基勒和阿兰·米勒分别对测量的长短期效应和测量项目的文化背景考察,反映出当前测量派有别于早期行为主义测量派的特征,这种测量派别对文化的关注是该派发展的主要表现。米歇尔和罗斯直接将政治信任和绩效看做民主维持良好状况的自变量,接受政治信任,也就意味着研究者是强调政治文化对政体的影响。海瑟林顿强调政治信任是系统层次的变量,且海瑟林顿考察政治信任对政治制度和政府绩效的反作用。

---

① Pippa Norris, *Critical Citizens: Global Support for Democratic Government*, Oxford: Oxford University Press, 1999.
② W. Misher and R. Rose, "What Are the Origins of Political Trust? Testing Institutional and Cultural Theories in Post-communist Societies", *Comparative Political Studies*, Vol. 34, No. 1, 2001, pp. 30 – 62.
③ K. Newton, "Trust, Social Capital, Civil Society, and Democracy", *International Political Science Review*, Vol. 22, No. 2, 2001, pp. 201 – 204.

表1 政治信任四大派别及变量假设示意表

名称	理性	文化	制度	测量（行为主义）
核心变量	社会异质程度指数、人际信任、GNP、交易成本	人际信任、制度信任、政体类型、公民社团参与率	国内生产总值、政府行为正确性、人际信任	公民对政府的各种信任行为、政治体系各变量
核心机制	理性计算	社会交换	制度自主性	统计证伪
假设	理性人假设：个体理性及其偏好指导对政治体系、政府、当局的信任	保龄球假设、公民文化假设：人际信任和制度信任可提高公民的政治支持水平	制度人格假设：制度绩效的提高可增强公民对政府支持的提高	标尺假设：着重检验各测量项目的信度和效度
起源	个体理性及偏好	文化类型和人际信任	制度信任、政府绩效	经验数据
政治信任后果	降低交易成本，推动宏微观经济发展，维护政体合法性	提高政治参与水平，促进经济繁荣	提高政府运作的机会空间和提高政治支持	政治信任的实证结果服务于政策制定
代表学者	沙皮罗、科尔曼、哈丁、奈克和扎克、哈特	普特南、福山、韦巴、米勒、英格尔哈特、海瑟林顿、达尔顿、诺里斯	奈克、罗森斯坦、米歇尔和罗斯、西特宁、纽顿	基勒、阿兰、米勒、克雷格、坎贝尔

三、国际政治学界的政治信任研究逻辑

1. 政治信任研究内涵

政治信任研究发展至今，国际政治学界对政治信任的内涵逐渐达成共识。政治信任定义和内涵多样纷呈，按政治信任的对象可分成三类定义：一类是"特定性支持派"。伊斯顿最早提出政治支持可分为特定性支持和散布性支持。其中，特定性支持是指对当局和在任官员的支持，散布性支持是指对政体和典则的支持。两种支持对提高合法性资源的供给分别具有补充和决定性的作用。持这种观点的学者如沃勒、纽顿、托尔波特、钱尼、米歇尔和史天健等。如沃勒认为，"（政治信任）是对政府的认知及类似的一般态度"，钱尼的"对在任官员和政府机构的基本评价和对政策、官员行为的满意度"和"对制度良好运作的期望"、"对政府机构的信心"，"根据人们规范性期望，对政府运作好坏的一种基本评价取向"。西特宁亦强调政治信任的特定性支持倾向。一类是"散布性支持派"。持这派观点的学者包括艾佛里、罗森斯坦、达尔顿、米勒等。如"对政体的不满"、"政府信任已成为政治支持的中心"、"政治信任是对政府的基本评价或效能感"。

两类概念掀起政治信任研究的两次论战：米勒与西特宁之争（米勒强调政治信任导致政治犬儒主义，继而导致下降的政治信任对政体合法性形成冲击。与此相对的是西特宁，强调通过政府绩效的提高可有效提升公民的政治信任水平，进而提升公民的政治参与水平）、制度与文化起源之争（制度论主张政治信任决定于政府绩效，而文化论倾向将政治信任视做社会资本和政治文化之争），制度和文化之争间接反映了政治信任的特定性支持和散布性支持的起源。两次论战很大程度是由于两派学者在政治信任内涵的分歧差异所造成的。海瑟林顿等人明确结合其他学科和斯托克、米勒的观点，将政治信任定义为"根据人们的规范期

望,对政府运作好坏的一种基本评价取向"。海瑟林顿强调问题重点是政治信任对政治支持的影响,而非是讨论政治信任是否受政治支持决定的问题,政治信任是系统层次的变量,政治信任独立于政治支持,由此即可讨论政治信任对政治支持的影响,从而终结两派在政治信任概念上的分歧,使得政治信任研究转向政策研究。

2. 研究方法论综述

国际政治学界政治信任的研究方法,相比国内政治信任研究,表现以定量分析方法为主,规范研究为辅的特点。其中,定量分析方法用于验证各变量的经验关系,规范研究着重思考政治信任和相关概念之间的逻辑联系和理论建构工作。围绕定量分析方法运用的研究设计,涉及截面分析、经典实验组分析和纵贯分析。

具体而言,阿兰·米勒采用实验组和控制组的调查分析,通过对比日美两国调查结果,指出信任调查测量项目中长期存在的问题。罗森斯坦通过俄罗斯的案例运用实验法和调查法,指出政治腐败对政治信任存在负面影响。截面分析中包括多变量回归分析法和联立方程两种分析方法的运用。国际学界通过多变量回归分析方法来检验媒体、外交、政策和个体资源禀赋对政治信任的影响,联立方程和结构方程以海瑟林顿和罗森斯坦对政治信任与政治支持的双向关系研究作为应用典型。同时,考虑到时间因素的影响,卢克·基勒和钱尼采用时滞回归分析方法,结合 Granger 因果关系检验法,对各变量深入展开讨论,以分离出时间因素的影响。达尔顿、阿瑟·米勒、卢克·基勒、尤斯拉纳等人结合美国选民调查(ANES)数据,确切地证实政治信任的变化变迁和总体水平不断下降的事实。

规范方法以洛克、科尔曼、哈定、卢曼、杜恩等人为代表。规范方法受研究者所在学科的影响显著,科尔曼的信任理论是依据社会关系对社会行为的理论假定对信任的基础理论和定义展开。卢曼从社会学角度,探讨认识、信心、信任与风险之间的理论关系。杜恩则从政治哲学角度,探讨信任在无政府主义、马克思主义和自由主义视角下存在的问题，论证信任与自由主义存在的内在联系。定量分析方法对政治信任研究的发展起到重要推动作用，初步得出政治信任与诸多影响变量和外生变量、信任、人际信任之间的经验关系。规范方法对政治信任的研究对政治信任概念的梳理和理论渊源、信任类型学的剖析贡献良多，两种方法对政治信任研究的科学化共同起到极其重要的推动作用。

3. 变量前提

政治信任在政治体系中具有重要意义，但政治信任作为政治变量，在政治信任研究领域存在质疑。研究者对政治信任的质疑表现在四个方面：（1）政治体系存在对政治信任的影响。安德森对民主满意度的研究表明不同的政治体系对政治信任的影响是不同的。安德森以跨国调查数据为依据，得出共识性民主相比多数制民主更易提高民主生活中输家的政治信任水平，这对维持政体合法性具有重要意义。安德森的研究揭示政治体制类型是政治信任与政治支持关系的前置变量。（2）权力逻辑和社会结构的不合理导致政治信任低程度的存在。这种批判是政治哲学家将政治信任置于传统政治思想思考的结果。无政府主义者假定权力是强力作用的结果，权力主体和客体之间是一种强力服从关系而不可能形成一种服从关系，因此政治信任不应受到如此关注。杜恩认为马克思主义和罗尔斯着重关注社会经济中的不平等，除非经济中的不平等和社会秩序中的不平等消失殆尽，则政治信任不可能存在。同时，自由主义从经验主义出发，反驳马克思主义和无政府主义，承认权力存在的合理性，权力受到历史和代理结构的双重制约，代理结构的合理性与政治信任存在并存的可能。（3）制度绩效相比政治信任，对民主系统的影响更为显著。米歇尔等人提出政治制度而非政治信任对民主系统维持的前提，政治制度的绩效是民主维持的前提。这种批判受到基勒、纽顿、诺里斯等人研究的驳斥。（4）政治信任的基础需要信心作为支撑。卢曼等人对政治信任的思考，试图揭示认识、信心和政治信任三者之间的关系。其中，政治信任是消除政治风险的一种手段，但政治信心是区分政治危险的基础，政治信心是政治信任的依托，倘若公民对危险的可能性方向判断有别于政治体系界定的风险,则政治信任维持政治体系的作用是有限的。同时,政治信任揭示政治信心和政治信任之间存在转换的可能性,政治信心表现为制度应用,因而政治信任对政治体系的作用会受到限制。总之,上述批判指出政治信任需要特定的政治前提作为支撑,否则政治信任对政治体系的影响是有限的。同时,这种批判促使研究者深入探讨政治信任与民主政治体系之间的内在关系,使学者逐渐冷静地思考政治信任的理论边界,将政治信任的作用限制于政治体系。

4. 变量定位和内外生变量

国际政治学界的政治信任研究模型建构,决定于政治信任的变量定位。变量定位的争议,本质上是对政治信任在政治系统地位中的讨论。政治信任的早期研究倾向将政治信任定位于因变量。这种变量定位受到早期学者对政治信任定义的理解影响。这种定位通常将政治信任视做公民对政治体系和政府当局的不满,以此揭示西方政权合法性受到挑战的事实。代表性的观点和争议集中体现在米勒和西特宁之争。米勒和西特宁的区别在于,前者将政治信任与政治犬儒主义联系在一起,后者将政治信任视做政治生活变迁中的常量,但共同之处在于将政治信任视做因变量。基于这种变量定位,学者对影响政治信任的各种变量展开经验验证,包括钱尼对国际因素的强调、米勒对公民政策立场的强调、西特宁对政府绩效与政治信任的研究、艾佛里和沃什对美国种族政治的强调、达尔顿的文化转型研究、史天健、穆兹的媒体影响研究、安德森的政治体系研究、基勒的政府信任变迁研究等。政治信任因变量的定位激起对政治信任变迁原因的思考。既有研究表明,政府绩效相比其他影响变量,对政治信任的影响甚为显著,社会资本影响对政治信任的长期影响亦不能忽视。

将政治信任置于自变量地位的学者,通常假设政治信任对政治支持和政治资源的提供具有极其重要的能动影响,而非是公民对政治体系和政治行为不满的一种简单反映。如钱尼、米歇尔、纽顿、史蒂芬·沃勒、海瑟林顿、芬尼玛、罗森斯坦等人强调政治信任对政治散布性支持和政治特定性支持、公共政策的执行、公民政府绩效观念等方面的积极正向作用。上述研究者的经验研究，部分证实政治信任的自变量定位。政治信任的自变量定位意味着：第一，政治信任属于政治系统层次，如海瑟林顿对美国政治信任的研究。第二，政治信任与政策执行的联系更为紧密。如海瑟林顿的研究和钱尼对国际事件与政治信任的研究。第三，政治信任与不同类型机构之间的关系得到讨论，如罗森斯坦等人的政治信任起源研究和米歇尔等人的政治后果研究。第四，政治信任对一般信任和政治人际信任的能动影响得到关注。

结合政治信任变量定位两派的观点，海瑟林顿将政治信任的影响变量（政府绩效、经济绩效、政策立场、种族、政党、媒体、政策倾向、政治体制）视做外生变量，将散布性支持和特定性支持、政府绩效观、人际信任、一般信任作为内生变量，运用联立方程模型对政治信任的内外生变量之间的双向联系讨论，改变了政治信任自20世纪70年代以来的政治信任"依附论"，表明政治信任作为系统层次变量的重要性。两派融合的趋势日趋明显，这种融合本质上属于政治文化对政治系统维持和运作的影响，强调政治信任对政治体系和政府绩效的重要影响。这种影响的合理性受到部分学者的质疑和挑战，如米歇尔讨论民主政治维系的制度论和文化论之争，将制度信任和人际信任看成文化论的关键变量。米歇尔界定的制度信任可视做政治信任，米歇尔论证从宏微观层面来看，制度论对民主政治的维持和发展更为显著。但这种质疑受研究者数据有限和研究方法制约，因此对政治信任的理论地位挑战是有限的。这种质疑与安德森的研究相映成趣，有助于促使政治学界探讨政治信任对民主政治的影响。卢曼和杜恩等人对政治信任的理论意义亦有一定的批判。

5. 核心假设

国际政治学界对政治信任研究的核心假设来自于研究者的理论基础和价值取向。政治信任研究的核心假设与社会资本、政府绩效和政治支持等概念紧密联系。

(1) 政治信任与社会资本。社会资本可定义成社会结构和社会内容的组合。社会资本的内容包括人际信任、互惠和合作等。波兹对社会资本理论的批判集中在社会资本三重功能的交叉矛盾和社会资本理论的层次局限性。帕克斯顿细致地分析了社会资本概念的个体和宏观层次矛盾,宏观层次矛盾体现在不同团体间和团体内信任水平对政治信任的影响。阿兰·米勒集中批判社会资本信任测量项目中的效度问题。尤斯拉纳对社会资本中的人际信任作用存在质疑,提出策略性信任和道德性信任,深刻地批判基于资源禀赋的人际信任概念。与此相反,普特南将社会资本的人际信任拓展到国家层次,假设公民参与公民团体,公民团体通过赋予团体身份,增进公民间人际信任,继而提高公民的政治参与水平,提高公民的政治信任。由此,政治信任与社会信任、人际信任的关系得到政治信任领域研究的关注。因此,政治信任研究的第一条核心假设,要验证社会信任与政治信任存在相关性,推论就是社会资本与政治信任存在相关性。

(2) 政治信任与政府绩效。西特宁、席斌和怀瑟夫等人假设政府绩效有利于政治信任的提高。针对西特宁的假设,米勒等人讨论政治信任的提高不一定提高政治绩效。海瑟林顿和斯蒂芬·沃勒等讨论政治信任与公民政府绩效观之间的关系,验证政治信任可提高公民绩效观,公民绩效观有利于政府政策执行水平提高的假设。基勒强调政府绩效对政府信任的短期作用。纽顿将基勒的政治绩效和社会资本讨论转换成政府绩效与政治资本的关系,强调政治资本与社会资本的差异,政治资本是政府绩效长期作用的后果,政治资本是影响政府绩效的长期变量。与上述观点相反,达尔顿等人对政府绩效与政治信任的假设持否定态度,达尔顿以代际文化差异是公民政治信任变迁的关键原因,否定西特宁等人提出的政治信任与政府绩效之间的关系。尤斯拉纳等人则强调一般信任对政治信任的影响。普特南强调社会信任对政治参与的影响,政治参与继而对政治信任起积极正向作用。讨论发展至今,研究者试图将政治信任、人际信任、社会信任、政府绩效、政体支持等假设综合讨论。如米歇尔、布雷姆和拉斯的研究,表明制度信任比人际信任对政体支持的影响更为显著，但弱于绩效。

（3）政治信任与政治支持。政治支持由伊斯顿提出，对合法性来源进行描述的概念。政治支持包括散布性支持和特定性支持，散布性支持是对政体合法性的支持，特定性支持是对当局领袖和机构的支持。伊斯顿等人假设政治信任是政治支持的结果，米勒、艾佛里和安德森等人将政治信任视做散布性支持，强调政治信任对政治体系的支持作用，但一定程度上将政治信任与散布性支持等同。与此相对的是，西特宁、席斌、基勒、怀瑟夫、穆兹等人倾向于将政治信任视做特定性支持。这种假设与政治信任的变量定位是密不可分的。此外，克雷格等人政治信任测量的研究，提出政治信任包括散布性支持和特定性支持。与政治信任变量定位的讨论趋势一致，海瑟林顿将政治信任视做独立的系统层次变量，以探讨政治信任对散布性支持和特定性支持的影响，海瑟林顿的政治信任试图区别于伊斯顿合法性的影响。罗森斯坦将政治信任的维度分为公正和效能两部分，试图进一步研究限定政治信任的影响范围，有别于合法性。除上述三个核心假设，学者就个体禀赋、政策立场、媒体宣传等变量与政治信任的关系假设也展开广泛的讨论。①

四、政治信任研究的测量指标

政治信任的经验测量对政治信任理论、假设和发展具有重要意义。国际政治学界的政治信任理论发展受定量方法的影响，必须依托信度和效度皆高的测量项目。否则，政治信任的争议和理论假设将无法得出可靠结论，以了解政治信任的运作机制。政治信任的测量项目直接影响到政治信任假设和研究争论议题。如米勒和西特宁的政治信任变量定位之争困惑于政治信任与合法性关系的测量，如果测量项目只包括对当局部

---

① Chen Xueyi and Shi Tianjian, "Media Effects on Political Confidence and Trust in the PRC in the Post-Tiananmen Period", *East Asia: An International Quarterly*, Vol. 19, No. 3, 2001, pp. 84 - 118.

分的测量，将导致测量系统误差的出现。同时，人际信任的经典测量项目"一般而言，你觉得多数人都是可以信任的或者说你不会在与他人打交道时表现得太谨慎？"，对人际信任与政治信任关系的影响深刻。这一项目源自罗森堡的设计。英格尔哈特等人的调查发现，中国等东亚国家具有高政治信任，这与上述学者最初的假设相悖。阿兰·米勒揭示出特定文化对信任机制的影响，紧密的社会网络有助于消除主体的风险预期，因而在东亚国家熟人社会中并不存在谨慎，易将人际信任与谨慎等同，使得英格尔哈特等人产生东亚国家社会信任度比欧美国家高的错觉。采用经典实验组对比的研究设计，区分测量项目中的"信任"和"谨慎"维度，结果符合米勒的假设，日本的信任程度要低于美国社会的信任程度。山岸俊男的研究也注意到测量项目之中存在的问题，测量项目的效度直接影响到事实判断，易导致研究方向的误导。①

既有的政治信任测量项目结合政治信任内在维度、政治信任对象、政治行为三个方面：

第一，斯蒂芬·克雷格、理查德·涅米和格伦·西瓦设计的 IBT（政治当局基础信任）和 RBT（政体基础信任）测项，就是考虑到政治信任的当局支持和政体支持两方面设计的维度。其中，IBT 包括"你经常相信政府人士所作所为是对的"、"政府在电视或新闻中对美国人民的申明，你经常相信其所说属实"、"你认为官员通常能够保持他们竞选期间的承诺或是他们通常会忘记他们的所想"。RBT 包括"美国政体对我们而言，依然是最好的"、"愿意生活在既有政体下而非其他"、"对我们的政体没有多大值得自豪的"、"有必要对我们的政体形式作一些改变，以解决我们国家当前面对的社会问题"。政治信任的内在维度是避免系统误差出现的重要前提。

第二，针对政治信任对象的政治信任项目，设计目的是为调查政治信任在承担各种政治职能中的机构分布情况。台湾学者陈陆辉在政治信

---

① A. Miller, "Political Issues and Trust in Government: 1964 – 1970", *Annual Review of Political Science*, Vol. 68, No. 3, 1974, pp. 951 – 972.

任对象和定义中有所提及，如行政部门、议会、法院、军队、国家元首等机构。中国政治学者在讨论政治信任结构中对此亦有讨论。罗森斯坦等人对政治信任的典型测量项目包括"你对政府（狭义的行政部门和具体的各种政府机构）信任吗"。这类测量项目对研究者调查公民对各政府部门的横向评价十分有效，而且对寻找提高政治信任的方法具有促进作用。罗森斯坦等人通过这类测量项目，证实行政机构相比立法机构，对提高公民政治信任具有更高的推动作用。

第三，针对政治行为包括政府的财政政策、决策制定和政策导向方面，阿瑟·米勒的测量项目包括"你经常认为你总能信任华府所做的是对的吗?"、"你认为政府是为一小部分利益集团或是为全体公民的利益运作?"、"你认为政府雇员大部分、部分或根本没有浪费纳税人的钱"、"你认为几乎所有政府雇员都具有自知之明，或是一些雇员不了解自己所做的事情"和"你认为掌控政府的少数人受骗还是几乎没有人受骗"。这些问卷项目同样运用到基勒对政府信任下降和变化的解释过程之中。这类项目有助于调查不同政府行为类型的政治信任水平分布情况。

政治信任测量项目是政治信任内涵操作化产生的结果，可利于政治信任内涵的清晰度不断得到提高。政治信任测量项目的载体——当局维度和行为维度，可推动政治信任对政治信任分布情况的研究。目前，学者开始针对单一制国家的中央政府和地方政治信任程度进行比较和测量，意味着政治信任在政治体系的垂直分布情况将逐渐得到关注。同时，政治信任在欧洲国家中的族群分布和移民分布的研究也在逐步展开。

五、政治信任的未来发展方向及批判

1. 个体 VS 总体

政治信任的个体主义研究取向和整体主义取向之争对政治信任研究

和测量都提出挑战。政治信任的个体主义研究取向注重考察个体政治心理对政治体系的信任，政治信任的整体主义研究取向着眼于公民对政治体系的认同。政治信任的个体主义研究取向就其根源，源自社会心理学对信任主体的强调。个体主义研究取向基于政治信任主体的资源禀赋，这种取向假设个体资源禀赋与主体的政治信任水平具有正相关。政治的整体主义研究取向对个体主义研究取向的批判包括：第一，个体主义研究取向会造成统计中的系统误差。第二，个体主义研究取向混淆政治信任的内涵，忽视政治信任是对外部政治体系的整体认知。第三，个体主义研究取向导致政治信任测量的来源不同，导致不同地区和国家的政治信任不可比。政治信任的整体主义研究取向强调，通过多层次多指标设置，以个体主义政治信任水平的加总平均来测量政治信任的整体水平，以便于国家和地区之间政治信任的比较研究，政治信任的整体主义取向是对研究单位的界定，政治信任受内涵约束，是对外部政治体系的探讨。基于政治信任整体主义的研究取向，研究者对政治信任的分布展开广泛讨论，研究的发展验证这种取向的正确性。因此，政治信任的整体主义研究取向对政治信任理论和测量项目的发展具有指导意义。

2. 单向 VS 双向

现代政治信任的模型建构取决于建模技术和研究假设的发展程度。建模技术方面，自结构方程建模技术于 20 世纪 80 年代逐渐成熟之后，政治信任研究的建模技术已由传统的多元回归分析模型转向结构方程建模。结构方程模型的优点在于隐变量的识别和多因变量、双向关系、间接效应的分析，融合传统的路径分析模型、多元回归分析和因子分析的优点。海瑟林顿和罗森斯坦在二人的研究中分别运用联立方程和结构方程综合验证了政治信任领域的核心假设，特别是与社会信任之间的关系，极大地沟通政治学与社会学之间的讨论。相比海瑟林顿等人的研究，传统的政治信任研究受制于多元回归分析方法的严格假设，难以对假设中的各种变量展开验证，同时极大地依赖研究者先验的假设，严重损害研究成果的应用价值和理论地位。研究假设方面，早期政治信任研究集中探讨政治信任形成的原因,因此,集中分析政治信任的自变量,忽视政治信任对其他政治变量和社会变量的影响。海瑟林顿首开政治信任对其他政治变量影响的先河,意味着政治信任与其他政治变量的互动关系将越来越受到学界的关注。

3. 常量 VS 下限

政体合法性保持稳定的前提下,政治信任总体水平在特定时间是稳定的。安德森、罗森斯坦、米歇尔和卢曼的研究揭示出政治信任变量作用的前提:政治体系合法性。政治体系的合法性水平影响着特定政治体系的政治信任总体水平。假设公民文化未发生彻底剧变,则政治体系合法性越高,则政治信任总体水平越高,且政治信任水平变化的幅度,应小于低水平政体合法性的政治体系下政治信任水平变化的幅度。同时,政治信任对政治合法性①具有反作用,米勒对政治犬儒主义的讨论揭示出政治信任下降可能存在底限,政治犬儒主义描述政治信任下降对政治体系行为和合法性构成挑战。虽然西特宁等人将政治信任等于"对政治当局的不满"的判断得到不少学者支持,政治信任下降是否存在下限,将是沟通合法性和民主政治转型理论的重要突破口。如果政治信任存在下限,那么政治信任的动态营造和预警才具有实质意义。这种动态视角驳斥将合法性等同于政治信任的观点,但也注意到政治信任下降的限度,会促使政治信任变迁的规律得到更加系统的研究。

4. 垂直 VS 水平(权威连理现象)

近年纽顿提出"政治资本"的概念,着重分析政治信任对现实政治的影响,解释政治信任变迁的原因。纽顿的"政治资本"概念尚处于建构阶段,其内容大致包括妥协、信心、公益、政治信任等,政治信任是对外部政治体系的判断。芬尼玛试图沟通政治信任与社会信任之间的因

---

① Hetherington M., "The Political Relevance of Political Trust", *The American Political Science Review*, Vol. 92, No. 4, 1998, pp. 791–808.

果机制,将网络区分成水平网络和垂直网络,将政治精英嵌入到族群网络,政治精英在水平网络中的中介作用,有利于信任在各族群网络之间的传播,提高族群的政治参与率。[①] 芬尼玛着重强调水平网络的作用,试图通过各族群网络中的政治精英与政治当局的接触概率提高政治参与,达到提高政治信任的目的。这对提高政治信任与社会信任之间的联系提供一个视角:政治信任和社会信任的传递网络之间的节点相关性程度与政治信任的提高具有一定相关性。理论上,社会网络的节点数量小于等于 (n-1)n/2,社会学对水平网络中的节点中心度和网络密度的计算方法发展至今已臻成熟。社会网络分析在垂直网络中的应用尚缺乏深入探讨,发展垂直网络与水平网络之间的测量技术,可能会对两种信任之间的转换机制予以解释,且可批驳既有研究割裂两种信任联系的形而上取向。[②]

5. 长期 VS 短期

政治信任效应的时间维度长期被研究者忽视,政治信任的时间效应是衡量特定政治体系的重要存量。这种假设基于特定政治效果需要特定时间才能实现。首先,政治变量的效果具有时滞特征。政治体系的变量需要特定时间的累积效应,才可实现特定功能。林德布鲁姆的渐进调适模型就反映出政策制定的过程特征。其次,政治变量的控制和信息在政治体系中的输入受政治结构约束,政治体系有选择地对信息删选,得出特定的输出和反馈。再次,政治结构的时间维度产生的政治周期活动,也会使政治信任的效应需要考虑时间因素。基勒、纽顿、米歇尔、钱尼的研究中都涉及时滞效应。基勒的研究为明确政府绩效和社会资本在政治信任中扮演的角色,采用时滞回归分析模型,指出政府绩效的短期效

[①] M. Fennema, J. Tillie, "Political Participation and Political Trust in Amsterdam: Civic Communities and Ethnic Networks", *Journal of Ethnic and Migration Studies*, Vol. 25, No. 4, 1999, pp. 703 – 726.

[②] 参见 B. Rothstein, D. Stolle, "How Political Institutions Create and Destroy Social Capital: An Institutional Theory of Generalized Trust", 2002。

应和社会资本的长期效应。① 纽顿指出社会资本是政治资本的必要条件而非充分条件，同时也指出政治信任的长期表现形式应是独立的"政治资本"概念。政治资本对政治信任起着直接和长期的作用。钱尼以伊斯顿对政治系统和政治官员信任的区分作为两种长短效应的基础。米歇尔指出政治信任对民主维持的长期效应是可能存在的。但是，受传统研究将政治信任定位于因变量的影响，研究者对政治信任的长短期效应缺乏严格意义上的向量自回归分析，以区分政治信任的长短期效应。因此，未来政治信任的短期效应研究阶段将逐渐转向对政治信任长短期效应综合研究的阶段，可进一步利于学界对政治信任长期效应的追踪。

6. 国内 VS 国际

政治信任研究兴于美国，之后扩散到欧洲诸国。政治信任研究的测量项目和理论假设，很大程度是基于欧美各国国内政治现实状况的提出。政治信任研究与国际变量的联系逐渐受到美国政治学界的关注。这种关注表现在：首先，"国家声望"概念的提出。如美国政治协会前主席卡岑斯坦撰写美国"国家声望"（U. S. Standing）的研究报告②，强调美国国家声望对美国国家地位的影响。美国国家声望是指综合信誉、道德和地位等因素，美国在世界事务中占据的位置。国家声望考虑到国家的政治关系、经济关系和军事关系。国家声望在政治关系方面，体现着一国信誉、道德、地位对该国外交关系的影响。其中，信誉作用虽有别于政治信任中的代理机制，但本质上是风险解决的策略形式，因此，国家声望可视做政治信任在解决国际关系问题时的应用和尝试。其次，政治信任的变迁与国际问题联系紧密。政治信任变迁是指政治信任与国际

---

① L. Keele, "Social Capital and the Dynamics of Trust in Government", *American Journal of Political Science*, Vol. 51, No. 2, 2007, pp. 241–254.
② 参见美国政治科学协会网址：http://www.apsanet.org/content_59477.cfm。

因素联系紧密。① 再次,各国政治信任变迁和发展的跨国因素考量。② 因此,政治信任研究有必要置于国际视角下来考察政治信任的变迁和政治信任的普遍解释机制。

7. 现实 VS 预警

政治信任长期被视为民主政治合法性下降的结果,但政治信任对政治支持的反作用,会通过影响公民对当局绩效的评价,反过来影响政策制定、执行和政治当局的活动空间。这对预测政治风险和选择政治改革的契机提供了风向标。美国选民调查(ANES)、欧洲民意调查(EBS)、亚洲民意调查(ABS)、皮尤民意调查、全球价值调查(WVS)等知名机构对各地区和全球调查分阶段和定期调查,对了解全球公民政治信任的变迁和转向提供数据支持和研究资源。全球各国政治信任总体水平的下降,并未否定特定年份政治信任水平的提高。已知政治信任可提高政体合法性,高的政体合法性对当局信任存在积极正面的影响,则特定政治体系可在政治信任水平处于较高的阶段,制定和执行政治信任水平较低时难以执行的政策,这种政策执行契机和当局高水平的活动空间,无疑会减少政策执行成本和增加政治改革的资源供给。政治信任研究随着对影响变量中的关键变量鉴别,将不再是对现实公民政治信任的记录,可为政治体系的政治风险监控和政策决策提供政治依据。因此,政治信任研究迫切需要制定完善的指标体系,以应对政治信任下降对现实政治政策执行产生的负面影响。

---

① A. V. Chanley, "Trust in Government in the Aftermath of 9/11: Determinants and Consequences", *Political Psychology*, Vol. 22, No. 3, 2002, pp. 469–483.

② R. Dalton, "The Social Transformation of Trust in Government", *International Review of Sociology*, Vol. 15, No. 1, 2005, pp. 133–154.

从单一国家研究到多国比较研究

李路曲*

【内容摘要】 在一国研究中引入比较方法为研究提供了新的分析工具和新的分析视角，这为全方位分析和解释复杂的政治现象提供了可能性和合理性。但如何才能有效引入或应用比较方法，在学界存在不同看法，而案例研究方法由于本身所具有的单一性和比较性，使其成为在一国研究中引入比较方法的重要思考和路径。具体来说，就是在一国研究中，通过适当的案例研究设计，实际上也是在比较的框架中进行案例研究设计，通过尽可能包括所有类别并在同一类别中有足够的排列来寻求单一或竞争性的解释，其效用取决于它所使用的案例的数量、范围和合理性。

【关键词】 一国研究；比较研究；案例设计

一、研究范式转换的趋势

从比较政治研究的基本发展路径来看，它是从对单个国家和单一政

---

* 李路曲：上海师范大学法政学院教授。

治现象的研究起步、逐步向多国比较研究发展的，而目前这两种研究路径都仍然是这一学科的重要组成部分。然而，近几十年来，在比较政治学学科内部，关于这两种研究路径或方法的关系和地位一直存在争论。一端认为对单个国家的研究是比较政治学的主要内容，另一端认为对单个国家的研究只是对多数国家比较研究中的一个因素，是统计分析中的一个"数据点"，而且并不是比较研究所不可或缺的。实际上，两者的分歧存在于对"比较"的概念和各自功能的不同理解以及两者之间的相互关系之中。简言之，如果某种研究方法只对单一国家或现象进行研究而又不隐含比较的话，那么人们就会质疑它的归纳性效用，而不可归纳的现象是缺乏应用价值的；然而，如果比较分析是如此立足于归纳性而又不是基于单一国家或现象之上的话，人们则会质疑它的真实性或实际效能。

传统观点把比较政治界定为对单一国家进行充分而深入的描述和研究的理论依据是：由于每个政治现象或国家都是独特和不可复制的，由于现象与情境有着特定的关联性，而同样现象在不同情境中的相关性是不同的，所以对这些现象进行归纳是毫无意义的。它还认为比较政治的基本任务就是对政治现象进行感性理解和深度描述，而不是依赖于归纳或应用科学方法进行解释。这一类学者或研究路径主要专注于研究一个国家内部的各种政治现象，通过深入而全面的研究而对政治现象作出"厚重的描述"；并通过指出每一种政治现象的独特性，强调任何政治现象都受到该国具体情境的影响，因而没有完全相同的现象。他们认为，特定的国家及其情景构成了一个包含许多因素或现象的独一无二的模型，这些因素不可能被复制出来，而这种独特性构成了这些国家或政治现象的核心。因此，绝不可能再复制出一个拥有其特定历史、文化、地理和人口的国家，更不可能从中找出与其独特历史相联系的同样的杰出人物。

单一国家研究的优点在于：首先，它聚焦于一国或单一政治现象而对其进行充分而深入的研究，可以对政治现象作出"厚重的描述"或解释。其次，单一国家研究可以详细阐明特定国家所最能展现的概念，并在一定程度上发展这个概念。例如，邓小平等党和国家领导人从中国的实际出发对中国特色社会主义的系列论述以及中国学者关于这一问题的大量研究，深刻而系统地阐明了中国特色社会主义的特定内涵，而这是比较方法所很难达到的。荷兰过去一直是政治联盟的典型，利普哈特（Lijphart）通过对荷兰联盟政治的分析提出了"政治联盟"的概念。① 由于其分析深刻，人们把它推广应用到荷兰以外的欧洲社会分裂深刻的国家，以研究它们的政治构建；还用它来指导研究荷兰历史上其他时期的政治关系，从而使其成为评估荷兰政治变迁程度的一个重要指数。尽管把从一国研究中得出的概念进行演绎通常会导致概念的过分延伸或变质，不过它也确实有助于阐明和丰富对政治现实的认识。最后，它的研究成果可以作为比较研究的基础。因为比较研究只有立基于国别研究的成果之上，才可能取得扎实的成果，尤其是如果在特定而合理的比较设计下写出系列国别研究的专著，甚至用直接比较的理论和方法写出各个国家的著作，那么其影响会大的多。②

但是在主张进行多国比较研究的学者看来，一国或单一政治现象的研究也有其无法克服的局限性。首先，纯粹的一国或单一政治现象的研究路径和方法实际上否定了跨越国界来对政治现象进行归纳的可行性。举例来说，我们无法对各国工人政党的特性进行归纳，因为它认为每一个政党的特性都是由构成它们所处环境中的历史、地理、文化和科学要素的独特安排而创造出来的，没有完全相同的环境因素，因而也就缺乏可比性。正是由于国家的这种独特性，所以我们才应该只对其中的政治现象进行单独研究，这就使它永远也无法在多国比较的基础上进行归

---

① A. Lijphart, *The Politics of Accomodation: Pluralism and Democracy in the Netherlands*, 2nd edn, Berley, Ca: University of California Press, 1975.

② 在20世纪60年代和70年代面世的由阿尔蒙德（Gabriel Almond）和白鲁恂（Lucien Pye）主编的国家丛书就是在统一设计的架构下通过对一系列单个国家的研究而提供了一种好的比较研究的范例。这些书包括 R. Rose, *Politics in England*, 5th edn, London: Faber, 1989; H. W. Ehrmann, *The Political in France*, 5th edn, New York: Free Press, 1992; L. J. Edinger, *Politics in Germany*, 2nd edn, Boston: Little, Brown, 1977; F. C. Barghoorn, and T. F. Remington, *Politics in the USSR*, 3rd edn, Boston: Little, Brown, 1986; R. Kothari, *Politics in India*, Boston: Little, Brown, 1970.

纳，从而否定了各国相互比较、相互借鉴和相互学习的可能性。其次，局限于这种研究方法也在很大程度上限制了研究视野，过于把精力聚焦在一个国家或一个政治现象上，而无法对多国政治或变量进行比较研究，从而使政治研究的结论和成果有很大局限性。实际上在许多国家中现存或曾经存在的自以为是的政治实践或模式在相当意义上就是缺乏以科学态度进行政治发展比较的结果。当然，另一方面，不恰当的比较实践也会带来严重的后果，例如，过去各社会主义国家对于苏联模式的盲目模仿，使得社会主义这个概念被片面化了。最后，尽管单一国家或政治现象的研究有时也隐含着某种比较，但"描述性的比较仅仅指出其中的不同和相似，分析的或正确的比较就超越了它并告诉我们为什么会是这样"①。尽管我们说亚里士多德在《政治学》中对古希腊城邦国家的研究就隐含着比较方法，所以比较政治学与政治学的诞生一样古老，但是，一方面这种隐含比较带有很大的随意性和主观性，它无法建立合理的比较框架因而通常也就不能进行合理的比较；另一方面，隐含比较不能充分地运用比较方法，它只是潜在的而不是直接而充分的比较，不是把比较对象放在平行的地位上进行比较，因而很难说它是真正比较性的。

　　正因为一国研究有如此缺陷，它难以应对第二次世界大战以来发生的政治变迁，无法解决政治现实中提出的问题，因此，比较政治学不得不进行变革，以应对这些挑战。一方面，这种政治变迁改变了过去把比较政治学狭隘化的观点，扩展了政治研究的视野。另一方面，它也促进了研究范式的转换，它迫使一国论者与归纳论者或比较论者进行对话，在初期这是一国论者寻求与那些把制度变迁看成是广泛的政治过程的特定现实的人进行对话，后期则把这一过程融入到了理性、文化和结构的充分比较过程之中。

　　这一时期的政治变迁主要是指 20 世纪五六十年代在亚非拉发生的

---

① 〔美〕尼考劳斯·扎哈里亚迪斯主编：《比较政治学：理论、案例与方法》，宁骚、欧阳景根等译，北京大学出版社 2008 年版，第 1 页。

民族独立运动和20世纪80年代以来发生的威权主义政体向多元民主政体的转变。前者使政治发展从欧洲扩展到全世界,极为扩大了政治发展的范围,同时拓宽了比较政治的视野,使学者们不得不把发生在这些地区的政治变化纳入政治研究的范畴,而传统上政治学只把政治发展看成是欧美政治的变迁;对于欧美研究者来说,研究这一新的政治变迁只能通过比较政治来进行。后者是亚洲一些威权主义政府的倒台和苏联与东欧社会主义国家的解体给比较政治研究提出了新课题。同时,市场力量的扩展和经济体制的自由化又反过来促进了对欧美民主国家进行更为深入的研究,这是比较在新基础上的需要。其中一些问题尤其受到了重视,例如经济状况对于选举的影响,中央财政的政治学功效,公开性或开放对于党员和政治制度分裂的影响等,通过比较西方民主国家与前社会主义国家和发展中国家中这些情况的表现[①],加深了对这些问题的理解,例如认识到选举的某些弊端而不再对其盲目崇拜,也扩展了比较政治学的视野和研究范围,例如把公共政策作为比较研究的对象以及民族国家研究在这一领域中的复兴等就说明了这一点。

我们以美国政治学界这一时期发生的某些变化为例来具体说明这种变化。在美国,过去一些专攻美国政治的学者把自己看成是比较论者,这是由于在他们看来美国政治或者美国式民主是普世性的,其他国家都要按照美国的路径来发展。但是随着世界一些国家和地区的崛起以及美国式民主在其他国家实验的失败使他们逐渐感到美国的价值和民主也有局限性,并不能完全由美国的情况来推导出普遍性的结论,例如在实行市场经济的政体与实行中央计划的政体之间存在着巨大差异,更为重要的是这种差异并不像过去想象的那样会很快消失掉,而是会长期并存甚至发生竞争。这就使那些长期把国别研究作为比较政治学一部分的人领悟到只研究美国政治是远远不够的,需要积累其他国家的知识。因此,在这些美国论者中产生了进行比较政治研究的要求,他们要在理论上摆

[①] 金(King),基欧汉(Keohane)和维巴(Verba)的"设计社会调查"对这种趋势的影响进行了评估。G. King, R. O. Keohane and S. Verba, *Designing Social Inquiry: Scientific Inference in Qualitative Research*, New Jersey: Princeton University Press, 1994.

脱美国论的局限性，直接进行多国比较研究，同时还要在单一国家研究中引入比较方法。

二、引入比较方法的必要性及其所面临的问题

在单一国家研究中如何引入比较方法，以弥合单一国家研究甚至比较研究的不足？要做到这一点首先要认识到这两种研究路径的特点，尽管它们有着某些共同基础，但也有很大差异。比较方法的特点是要在研究中尽可能充分地利用案例、变量或保持最广阔的视野，这也是比较方法或比较政治学的核心，这种特点在比较论者所选择的方法论及其研究工具中也得到了充分反映。

相反，单一国家研究是按照相当不同的原则进行的，这可以从理性和工具性两个方面来看。从理性上来看，单一国家研究是要对既定政治实体在复杂环境中的政治现象进行解释，它在很大程度上把这种政治现象看成是独一无二的，同时，它可以并且总是对政治现象进行深入而全面的探讨。从广义上来说，如果单一国家的研究传统也具有某些比较性的话，那么它不是直接进行比较，尤其不是进行横向比较，而是进行某些潜在的历时性或纵向比较，尽管它有时也要在深度与广度、微观与宏观、描述与抽象、归纳与演绎之间进行潜在平衡。就工具性而言，许多一国学者不仅要学习特定国家的语言，而且还要使自己融入特定国家的政治文化之中。这些情况还会被推崇单一国家研究路径的观念所强化，致使许多单一国家研究者严重依赖这一准则和路径，而比较研究者通常没有如此强烈的依赖性。发生这种情况的原因除了研究传统的影响外通常还有缺乏可选择的方法，缺乏广泛的比较政治知识，缺乏可供参考的有关国家情况的成熟参考文献等原因。

显然，这两种路径或方法各自所依据的方法论和认识论上的差异是明显的，而在这种差异之间架起一座桥梁，尤其是一国研究对比较方法的吸取有利于弥补各自的缺陷，这种构建应该围绕使研究因素、变量和

研究过程最大限度地达致概念、方法和成果在精确性和相关性以及可归纳性上的一致性而进行，尽管要做到完美是很困难的。

如果缩小单一国家研究和比较政治分析间差异的话，就可能缩小各自在方法论上的不足并提高分析的精确性，但是，由于政治科学中各分支学科越来越专门化，因而掌握它们的机会成本已经提高了，这就削弱了各分支学科之间的相互借鉴。尽管如此，我们仍可以看到在比较政治分析和单一国家研究之间有着较大的经验上和方法上的传承和重合性，这可以在相当程度上增加它们相互借鉴的可能性，或增加它们之间的相关性。

单一国家研究吸纳比较方法的必要性在于一国研究产生的概念应用到其他国家通常不可避免地会导致概念的延伸和定义的扩展，以及同一模式的不同应用；进而，如果把既定模式或概念放到多种不同的环境中去应用，那么通常会出现一些逻辑上和经验上的错误，从而使研究成果缺乏精确性。这是单一国家研究所要解决的重要问题，尤其是在数据和案例繁多的情况下更是如此。总之，立基于单一国家认知基础之上的研究可能不倾向于开发和利用归纳性较强的方法和模式，无论这种方法和模式是多么正式、严密或有利于它，而是倾向于开发立基于一国国内政治环境中的模式，尽管这可能只有很小的适用性，其理由是避免比较所带来的概念滥用和杂交。

这种情况在一国研究中经常出现，很难避免。例如布莱克（Duncan Black）提出的中间选民的特点和概念是具有独创性的[①]，然而唐斯（Anthony Downs）在《民主的经济理论》一文中对布莱克所阐述的模式进行了延伸，尤其是他的有关政党如何回应中间选民诉求的假设是以两党竞争模式为基础而设定的。唐斯虽然承认非多数决定制度的存在和其分歧相互作用方式，但他提出的假设是"政党制定政策以赢得选举，而不是通过赢得选举来制定政策"[②]，这显然是以两党竞争而不是多党竞争

[①] D. Black, "On the Rationale of Group Decision Making", *Journal of Political Economy*, 1948, pp. 56, 23–34.

[②] A. Down, *An Economic Theory of Democracy*, New York: Harper and Row, 1957, p. 28.

中的逻辑为基础得出的结论，并不一定总是符合多党制的情况。尽管在一些比例代表制中不是没有两党式的竞争，但是这种竞争方式一般是在像美国这样的多数决定制度之中表现得最为激烈，因而这是唐斯的归纳性假设和理论观所赖以产生的基础和国内环境。由此来说，唐斯发展但也限定了中间选民模式的概念，因而在一定程度上也扭曲了这个概念的原意。我们还可以审视合作主义概念在英国研究国内政治中的变异情况。这个概念在20世纪60—70年代的英国是一种对经济计划和工业政策协调方式的表述，但是由于此后在东欧、拉丁美洲和亚洲的关于合作主义的比较研究产生出一种自上而下的以政府为中心的合作主义模式，这反过来使人们感到英国一直缺乏维持合作主义的正式而必要的强制性制度结构①，从而使人们认为这个概念在英国学界的应用缺乏理论上和经验上的支持。它甚至导致很多英国人认为70年代英国经济协调的失败部分地是合作主义方式的失败而不是合作主义实践的失败。这表明，在最广泛的意义上使用这个产生于一国的概念会使其失去严格定义，从而产生误导。

显然，如果单一国家研究要提高自己的研究能力和效果并被更广泛接受的话，那么它必须具有更广泛的学科联系或借鉴比较方法。要做到这一点，单一国家研究必须超越自己的传统思维定式和方法。首先，它不应该过度坚持"文化例外论"这种在单一国家研究准则中非常固执的思维方式；进而，更多使用比较方法或多重变量分析方法会使单一国家研究者更多地认识到单纯把一国概念进行推广或以此为基础构建的解释或理论存在明显缺陷。其次，它的研究设计和分类一定要尽可能多地包括各方面的调查研究情况，这才可能更为全面，而这是比较方法的基本要求。吸收比较方法的单一国家研究可以提高研究效果，例如卡赞斯坦（Katzensxtein）通过对德国国家内部控制力的研究提出了"半自主国家"

---

① G. Lehmbruch, and P. Schmitter (eds.), *Patterns of Corporative Policy-making*, London: Sage, 1982; P. Schmitter, and G. Lehmbruch (eds.), *Trends towards Corporatist Interest Intermediation*, London: Sage, 1979.

这个概念。① 在研究过程中，他以对多种类型的国家与社会关系的过程、结构和广义理解为基础，归纳出了各国在自主性方面的共同性和差异性，从而使这个"半自主"的概念可以在多种不同的国家和情景中应用，都有较好效果。再次，无论在什么情况下，它都要构建出可以对假设进行有效检验的研究方法，这是一国研究保持有效性的必要条件，然而这离不开对比较方法的借用。当然，考虑到这要取决于归纳理性和深度描述的有效结合，因而在单一国家研究的特定过程和实践中这种借鉴或结合不可能或许也没有渗透到整个研究过程或所有方面，只是在涉及重要假设和理论构建时才必须做到。最后，尽管由单一国家或单一政治现象研究作出的假设往往存在内在缺陷，但通过吸收比较方法所进行的单一国家的研究也不可能完全经得起检验，然而我们的目的是对合理结果的追求，或者说在相当意义上我们的评价不是看检验的结果是否完全真实，而在于检验过程和检验方法的应用是否合理，从而使单一国家研究与比较政治分析更具有相关性，成为比较政治学这个学科的一个有机组成部分，最终是不断接近真实而合理的结果。

我们可以对在单一国家研究中有着大量实践检测假设的三个领域进行讨论。一是在选举行为的研究方面，其中一种主要路径是从经济原因中分析和假设选民投票的走向，这种研究路径有着很强的假设演绎的特性，它是立基于复杂而正式的理性范式和尽可能多的案例研究设计基础之上的，以此对投票或不投票行为的原因进行假设和检测。理性选择理论的这种从单一现象的研究开始进而走向包括假设检验在内的全面比较分析的研究路径有着很强的论证能力。二是在政党体制研究方面，利普哈特等人关于政党的竞争与合作的联盟理论包括如何维持这种联盟的研究是由博弈论和关于个体理性的抽象解释所支配的，因而有着较多的演绎、归纳和比较。三是在制度环境研究方面，关于政治结构的制度环境作用的相对抽象的概念确实可以产生一种可以应用于单一国家研究的尽

---

① P. Katzensxtein, *Policy and Politics in West Germany: The Growth of a Semisovereign State*, Philadelphia: Temple University Press, 1987.

管不是那么严密的假设形式,这使得一国制度与多国制度有了相关性。

由此看来,在一国研究中缺乏比较方法的应用可能使一国研究减少对众多现象的归纳性,致使其成果有很大局限性,这也说明它借鉴或吸收比较方法的必要性,而把比较政治分析中的主要方法和检测方式应用到单一国家研究之中,显然会增加单一国家研究的严密性与结论的广泛性和合理性。

要使我们所构建的这种相关性准则能够有较强的生命力和效果,还需要探讨为什么某些相关学术成果有持久的影响而另一些相关成果的影响则很短暂的原因。显然,研究过程的严密程度和研究过程中所认识到的相关性是保持其持久影响力的主要决定因素,当然这是必要的而不是充分的条件。一些著名的研究项目可以说明这方面的问题。普特南(Robert Putnam)在意大利进行的民主国家所需"社会资本"的研究就是很好的例子。普特南通过研究意大利社会资本的发展,发现那些没有适度"社会资本"的地区很难生长出民主制度,进而,他用这一理论来研究美国的社会和政治行为模式,发现在那里存在损害民主的潜在因素。[1] 另一些学者在这一理论的指导下对欧洲其他国家也进行了社会资本与民主关系的研究,取得了一些成果,并丰富了这一理论。社会资本的概念可能引发了某些经验上和理论上的理解和阐释困难,但是它提出了新的分析视角,为比较和理解民主的发展提供了新的分析工具,对于比较政治分析是有价值的。这项比较研究在整个学术界产生了重要影响。

此外,还有一些类似的把国别研究或单一政治现象的研究与比较研究结合起来的研究也都取得了影响深远的成就,例如达尔(Dahl)关于 New Haven 社区权力的研究[2],阿尔蒙德和维巴关于政治参与的研究[3],

---

[1] R. D. Putnam, and R. V. Nanetti, *Making Democracy Work: Civic Transition in Modern Italy*, New Jersey: Princeton University Press, 1993.

[2] R. Dahl, *Who Governs? Democracy and Power in an American City*, New Haven, CT: Yale University Press, 1961.

[3] 〔美〕加布里埃尔·A. 阿尔蒙德、西德尼·维巴:《公民文化——五个国家的政治态度和民主制》,徐湘林等译,东方出版社 2008 年版,第 440—442 页。

赖克（Riker）关于联邦主义的研究①，基希海默尔关于政党的研究②和普特南关于美国市民社会的研究③等都在这方面取得了一定成就。尽管这些成果并非没有受到批评，但是它们都在分析的严密性和建立一国研究与比较研究相关性的基础上对研究主题进行了抽象概括，或者说在一国或单个政治现象的研究中在相当程度上运用了比较方法。当然，它们抽象解释的程度是不同的，例如达尔关于政策制定领域中权力碎片化的抽象程度远不及赖克对集权和非集权的联邦制之间差异性解释的抽象概括程度高。在这方面另一个重要例子是希恩（Hine）等人对意大利政治转型的研究。④ 希恩在1994年基督教民主党支配意大利政党体制的情况崩溃之前出版了《治理意大利》一书，尽管他并没有预见到这种变化，但其著作对意大利国家政治中大量讨价还价的多元性政治现象和思想进行了深刻分析和概括，因而有很强的说服力并对此后的政治变化有了潜在解释。与此相反，卡茨（Kaze）等人在1994年这个重要的转型时期编辑的《意大利政治：巨头的时代》一书，则缺乏希恩的抽象和概括水平，缺乏对战后这个特定时代意大利政治的厚重描述的抽象。当然这并不是说他们没有抽象的能力，像卡茨和梅尔（Mair）在论证卡特尔政党模式中的贡献就是这种能力的证明。这或许是由于1994年意大利经验的特殊性使他们有意避免抽象演绎而专注于事件描述。这里的关键之处是其在厚重描述基础上所进行的抽象概括所达到的程度使这些成果的前提条件更为明确，研究过程更加可以复制，研究成果更加可以检验和得到确证。这就是说，如果要使自己的结论更为可信，就必须具有潜在比较或抽象概括；如果要进行分类和建立起可以用于不同制度环境中的模式，那么单一国家研究必须吸收比较方法。

---

① W. Riker, *Federalism: Origin, Operation, Significance*, Boston: Little, Brown, 1964.

② O. Kirchheimer, *The Transformation of the Westerm European Party Systems*, in J. La Palombara and M. Weiner (eds.), *Political Parties and Political Development*, Princeton, NJ: Princeton University Press, 1966, pp. 177–200.

③ R. D. Putnam, *Bowling Along: The Collapse and Revival of American Community*, New York: Simon and Schuster, 2000.

④ D. Hine, *Governing Italy: The Political of Bargained Pluralism*, Oxford: Clarendon, 1993.

三、案例设计的纽带作用

尽管我们说在一国研究中吸纳比较方法是改善一国研究的良方和趋势,但这并不是说在所有的一国研究中都要运用比较方法,尤其是在一国研究中完全照搬比较政治分析的方法更不现实,而且不是什么样的比较方法在任何研究过程中都可以运用到一国研究中去的,否则一方面这可能导致方法与对象的错位,另一方面则可能把一国研究完全变成比较研究,这样则会失去一国研究所具有的"厚重描述"的优长。因此,我们需要思考什么样的比较方法更适用于一国研究,或者说在单一现象研究中如何借鉴和吸纳比较方法?这个问题与研究设计、搜集和分析数据的方法以及认识论密切相关。

在探讨研究设计框架时,利普哈特曾提出了五种不同的比较方法:(1)全球统计分析;(2)案例研究;(3)集中比较;(4)历时研究;(5)整合性比较研究。① 但是在实践中我们很难对各种研究过程中实际应用的研究方法按照这种分类方法进行明确划分,换言之,它们总是在综合使用这些方法,因而很难确定它们究竟属于哪一种类型。确实,政治现象的复杂性决定了在某项研究只使用一种方法大多不利于处理研究对象所有方面的问题;同时,使用多种方法可以提高研究的合理性,因为一种方法实际上可以起到对另一种方法进行检验的作用。正因为如此,许多比较研究计划有意利用不同的数据和方法进行分析以达到三角定位的目的。从单一国家研究的逻辑来看,在大多数情况下通过案例研究设计来进行三角定位是最佳的研究路径,这既可以保持原有的研究方法,也可以借鉴比较方法,同时还不会把一国研究完全变成比较研究。

萨托利指出,案例方法可以是一种独立方法,也可以是比较方法中

---

① A. Lijphart, "Comparative Politics and Comparative Method", *American Political Science Review*, 1971, pp. 65, 652–693.

的一种方法。他认为如果有一种好的可操作的理论范式进行指导的话，案例研究完全可以成为一种很好的比较方法。① 即便如此，也仍然存在案例研究在比较研究中的应用程度和如何使用的问题。

为此，一些学者设计了案例研究的框架或分类方法。例如利普哈特把案例研究分为六种形式：非理论性的案例研究；用已有理论进行阐释的案例研究；产生假设的案例研究；用于检测理论的案例研究；用于证明理论的案例研究；异常案例研究。② 埃弗拉（Van Evera）提出了一种五分类法：检测理论的案例研究；构建理论的案例研究；阐明前提条件的案例研究；解释案例内涵的案例研究等。③ 埃克斯坦（Eckstein）提出的五分类法也具有深远影响：构建特定规律的案例研究；构建知识领域的案例研究；启发性的案例研究；探究可信度的案例研究；关键性的案例研究。④ 尽管对案例研究的分类有所不同，但它们从不同视角使我们对案例研究的作用有了基本而全面的认识。

就案例研究的作用而言，大多数批评都陷入两极分裂之中。在一极，学者们并没有对案例方法本身进行批评，而是对各种案例方法是否具有真正的比较性提出了质疑。例如，麦奇（Mackie）等批评了利普哈特的类型学，除了对他的第一种非理论性案例研究没有进行评论外（由于它显然不是比较性的），他们认为第二种类型的案例研究无论如何都不具有严格的比较性，而其他四种类型也不一定是比较性的，如果"它们使用和评估在其他地方所发展起来的概念……检测某些普遍性的理论和假设，或者生产出用于其他地方的概念"，才能被看做是比较性的。⑤

---

① G. Sartori, *Comparative Constitutional Engineering: An Inquiry into Structure, Incentive and Outcome*, New York: New York University Press, 1994, p. 23.

② A. Lijphart, "Comparative Politics and Comparative Method", *American Political Science Review*, 1971, pp. 65, 691 – 693.

③ S. Van Evera, *Guide to Methods for Students of Political Science*, Ithaca, NY: Cornell University Press, 1997, p. 55.

④ H. Eckstein, *Case Study and Theory in Political Science*, in F. I. Greenstein and N. W. Polsby (eds.), *Handbook of Political Science*, Massachustts: Addison-Wesley, 1975, p. 94.

⑤ T. Mackie, and D. Marsh, *The Comparative Method*, in D. Marsh and G. Stoker (eds.), *Theory and Methods in Political Science*, Basingstoke, UK: Macmillan, 1995, pp. 173 – 186.

在另一极，一些学者对案例研究本身的作用提出了质疑，认为它的比较作用非常有限。坎贝尔（Donald Campbell）早期强调经验性的或半经验性的方法，认为案例研究的一次性或不可复制使其无法广泛应用，认为其内部或外部的合理性都难以确定，并且这也不具有科学性。与此同时，坎贝尔主张使用科学方法，他认为假设演绎的方法不应在社会科学中起决定性作用，尤其是由于这种路径难以评估和分类。基于这一点，坎贝尔放弃了传统研究从既有现象中追寻单线假设的研究路径，提倡对多种竞争性解释进行检测并应用多种方法进行研究的路径。在这一过程中，他逐渐意识到自己实际上已经开启了接受案例研究作为一种开发和删除假设的手段的大门，并发表了《"自由的度"和案例研究》的论文，表示放弃早期的轻视案例研究的观点。①

坎贝尔最终承认埃克斯坦的"可信性探索的案例研究"具有比较性质，然而考虑到坎贝尔对于方法论的严格要求，他对案例方法的接受实际上提高了案例研究设计的标准，当然这也会提高其效力。他对利普哈特分类方法的评论是，就进行案例研究本身和与比较研究的相关性或理论构建而言，其中第一至第三种类型是理性而温和的对案例研究方法价值的阐述，而第四种和第五种类型是具有比较性的，可以被用于检验和证明理论，或者说可以在某种程度上替代比较方法的作用。

这样在他看来，在进行研究设计时，是选择案例研究的方法还是选择比较研究的方法本身就是错误判断，而正确选择是考虑理论的特性、证据的可用性、研究者的技巧或可获得的研究资源等，这是"最合逻辑的立场"，尤其是第六种类型在更大程度上延伸了案例方法的作用，他坚持充分而合理地运用案例研究是比比较研究更好的方法，甚至可以把比较研究作为案例研究非定论性的一个初期研究阶段，最终再由案例研究作出结论。

案例研究设计在寻找单一或竞争性假设时的效用取决于它所包含的

---

① D. T. Campbell, "Degrees of Freedom and the Case Study", *Comparative Political Studies*, Vol. 8, 1975, p. 191.

案例数量及其分布合理性，它要尽可能包括所有类别并在同一类别中有足够的数量排列。对于按单一国家准则进行研究的人来说，这就要求他们尽可能在整个研究过程中并反身应用这种方法。一些学者指出在文化人类学和考古学的经典案例研究中，要对复杂的研究对象作出解释，就要面对"数不清的可供选择的答案"。对这种竞争性解释的筛选通常是一国专家所通晓的，也是案例研究的常规和基本界限。但是如果要使案例研究承担像利普哈特的"用于检测理论的案例研究"和"用于证明理论的案例研究"的任务，外延案例研究的界限，那么这个过程会变得更加复杂、透明和可以复制，实际上也就是更具有比较性。

探究各种竞争性解释对处理数据和理论间的复杂关系提出了更高要求，这要求处理大量而分布合理的数据。在处理这些数据时，要避免个体和生态谬误，这要求反思比较单一国家或单一现象的案例研究要严格遵守"直接测量原则"。这还与一定的理论范式密切相关，因为无论是使用个体层面的数据进行微观政治分析还是使用生态层面的数据进行宏观政治分析，都不仅仅是一个技术问题，而是比较政治中的一个核心问题。这样，通过确定研究设计和数据搜集以及分析范围或内容，我们明确了认识论的地位。因为尽管直接测评的原则最初是一个方法的问题，但是这种经验研究的基本技术也有认识论的作用。大致说来，聚焦微观层面的研究在解释政治现象时可以提出微观制度作用的假设，而那些宏观层面上的数据通常被用于关注结构的作用。这样，如果上面论述的案例研究的演绎力是真实的话，其中所包含的认识论也就明确了。

需要补充的是，这种研究形式不会限制住单一国家或政治现象的研究者，因为如果个体研究是以失去广泛性而换取深度的话，那么我们可以通过集中比较来实现一定程度的普适性，即通过组建国别专家团队来增加研究的普适性。这种在一定程度上是通过增加劳动强度来实现广泛性的路径可以称为"多个研究者、多个案例、多个地点"的研究方法。[①]这种路径设计要求对来自于不同知识语境中的研究人员所组成的团队的

---

① http://www.sussex.ac.uk/soccul/1-3-1-6.html.

研究工作进行协调,以在适当的和可求的深度和宽度之间构建一种良性平衡。尽管这种研究路径有相当难度,但是如果能达到一个相当严密的研究程度的话,那么这种团队努力会使研究有很大改观。

结 论

横向和纵向数据都证明了单一国家研究在政治科学各专业中的相对孤立和衰落,因此研究者应该把比较方法融入进来。我们应避免把解决这个问题的方法局限于直接借鉴比较方法,实际上,政治科学给方法的多样性留下了很大空间。这也包括单一国家学者要意识到他们原来以为不适用于自己研究的方法实际上对自己来说是不可或缺的。对此,一种重要的思考和方法是单一国家研究者通过进行案例设计而把比较方法吸收进对单一国家的研究,这会使单一国家研究从比较方法的经验和理论中受益。谨慎地进行案例设计不仅可以使单一国家研究更具有相关性,而且它也给比较学者提供了比较的透镜本来所不具有的洞察和深度描述,"在跨单位研究占支配的领域中,或许极为需要对单一单位进行聚焦研究"①。显然,达到这种严格的案例研究设计标准需要付出更多努力,但是这也会大大提高研究效果。

---

① Gerring, J., "What is a Case Study and What is It Good for?", *American Political Science Review*, Vol. 98, 2004, p. 353.

民主何以成功，何以失败？
—— 关于2010年各国民主政治几个重要事件的比较观察

谭君久[*]

【内容摘要】对智利、波兰、泰国和吉尔吉斯斯坦四国在2010年所发生事件的比较观察，我们可以得出如下几点启示：第一，民主必须有最低程度的社会共识，撕裂的民族、分裂的社会是搞不好民主的。第二，民主的正常运转需要法治来保护，需要公正的司法。第三，遵守规则，维护秩序，才可能搞好民主。第四，民主需要负责任的政党和政治家，谋一党之私，取一家之利，将破坏民主的根基。第五，民主需要和解与妥协，一味报复将断送民主的机会和前景。

【关键词】泰国"红衫军"；智利；波兰；吉尔吉斯斯坦；民主

一

2010年3月13日，各大报纸的国际版面同时刊登了两条消息：一是泰国"红衫军"进军曼谷，另一条是智利新总统在强余震中宣誓就职。

---

[*] 谭君久：武汉大学比较政治研究中心教授。

2月27日，智利南部发生里氏8.8级大地震。此前不久该国刚举行了总统大选，这时离新老总统交接只有12天，当选总统皮涅拉下落不明。地震发生后，即将卸任的总统巴切莱特夫人立即召开紧急会议，随后宣布国家进入"灾难状态"，并呼吁民众冷静，互相帮助，渡过难关。次日，候任总统皮涅拉现身后立马表示，新政府就职后将全力投入重建工作，并以当选总统身份视察灾区，就救援工作与巴切莱特政府沟通。但是，新老总统能顺利移交权力吗？后来的事态发展说明这种担心是多余的，新老总统之间联络畅通，配合默契，权力交接的准备也有条不紊地进行。3月11日，智利国会所在地、港口城市瓦尔帕莱索的国会荣誉大厅，总统权力交接仪式如期举行，当选总统皮涅拉宣誓就职。可是，就在就职仪式过程中，发生了大地震以来最为强烈的一次余震，震级达到7.2级，只见就职现场房屋晃动、吊灯摇曳。但是，新老总统表现镇定，谈笑自若，皮涅拉镇定地宣读了誓词，巴切莱特夫人则向皮涅拉递交了象征权力的红白蓝三色的总统绶带，现场顿时响起了热烈掌声。接着，皮涅拉开始宣读他的内阁成员名单。长长的政府各部部长名单还没念完，又是一波强震。整个仪式不失严肃热烈，但又平淡低调，为了表示对地震受害者的悼念和尊重，就职仪式规模很小，原定的晚宴也改为简单的午餐。宣誓就职仪式结束后，已是总统的皮涅拉说的第一句话就是："该是干活的时候了"，接着就在余震中发布了他的第一道总统令，下令将沿岸居民迁移至地势较高的地方，以应对可能发生的海啸。皮涅拉的镇定和果断增强了人们的信心，智利《信使报》上周末发布的民意调查显示，56%的受访者认为新政府有能力应对今后的任务。①

　　皮涅拉就职的当天晚上，地球另一边的曼谷已是3月12日上午，"红衫军"开始在曼谷市外围集结，反对派发动了号称百万人的反政府集会活动。到14日，曼谷出现一片红海，"红衫军"向总理阿披实发出最后通牒，要求解散议会并重新选举。而政府方面则是如临大敌，阿披实只得躲在陆军11步兵团的兵营坐镇指挥。由于担心群众示威失控，

---

① 陈晓航：《"重建总统"面临多重考验》，载《人民日报》，2010年3月13日，第3版。

曼谷许多商家停止营业,与国会大厦仅一街之隔的动物园也担心受到影响,将部分大象、鹤、袋鼠等动物疏散到了外地,还储备了可供10天之需的动物食物。真是人心惶惶,鸡犬不宁。这场骚乱愈演愈烈,红黄双方剑拔弩张,中间演出了一场又一场闹剧。期间,尽管阿披实曾抛出和解路线图,"红衫军"代表也曾走到谈判桌,却一事无成,终于演变成大规模流血冲突。持续69天的骚乱,造成88人死亡,1885人受伤。① 在阿披实政府方面动用武力之后,5月19日泰国军警开始对曼谷商业区的"红衫军"营地进行清场,泰国局势才终于恢复了平静。但据泰国智库泰华农民研究中心估计,这次骚乱造成的直接经济损失不低于1380亿泰铢,而政局动荡给泰全年经济造成的损失或达2330亿至3650亿铢。②

无独有偶,正当泰国动荡如火如荼之时,吉尔吉斯斯坦首都比什凯克和多个城市和地区于4月6日开始发生大规模骚乱,两天后反对派示威者即先后占领了议会大楼和总统府,宣布接管政府权力,总统巴基耶夫被迫飞离首都,随后流亡白俄罗斯。反对派随后成立以前外长、驻英国大使、2005年"郁金香革命"核心人物之一的奥通巴耶娃为首的临时政府。4月26日,临时政府公布新宪法草案,宣布将于6月27日对新宪法进行全民公决,10月10日举行议会选举。但是,骚乱并没有停止。4月19日晨,首都比什凯克近郊再次发生大规模抢劫行为,临时政府不得不派出四辆装甲车开入维持秩序。5月13日,前总统巴基耶夫的支持者先后占领吉南部的奥什、贾拉拉巴德和巴特肯3个州的州政府大楼,次日,临时政府与巴基耶夫双方的支持者在贾拉拉巴德州甚至发生交火。截至6月16日,仅南部骚乱就已导致187人死亡,1918人受伤。③ 所幸的是,在6月27日举行的全民公决中,有72.3%的选民参加

---

① http://www.chinanews.com/gj/gj-yt/news/2010/05-24/2300982.shtml,中新网(2010年6月10查阅)。

② http://www.chinanews.com/gj/gj-yt/news/2010/05-26/2306328.shtml,《综述:分析指政局不稳拖累泰国经济》,中新网(2011年5月31日查阅)。

③ http://www.chinanews.com/gj/gj-yt/news/2010/06-17/2346281.shtml,中新网(2011年5月31日查阅)。

投票，其中九成多投票者对新宪法草案及相关法律投了赞成票，奥通巴耶娃获得过渡时期临时总统的合法地位，三个月后顺利举行了议会选举。

令人震惊的是，就在吉尔吉斯斯坦陷入骚乱没几天的4月10日，波兰总统卡钦斯基在前往俄罗斯参加"卡廷森林"事件70周年纪念仪式的途中，其乘坐的专机在俄罗斯斯摩棱斯克机场附近坠毁，机上96人无一生还，除总统本人遇难外，同时遇难的还有总统夫人、议会两院副议长、国家安全局局长、军队总参谋长和海陆空三军的副总司令、国防部副部长、波兰央行行长、总统办公厅主任等政界、军界的高级领导人。毫无疑问，这是全球迄今为止导致一个国家的高层领导遇难人数最多、损失政治精英最为惨重的一次空难事件。然而，在如此严重的政治灾难面前，波兰国家、政府和人民表现了惊人的安定和秩序。首先，下院议长科莫洛夫斯基依照宪法于当天宣誓就任代总统，承担起领导国家的责任，并承诺将就提前大选的具体日期"充分听取其他政党的意见"。与此同时，遇难的政府和军方高级领导人的职权，都有条不紊地由法定官员接替。高级军事将领的职权，由他们的副官在第一时间按照预案接任。此前大选中同一政党同一选区、得票数居第二位的候选人，也依法接替了遇难国会议员的席位。随后，波兰政府保持了正常运转。中央银行行长遇难后，此前的副行长接替，4月10日正是周末，周一银行开业时，中央银行一丝不乱，履行着法律规定的一切职能。尽管失去了副部长，波兰外交部的运转依然正常。中国驻波兰大使馆相关负责人说，波兰外交部24小时保持与各国使团的联络，效率甚至比平时还要高很多。① 在巨大的灾难面前，波兰各派政治力量表现出了对国家的忠诚和责任感。总理图斯克与遇难的卡钦斯基总统本来分别属于"左翼"的公民纲领党和右翼的法律与公正党，但是，听到卡钦斯基专机坠毁的消息后，图斯克总理失声痛哭，立即从格但斯克赶回华沙，紧急召开部长特别会议，讨论相关善后事宜，随后向全国发表电视讲话，表示波兰政府

---

① 胡贲、史哲：《当一个国家失去总统》，载《南方周末》，2010年4月15日，第A5版。

将会正常运转和工作,并呼吁所有波兰人尊重全国哀悼并注意合适的言行。正如代总统科莫罗夫斯基对媒体所表示的,在巨大的悲剧面前,"我们团结在一起,不分左右"①。

二

智利、波兰、泰国、吉尔吉斯斯坦四国,都属于所谓世界"第三波"民主浪潮中实现民主转型的国家,它们在2010年经历的事变为我们提供了研究民主的成功与失败的样本。

智利和波兰毫无疑问是民主获得成功的例子。国家领导人如何产生和更替,是政治体制的重要内容之一,其中既包括如何选举和更换领导人,也包括当领导人因各种原因缺位(病逝、遭弹劾、遭遇意外)的时候,如何产生新领导人,尤其是在领导人突然遭遇不测的紧急时刻,是否能够迅速确立新领导人并保证政权的顺利运转和国家局势的稳定,当一个国家遭遇重大自然灾害时,是否能够保证政权的顺利交接,是一个国家政治制度成熟的重要标志,也是衡量政治文明发展水平的重要标尺。

波兰之所以能做到大难不乱,能够顺利实现国家权力的转移,得益于宪政民主的确立:一方面,形成了宪政民主的框架。根据波兰1997年《宪法》,波兰是一个法治的民主国家,基于分权制衡的原则,行政权集中在总统和部长会议即内阁,立法权集中在两院制的议会,法院独立行使司法权,并且设立了宪法法院。武装力量在国家政治事务中保持中立。实现了司法独立,公民的权利和自由得到了保障,波兰所有的政党组织,都接受法律约束。不仅仅体现在《宪法》原则上,而且体现在现实政治之中。而这次波兰总统专机坠毁之后,正是这个宪政体制发挥了作用。另一方面,波兰从1989年至今已经历了四次总统选举和五次

---

① 《波当局紧急善后》,载《新华每日电讯》,2010年4月11日,第4版。

议会选举，经历了多次政党轮替，没有出现比较大的政治危机，也没有出现所谓的"颜色革命"。政治人物、各个政党以及广大民众已经习惯了政权在左右之间轮替的政治生态。即使是过去的执政党也似乎认识到：民主并不可怕，在这种民主宪政的体制下，它们也一样享有赢得政权的机会。① 所以，波兰的政治转型是比较成功的。

回顾近几十年来智利政治发展的进程，也是耐人寻味的。1973年，以皮诺切特为首的右翼军人推翻了阿连德总统的社会党政府，开始了长达16年的军事独裁统治。1989年，举行多党选举，开始了军人"还政于民"的民主化进程。1998年皮诺切特交出军权，作为终身参议员进入国会，"民主过渡"进程基本完成。自1989年以来，智利政局稳定，中"左"政党组成的执政联盟连续执政20年，历经四届政府。但是，这次地震发生前一个月的全国大选中，执政联盟候选人、前总统弗雷却遭到失败，右翼反对派联盟候选人、亿万富翁塞巴斯安·皮涅拉以52%的得票当选总统。选举结果意味着智利将改变颜色，结束中"左"派联盟连续执政的局面。在某些人看来，大地震也许给了执政"左翼"联盟一次绝好机会，实行紧急状态，停止权力交接。但是，在民主体制下，通过政府的更迭来实现国家政策的转向，意味着适应形势的政策调整，意味着政策的与时俱进，因此是国家政治生活的常态，不值得大惊小怪，如果没有这种更迭和转向，反而是不可思议的。而对于交出权力的一方来说，则意味着一次政策反思，经过反思和调整，他们将获得下一次获胜的机会，因此下台并不是不可接受的事情。

泰国和吉尔吉斯斯坦自然是民主失败的例子。泰国所呈现的是另一番完全不同的景象。20世纪90年代开始，长期把持政权的军人集团逐渐退出政坛，形式上实现了多党竞选的议会民主。但是，国王依然享有举国至尊，拥有绝对权威；党派斗争异常激烈，常常闹得你死我活，鱼死网破，结果不得不通过军人在国王的支持或默许下发动政变来收拾残

---

① 1995年，波兰社会民主党主席兼民主左翼联盟主席克瓦涅夫斯基战胜瓦文萨当选总统。社会民主党创建于1990年初，后来成为民主左翼联盟的一部分，后者则被视为波兰统一工人党（即共产党）的延续。

局，在军政权的主导下重修宪法，经过了重新"政治洗牌"后举行新选。然而新的民选政府往往又会陷入新一轮政治恶斗，导致新的动荡和新的政变，国家和民族陷于万劫不复的周期性动荡之中。

这一轮动荡起因于他信的政敌与他信之间的恶斗。2001年2月，他信率领他所创立的泰爱泰党赢得全国大选并担任总理，实行铁腕禁毒，致力于消除贫困，依靠推行农村医保和补贴农民，使底层民众成为支持他的铁票，最终将泰国带出亚洲金融危机，并且使泰国一跃成为东南亚经济增长最快的国家，2005年获胜连任。但是，一些反对他信的政治组织联合组成民盟（人民民主联盟），2006年6月，纠集起"黄衫军"发动大规模反政府示威，一手挑起了持续至今的危机。由于社会动荡，陆军司令颂提于2006年9月发动军事政变，他信被赶下台。但是，2007年12月，在根据军人政府主导制定的新宪法举行的全国大选中，他信支持的人民力量党在12月的大选中再一次获胜领先，并与其他几个政党组成六党联合政府。但是，不到半年，"黄衫军"再次发动反政府示威，先后导致人民力量党的沙玛和颂提两位总理被迫下台。经过几番折腾之后，属于人民民主联盟的民主党党首阿披实于2008年12月当选新总理，组成了新内阁。他信及其支持者自然不可能轻易接受这样的失败。泰国的动荡政局自此陷进了一个走不出的怪圈。2009年4月，支持他信的力量组成"反独裁联盟"，并组织起"红衫军"在曼谷进行反政府示威活动。示威不久演变成骚乱，造成人员伤亡。4月11日，由于示威者在泰国帕塔亚市的干扰和破坏，泰国政府不得不宣布取消本应于当天开幕的东盟峰会，已经到达的各国领导人也只好在泰国领导人的致歉声中打道回府。

正如有人所说，泰国的乱象表明的是"泰式民主的困境"，可是，也有人以泰国为例，证明民主不一定是值得追求的好东西。可是，什么是"泰式民主"？准确地说，它是一种"不及格的民主"。实际上，泰国某些政治家本来就没有打算好好生生地搞民主政治，人民民主联盟的领导人林明达曾经声称，"在泰国，民主体系不起作用"。号称人民民主联盟的领导人不相信民主，这的确是件怪事。正是由于他们宁愿选择街头斗争，而不愿意采取民主政治的常规途径，才造成了泰国的乱象。泰国的乱象并不能说明民主本身不好，而是民主不及格的人用错了民主。好比一个人数学考试不及格，连个简单计算都搞错了，因此造成了巨额损失，难道我们因此就说数学是个坏东西吗？于是就号召世人都不要学数学了吗？应该说，是数学不及格的人的错，而不是数学的错。显然，泰国的民主乱象，是泰国政治家们的错，而不是民主的错。

三

对智利、波兰、泰国和吉尔吉斯斯坦四国在2010年所发生事件的比较观察，我们可以得出如下几点启示：

第一，民主必须有最低程度的社会共识，撕裂的民族、分裂的社会是搞不好民主的。最低程度的社会共识是实现民主的基础性条件，这种共识既存在于政党之间，也存在于民众之中。以波兰为例，在转型的20年时间内，波兰政府基本上左右两翼的政党轮流执政。但是左右翼在波兰的内政外交上，基本保持了最低程度的社会共识，就是波兰一定要建立民主政治，一定要建立市场经济，一定要融入欧洲。虽然左右翼的政治力量，在工作重点上有所差异，但是基本目标非常一致。20年来，波兰的转型也获得了民众的广泛认同。根据波兰民意调查中心的几次调查表明，总的来说，波兰人民是非常认同这20年的转型，认同转型的方向和转型所选择的道路的。这几次调查提出的问题是"1989年波兰的制度改变是不是值得"，1994年选择"值得"的为40%，1999上升到72%，2009年达到了82%；选择"不值得"的，1994年为28%，1999年为17%，2009年下降到8%。

巨变和转型之后，波兰的产业工人实际上承担了很大牺牲。传统工业部门事实上已经衰败了，很多工人失去了工作，20世纪90年代中期失业率一度达到了20%，波兰的工人阶级，为波兰的转型作出了巨大牺牲，承担了巨大代价。那么，为什么波兰的转型能得到人民大多数的认同呢？首先，国家生活走上了良性循环的轨道，从而为他们的后代争取了一个非常好的发展机会。转型以来，波兰的经济增长速度在欧洲是快的，长期保持了年6%的增长率，在加入欧盟之后波兰的经济增长速度是欧盟平均经济增长速度的两倍，而且2009年在整个全球经济低迷的条件下，整个欧盟除波兰之外都陷入衰退，这一年波兰经济仍然实现了1.7%的增长。因此，有人把波兰称为"中欧之鹰"，也有人称之为"欧洲经济小龙"。

更重要的是，波兰的政治改革与经济改革基本上是同步进行的。在波兰的转型中，经济上转向市场经济，政治上转向宪政民主。从过去苏联式的计划经济体制转向自由的市场经济体制，现在支撑波兰经济的是75%以上的民营经济，即私有企业，在私有企业中就业的人数也超过70%。在这个过程中，必然会发生国有资产的大量转移，国有化向非国有化的转移，就有可能出现大量腐败，如何规避转型过程中的腐败和国有资产的流失，就成为转型国家无法绕过的关节。波兰通过私有化法来严格限制国有企业出售的条件，并规定了严格的程序，从而把私有化过程中可能产生的腐败现象降到最低，使之成为一种"正常国家的正常腐败"。这就说明，宪政民主是完善市场经济体制的必备条件。也正因为如此，尽管也存在"正常国家的正常腐败"，一部分群众为改革付出了很大代价，却能被控制在可以"忍受"的范围内，没有出现不可忍受的逼得人一个接一个跳楼的两极分化，没有造成社会撕裂，人们对改革的基本面是认可的。

可是在泰国，占泰国6300万人口约70%的农民和城市草根阶层与占人口约30%的中产阶级、知识阶层以及地方世袭领主等两大社会力量之间严重对立，这正是政局动荡轮回、政坛不断洗牌的深层根源。在一个严重分裂的社会里，特别需要政治家和社会精英的远见、智慧和理性。可是，泰国的一些政治家却反其道而行，热衷街头政治，放任暴力，挑唆鼓动，火上浇油，搞得红黄两股力量形同水火，势不两立。而在这样一个利益分化严重的社会里，民主是很难有效的。同样，吉尔吉斯斯坦的南北矛盾也非常激烈。

面对激烈的利害冲突和社会分裂，各方面的政治家应该从民族和国家利益出发，努力弥合分歧，减少对立，通过合法的民主程序来协调利益冲突，解决利益纷争。南非的曼德拉则是一个很好的典范。他在种族主义政权统治时期遭到残酷迫害和长期监禁，在获得自由之时所面临的是一个社会严重撕裂的国家，但是，他在实现了争取自由的胜利后及时确定了实现民族和解作为新的奋斗目标，从而有效推动了国家民主转型的历史进程。曼德拉在获得自由后曾经发表谈话说："在那漫长而孤独的岁月中，我对自己的人民获得自由的渴望变成了一种对所有人，包括白人和黑人，都获得自由的渴望。"由于南非白人种族主义政权的长期统治，造成了惨烈的种族对立和社会分裂，针对南非的这一特殊国情，曼德拉表示，"我为反对白人种族统治进行斗争，我也为反对黑人专制而斗争。我的美好理想是建立一个民主和自由的社会，在这样的社会里，所有人都和睦相处，有着平等的机会"。"让黑人和白人成为兄弟，南非才能繁荣发展。"曼德拉以他宽大的胸怀化解了种族仇恨，与最后一位白人总统德克勒克共同引导南非人民跨越了种族鸿沟，实现了南非的和平转型，他本人也与德克勒克共同获得1993年诺贝尔和平奖，被誉为"黑白双星"。

第二，民主的正常运转需要法治来保护，需要公正的司法。成熟的民主制度是宪政民主，是与法治结合起来的民主。法是什么，就是事先约定的规则。无论是解决领导人的选举和国家大政方针也好，还是在日常政治中也好，都在宪法的最高权威下，依法、依程序来施政与参政，执政者与普通民众都要守法。没有法治的民主，必将反过来破坏民主本身，泰国和吉尔吉斯斯坦的骚乱就说明了这点。当然，法治国家并不禁止游行、示威等街头政治行为，但必须有某种限制。民众可以上街游行示威，但不能滥用权利，不能冲击、占领总理府和政府机关、占领机场。街头政治行为必须限制在和平、合法、理性的范围内，街头政治行为也不能无休无止，如果街头政治成为常态，民主也将不复存在。因此，无论是政府还是公民，都必须在自己的权利范围内行事，超过范围，便只能导致混乱与无序。当然，避免街头政治的最好出路是为各种利益和意见提供畅通的表达渠道，在波兰，由于议会已经成为一个公开博弈的场所，利益分歧都可以通过议会政治来调节和化解，1989年以前常见于街头的示威和罢工到今天已经十分罕见了。

就像奥林匹克竞赛一样，任何竞赛和竞争都必须有事先制定的规则，如果没有规则，没有依据规则公正执法的裁判，任何竞赛和竞争都不可能进行。而作为竞争性选举和民主政治的一条重要规则，就是司法严守政治中立，宪法法院更不宜审判政治问题。但是，从泰国这几年的政治进程来看，其司法判决明显偏袒人民民主联盟一方。2007年底人民力量党再次竞选获胜组阁后，但是不到半年，"黄衫军"再次发动反政府示威，要求沙玛辞职，示威者一度占领总理府。就在这个过程中，似乎是一件很小的事情改变了历史。73岁的沙玛原本是泰国电视烹饪节目"尝尝和发牢骚"的知名主持人，他在出任首相后，仍继续主持该烹饪节目，直到两个月后才停止。9月9日，泰国宪法法院宣布沙玛在担任公职期间为私人企业主持烹饪电视节目并收受酬金违反了宪法，并判决沙玛及其内阁须全体辞职。沙玛被迫下台后，人民力量党推选颂猜接任总理。然而，民盟及其支持者依然不依不饶，示威活动愈演愈烈，包围国会大院，占领曼谷的两个国际机场，反政府集会持续近200天，甚至导致流血冲突。12月，宪法法院判决人民力量党、泰国党和中庸民主党犯有贿选罪，予以解散，颂猜被迫下台。平心而论，沙玛在电视烹饪节目中担任主持人，纵然有失当之处，也不能成为推翻一个政府、迫使内阁集体辞职的理由。至于接下来宪法法院以贿选罪名判决执政联盟三党予以解散，明显有借司法打击政治对手的嫌疑。另一方面，"黄衫军"包围国会，占领曼谷国际机场，却没有受到任何法律制裁。后来，"红衫军"如法炮制，冲击东亚领导人系列峰会，打砸总理座车，导致整个社会和国家陷入了以暴易暴的恶性循环。可见，泰国的治安力量、司法机关和宪法法院不仅没有发挥保护和保障民主的作用，反而充当了打乱民主进程、搅乱政局的推手，使得反他信的势力得以利用司法来达到选举中未能达到的目的。

第三，遵守规则，维护秩序，才可能搞好民主。民主需要广大民众的广泛参与，但这种参与必须是守规则的。什么是民主？民主就意味着按事先约定的规则、以和平的方式来进行政治权力斗争。选举一旦结束，无论双方得票多么接近，胜者优势多么微弱，失败一方都要接受这个结果，尊重法律和选民的意愿。这就好比足球场上，哪怕是一个点球，输了就是输了。选举一旦揭晓，胜败的双方就要尽快携起手来为共同解决国家所面临的问题而进行合作。可是，在泰国的所谓民主过程中，失败的一方再三拒绝承认和接受选举结果，尤其是当年的"黄衫军"，占领总理府，占领国际机场，非要闹到合法选举产生的政府一个接一个地下台，直到更迭政府不可。因此，平心而论，"反他信"的所谓人民民主联盟是目前这种乱象循环的始作俑者。

民主是在一定制度下运行的，所谓制度，就表现为一整套事先制定的规则。规则一旦制定，制度一旦建立并生效，就必须具有稳定性，频繁修改规则和改变制度就意味着没有制度，频繁修改宪法就意味着没有宪法，就会破坏制度本身。在吉尔吉斯斯坦和泰国，宪法都可能随时依掌实权的领导人的意愿而被修改。2005年"郁金香革命"之后，伴随着多次集会和示威游行，吉尔吉斯多次修改宪法，而巴基耶夫也数次解散政府。2006年11月，吉尔吉斯议会通过新宪法，改总统制为议会制，大大缩小了总统权力，由议会多数党来组织政府，总统只能根据议会的提名来批准任命总理。巴基耶夫当然不满意这项改变，在签署这个宪法后便立即组织了修改新宪法的班子。一个多月后，经过激烈辩论，议会于2006年12月30日通过了第二个新宪法，半个月后巴基耶夫签署这个新宪法，恢复到阿卡耶夫时代的总统制。但是，围绕政治制度的冲突一直没有停止，终于引发了2010年的事变。

作为程序民主，其基本形式之一就是投票，即通过投票来决定选择，基本规则是少数服从多数，一旦选举结果揭晓，就应该服从，任何胡搅蛮缠、不服气、不认账都有悖于民主精神。但是，对于少数来说，应该明白的是，他们的机会不在当下而在将来。而要把握机会，最需要做的就是好好表现，即当好反对派。所谓反对派并不意味着一味地反对，是建设性的反对派，以负责任的态度对待国计民生，从而为下一次选举做好准备。民主不是你死我活的政治，而是朝野共存的政治。

第四，民主需要负责任的政党和政治家，谋一党之私，取一家之利，将破坏民主的根基。他信担任总理期间，应该说是政绩斐然，他信也因此成为泰国第一个做满四年任期的总理，而 2005 年获选连任，也成为第一位通过选举连任的总理。但是，他信未能恰到好处地利用自己的政绩带来的声望，带领国家走向一个繁荣、和谐、民主的社会，而是变得过分自信，独断专行，任人唯亲。2006 年 1 月，他信家族将其控股的西那瓦集团 49.6% 的控股权出售给新加坡国有企业淡马锡，此番轻率的举动授人以柄，反对派乘机发动大规模群众游行，要求他信下台。在此情况下，他信宣布解散国会下议院，重新大选。虽然他信领导的泰爱泰党在 4 月 2 日的选举中再次获胜，但是，由于多个政党同时抵制大选，特低的投票率导致政治僵局。面对这种尴尬局面，他信只得在觐见国王之后宣布不再担任总理职务。但是，僵局并未因此打破，6 月"黄衫军"发动大规模示威，最终以颂提发动政变收场。反他信的民主联盟核心领导人物林明达，原本是他信的朋友，与他信称兄道弟，曾经称赞他信是"泰国有史以来最好的总理"。林明达原以为可以凭着与他信的私人关系从政府得到好处，结果没有达到目的，而且向他信伸手借钱遭到拒绝，便反目成仇，林明达从此与他信势不两立，不断组织集会，直接引发了 2006 年的军事政变，造成了泰国社会的动乱。

作为民主政治下的政治家，首先要对国家负责，对民族负责，对人民负责，要具备担任民主领导人的胸怀和责任感。这种责任感就表现为**获胜的多数必须有善待少数的气度，失败的少数应有服从多数的雅量，既要赢得起更要输得起。民主制度下没有永远的赢家和输家**。如果政党和政治家没有这种修养，没有这样的雅量和气度，是搞不了民主的。而从智利和波兰在巨大灾难后的权力轮替和接替中，我们得到的最重要启示就是，**民主需要的是负责任的政治家，需要不同党派的政治家对国家、对民族共同责任，不同政治主张的政治家和政治力量之间的信任、合作和尊重**。任何一个党派的政治家都不能为了一党一己的私利而置国家利益、置国计民生而不顾。

第五，民主需要和解与妥协，一味报复将断送民主的机会和前景。民主本身也是一种妥协机制。民主的前提就是承认社会存在不同利益、不同主张、不同社会力量（集团）**存在异见是正常的，没有异见才是不可思议的。但民主不是放大异见，而是要存大异，求大同**。如果相异的利益、相异的群体只盯着分歧和冲突，不懂得谋求妥协与和解，就会加深社会分裂。而一个没有妥协与和解的社会，自然是搞不好民主的。

当年，他信及其后继总理一个接一个地被赶下了台，"黄衫军"及其幕后支持者如愿以偿。但是，在这种背景下产生的阿披实政府先天不足、政治基础非常虚弱。阿披实上台后倘若能审时度势，适可而止，对被赶下台的他信及其追随者多加安抚，对一度受惠于他信政策的基层民众也施以恩惠，泰国社会也许可以逐步走向和解，政局也可能逐步趋于稳定。可是，阿披实政府和民主联盟势力完全不谙安抚人心与政治妥协的道理，而是奉行"成王败寇"的逻辑，借助于掌控的立法、行政和司法权力，恨不得对他信及其追随者斩尽杀绝，尤其是对曾经政绩卓著、颇有口碑的他信欲置之于死地而后快。他信下台后，反他信的势力就通过他们控制的机构陆续冻结了他信夫妇的多个银行账户，查封资产总额达到23亿美元。2010年2月26日，泰国大理院（最高法院）裁决没收他信在国内的六成资产约合14亿美元，把他信和他的支持者逼到了"悬崖"，"红衫军"不得不绝地反击，引发动荡。

与泰国形成对照的是，智利在恢复民主以后，对曾经既创造了智利的经济奇迹、又创造了"智利历史上最恐怖时期"的皮诺切特给予了司法豁免权，在其风烛残年的岁月里，尽管官司缠身、诉讼不断，皮诺切特依然能够得到政府提供的周到治疗，最终在平安中结束了他颇多争议的一生，而当时的左翼政府还以前军队总司令的礼遇为他举行了葬礼。

如果再看一下南非的曼德拉和韩国的金大中，同样可以从中得到启发。金大中虽然在朴正熙时期数次被捕，不是被监禁就是生活在被软禁的环境中，全斗焕上台后，金大中甚至被军事法庭以"阴谋内乱罪"判处死刑。所以，反对他的人曾经预言，一旦金大中掌权，必将进行无情的政治报复。但是，在1997年当选总统第二天的记者招待会上，金大中就发表声明：绝不会进行政治报复。在他当选后的第四天，还在监狱中的前总统全斗焕和卢泰愚被宣布特赦。金大中在公开场合表示，两位前总统当年毕竟对韩国的经济起飞有过重大贡献，而且在产业界有广泛而深厚的联系，让他们获得自由有助于整合国家，集中力量挽救经济。结果，韩国独裁统治时期的崔圭夏、全斗焕、卢泰愚三位前总统和金大中曾经的盟友前总统金泳三共同出席了金大中就任总统的典礼。可以说，曼德拉和金大中的伟大，不仅在于他们曾经为了反对独裁统治而不屈不挠地斗争过，更在于他们在获得自由、取得国家权力后以宽阔胸怀宽恕了镇压过、折磨过他们甚至曾欲置之于死地的前政权领导人。这表明，他们是真正负责任的政治家，不是陷在痛苦的个人记忆中不能自拔，而是超越自我，真正把民族利益放在首位。正是由于他们的坚韧、卓识和宽容，才使得他们自己的国家顺利度过了最艰难、最敏感也是整个社会最撕裂、最脆弱的岁月，实现了民主政治转型。

在当下的中国，对"民主"似乎出现了两种截然不同的评价，有人对民主很急切，巴不得中国的民主马上就能达到很高的水平，或者把某种具体的民主模式当成了典范。另一些人则对民主很不以为然，尤其是把泰国等地的乱象归因于民主。其实，不管哪一方，首先要使自己学会在民主制度下生活，这就是善待对方，学会求大同、存大异，要去掉"唯我独尊"的劣根性。我们每一个人，都应该从自己做起，使自己文明起来，学会妥协，学会以现代文明的方式对待和处理社会纷争和政治分歧。同时应该多看看一些国家的经验，然后再来思考民主的利弊，思考中国应该采取什么样的民主，什么民主模式才是适合中国国情的。如果我们自己还不具备实行民主的条件，那就应该努力创造这种条件，取得享有民主的资格，而不是自暴自弃，以此为由而放弃对民主的追求。

多民族国家两种治道的冲突：
苏联共产党在族际政治整合上的教训分析

常士訚*

【内容摘要】 苏联是苏共领导下的多民族国家。苏联建立后，苏联共产党在国家建构与族际政治整合上采取了一系列的方针和政策。然而，20世纪90年代，苏联解体，苏联共产党对族际的政治整合也告终结。本文采取结构分析方法，对苏联共产党族际政治整合上的教训进行了总结，提出了多民族国家治党和治国是两个不同的治道，二者都要坚持，但同时要有机结合。

【关键词】 多民族国家；苏联共产党；族际政治整合

在近代民族国家建构中，后发国家的国家建构往往通过政党而实现，在此苏联共产党是苏联族际政治整合的核心力量，它在苏联国家建设中取得了一定经验，也给后人留下了深刻教训。

---

* 常士訚：天津师范大学政治与行政学院教授、博士生导师。本文为国家社会科学基金项目（课题编号为：08BZZ001）的研究成果之一。

一、苏联共产党：苏联的领导核心

20世纪初，列宁领导的布尔什维克成功领导了1917年的十月革命，夺得政权，在世界上建立了第一个社会主义国家。此后，列宁根据民族平等与自决原则建立由15个加盟共和国组成的苏联，苏联共产党也成为唯一合法政党。此后，苏联这一多民族国家就生活在一个政党的领导和统治之下。

苏联共产党执政地位的确立在苏联70多年的历史发展过程中发挥了重要作用。在这一政党领导下，苏联成功战胜了来自外国势力的各种干涉，进行了工业化建设，尤其重要的是，正是有这样一个政党的存在，苏联共产党领导各族人民粉碎了法西斯的侵略，为第二次世界大战的胜利作出了巨大贡献。战后，苏联综合国力得到巨大提高，苏联共产党使这一国家发展成为世界上的超级大国。

苏联共产党的基本职能就是领导整个苏联的社会主义建设。为了实现这一任务，苏联共产党将不同部门和专业中的杰出人物吸收进党内，建立了有2000多万党员组成的政党。随着社会状况的日益复杂，教育水平的不断提高，党的控制依靠经过专门训练以顺利应付监管任务的党的工作者而得到加强。受过高等教育的党员比重稳步上升，从1966年的15.7%达到1981年的28%。在同时期，只受过初等教育的党员比重从20.4%下降到10.8%。

苏共党员分三类。处于党的领导机构最高阶层的是领取工资的专职干部，包括党委员会的书记、副书记、各部门负责人及专职干部（称为指导员）。党的委员会按照不同级别进行组织，自上而下从中央到地区再到地方，每一级都由专职官员操持党务。这些领工资的官员常常被称为专职干部。

第二类干部是最低一级的兼职书记，即基层党组织。到1981年时，共有41.4万多个基层党组织，多数以志愿的、无薪的书记为首。协助他们工作的有基层党组织划分成的更小单位的负责人（书记和小组长）。企业和机关中的党书记监督经理和职工的工作，但不得直接干涉经营管理。

最后一类是普通党员。对于全体党员的希望是，在他们的工作场所起积极作用，做同事和朋友的模范。期望全体党员担任无报酬的社会工作，事实上多数党员至少有一项固定的业余工作要做。①

作为最大执政党，要承担起领导整个联盟的重任，就需要凭借党内的组织体系将政党组织起来，并通过控制国家权力，进而实现党对国家的领导。在此，中央集权构成了苏联共产党领导国家的最佳选择。这里有三个重要方面：

一是苏共领导权在集中的同时，也向各个不同组织渗透：在十月革命后新生政权巩固阶段，权力高度集中于党中央，甚至党的总书记手中。这种权力的集中对巩固新生的苏维埃政权是必要的。但斯大林担任党的最高领袖后，独掌权力，此后，苏联领导人虽有所改革，但中央高度集权始终构成了苏联政治体制的基本特点。其基本轨迹是，国家权力高度集中于苏共，苏共权力集中于中央，中央权力高度集中于个人。整个国家形成了一个以集中为取向的纵向金字塔结构。处在塔尖的党的总书记不仅控制着政党，而且也控制着国家。斯大林曾指出，"党得到多数工人和一般劳动者的信任，它有权代表这个多数来领导政府机关。"而通常所说的党"管理国家或通过苏维埃而管理国家，也常被理解为党直接领导政府，因为政府也是苏维埃的组成部分"。②

二是控制整个社会。苏联生存和发展的时代是世界垄断资本主义发展阶段，尤其处在欧洲法西斯主义走强的时代，而要战胜帝国主义国家的影响，必须将社会有机组织起来。在此，苏联领导人，特别是斯大林将集权政治推向到了社会。"社会组织的国家化以及国家权力向社会的

---

① 参见〔美〕阿尔蒙德、小鲍威尔主编《当代比较政治学》，朱曾汶等译，商务印书馆1993年版，第465—466页。

② 转引自刘克明、金挥主编：《苏联政治经济体制七十年》，中国社会科学出版社1990年版，第285页。

渗透"构成了这一政治的基本特征。也就是任何一个社会组织皆受党和国家的直接或间接控制,"都由一个对口的政府机构加以管理,其领导人的产生往往都不是完全处于团体成员的意愿而是受到苏共或政府的较大影响",以致"它们的组织也都表现出一种等级制的特点,几乎成为国家权力组织的翻版"。①

三是控制民族地区。苏联建立前,各个加盟共和国都有过独立的历史。苏联为了使加盟共和国完全归属到整个中央领导下,曾经作了各个方面的努力。在此,各个加盟共和国也确实得到了来自中央的各种实惠,无论经济与文化等方面都有了巨大变化。除此之外,更为重要的是苏联建立了名义上的联邦制,国家机构的民族特征得到了法律尊重。然而,这些加盟共和国"是一个具有统一意识形态、党国权力一体化的政府一分子,这一政权不仅垄断了重要事件的决策,而且使所有非俄罗斯族人(乌克兰除外)游离于苏共中央书记处、克格勃和军队等部门的主要实权职位之外"②。

二、苏联共产党与族际政治整合

苏联是一个幅员广阔的多民族国家,内部有 100 多个民族和 120 种以上的语言。其前身是沙皇帝国,这一帝国自诞生之日起就不断对外扩张,征服了多个民族,因而帝国本身是充满了内部裂痕的共同体。苏联建立以后,由于社会主义建设的需要,苏联开始了整个国家的建构过程。苏联共产党成为了族际政治整合的中坚力量。

在沙皇俄国时代,沙皇运用他的金戈铁马征服了一个又一个的弱小民族,同时对境内的各个民族采用了强制性的同化进程,即所谓的俄罗

---

① 转引自陈晓律:《发展与争霸:现代资本主义与世界霸权》,江苏人民出版社 2003 年版,第 238 页。
② 〔美〕胡安·J. 林茨、阿尔弗莱德·斯泰潘:《民主转型与巩固的问题:南欧、南美和后共产主义欧洲》,孙龙等译,浙江人民出版社 2008 年版,第 385 页。

斯化进程。构成这一进程重要内容的就是运用政治上的强制,在使俄罗斯人移居于非俄罗斯民族,并成为那里的新主人同时,也从文化上使那些被征服的民族接受俄罗斯的语言、文化和宗教,逐渐地使一些民族失去了自己的民族历史。这一俄罗斯化进程充满了暴力,对于那些被征服民族充满了屈辱与怨恨。苏联共产党建立了新政权以后,在马克思主义和列宁民族平等学说的影响下,对旧制度时代建立起来的民族政策进行彻底批判,并在此基础上建立了民族平等政策。1917年11月2日发布的《俄国各民族人民权利宣言》中明确规定:(1)俄国各族人民的平等和主权;(2)俄国各族人民有权就分离并组成独立的国家而自由地自决;(3)消除任何民族及民族—宗教的特权和限制;(4)居住在俄国领土上的少数民族自由发展。在革命时代,俄国布尔什维克领导下颁布的这一政策极大地鼓舞了那些历史上被征服的民族。这些民族在布尔什维克党的领导下,推翻了当地的封建贵族和资产阶级,建立了各有自己民族特色的苏维埃政权。此后,这些不同民族的苏维埃政权集合到了列宁领导的共产党之下,共同组建了苏联。

列宁逝世后,随着国内战争的结束和苏联计划经济的实行,苏联这一形式上由各个不同的加盟共和国为此却越来越朝着单一制国家的方向发展。在斯大林时代,苏维埃化作为一种强制性的同化成为了族际政治整合的重要内容。在此,苏联政府和政党越来越不顾及民族地方文化的特点而强行推进意识形态,并通过媒体宣传俄罗斯族是国家的缔造者,列宁主义是俄罗斯文化和世界文化的最高表现。俄罗斯族在社会主义建设中帮助其他落后民族克服了几百年的经济和文化落后状况,应当受到其他民族的"感激和尊重",等等这些宣传,就是把各民族共同创造的社会成就归功于俄罗斯一族,有歧视其他民族之嫌,严重影响了民族团结,激起了少数民族对大俄罗斯主义的厌恶。苏联领导人为了达到同化非俄罗斯人的目的,强制推行俄语,否定地方民族语言。如1978年,三个外高加索共和国:格鲁吉亚、亚美尼亚和阿塞拜疆的党政领导发起一场运动,主张取消民族语言作为"国语"的地位。这种做法在格鲁吉亚和亚美尼亚激起了愤怒的反应。对于这些非俄罗斯族的反抗,苏联政府往往采取镇压的方式，其中那些对苏联政府持有不同意见的加盟共和国的党领导人、知识分子往往被带上"资产阶级民族主义"帽子，被迫害至死。

在实现族际政治整合过程中，苏联政府和政党为了国家的统一和安全，不惜采取强行方式对一切与己对立或不忠的民族迁移到中亚和远东地区。如1935年，大批来自远东的朝鲜人和华人被迫迁移到哈萨克斯坦地区；1937年，许多库尔德人和突厥人被迫迁移到外高加索各个共和国；1939—1940年，从新吞并的比萨拉比亚、西乌克兰、西白俄罗斯以及波罗的海沿岸诸国迁走了一些人；1941年，居住在伏尔加河沿岸的日尔曼人因有"间谍"之嫌而大批被迁。从1936年到1956年之间，"有350万人被迫迁离故土"①。强制迁移故土本身就是极其伤害民族感情的事情，况且从迁移到安顿乃至后来的生活与生产都是一个极其艰难痛苦的过程。不少迁移者在迁移过程中死去，到了迁徙地受到严格监控。这是对整个民族的惩罚，这些强制性措施埋下了民族对立情绪，成为日后民族矛盾爆发的诱因。

为了保证国家建构的进行，苏联政党教条地照搬马克思主义，将民族问题和阶级问题混淆在一起。早在列宁学说中，列宁就注重从无产阶级利益角度思考问题，力图通过无产阶级联合或劳动者联合，实现各个不同民族之间的联系。他曾经指出："我们希望有一个尽可能大的国家，尽可能紧密的联盟，希望有尽可能多的民族同大俄罗斯人毗邻而居；我们这样希望是为了民主和社会主义利益，是为了尽可能多地吸引不同民族的劳动者来参加无产阶级的斗争。"② 实际上这里想用阶级联合来代替民族联合。按照这一思想，自然就产生了无产阶级的民族主义和资产阶级的民族主义。凡是拥护布尔什维克政权的，就是"无产阶级的民族主义"，相反反对这一政权或对这一政权提出任何不同意见的，则属于"资产阶级的民族主义"。长期以来，苏联就是按照这一阶级斗争的观点

---

① 〔俄〕瓦列里·季什科夫：《苏联及其解体后的族性、民族主义及冲突——炽热的头脑》，姜德顺等译，中央民族大学出版社2009年版，第75页。
② 《列宁全集》第32卷，人民出版社1985年版，第370页。

来认识和处理民族问题的。结果导致采用专政方式对待民族问题。如在对待哥萨克的问题上，十月革命后的苏联党和政府将其视为具有资产阶级成分的民族。实际上，哥萨克是一个独特的社会，其大部分人口都是在俄罗斯南部各地有俄罗斯—乌克兰族源的人。由于民族问题冠上"资产阶级"名称，1919—1924年间，就有100多万哥萨克人遭难。对此，斯大林在1920年的讲话中提出：苏维埃政权一向友好对待哥萨克，而哥萨克却对苏维埃三心二意。对此，"苏维埃政权不得不对他们采取严厉措施，不得不把犯罪者全部赶出村庄，让彻岑人居住"①。不仅如此，在苏联民族发展的历史上，一个挥之不去的历史记忆就是斯大林时代的"大清洗"。在那个时代中，各民族共和国的党政领导人，几乎都被戴上了"民族主义"帽子，遭灭绝性杀戮。

　　苏联成立后，苏联党和政府确立了计划经济体制。在此基础上，苏联政权高度集中在共产党中央。高度集权，同时也就意味着不仅是对各加盟共和国自治权力的剥夺，而且重要的是使加盟共和国的绝大部分资产处在中央政府控制下。这就使加盟共和国无力自主管理本地区的公共事务和其他地区性事务，而各个地区出现的很多问题长期得不到解决。处于计划经济需要，苏联政府又人为地对加盟共和国进行分工，从而使一些加盟共和国生产安排单一，进而严重影响这些地方的经济发展和人民生活水平。形式上，苏联共产党不对经济部门的工作进行干预，而实际上，不少加盟共和国乃至一些生产企业的领导人全部为中央任命，被任命者多为俄罗斯人。而地方非俄罗斯人很难担任重要职位。这样计划经济带来的经济发展上的落后、俄罗斯人和非俄罗斯人之间的差距，所有这些使非俄罗斯族人更感到自己是二等公民，心生怨恨，渴望扩大民族自主权。

　　苏联共产党用治党的方式，即高度集中和高度一致对待党内成员，同时也用这种方式，对待其他民族成员和组织。在建国的70年历史中，这种族际政治整合的方式确实也起到了一定作用。即使存在民族矛盾，

---

① 《斯大林全集》第四卷，人民出版社1956年版，第253—254页。

但由于共产党的强大,这种矛盾尚处在控制范围内。它换来了一时稳定,但也埋下了苏联崩溃的种子。

三、苏联共产党的衰落与族际政治整合的歧变

苏联是现代历史上第一个社会主义国家。在资本主义的链条中获得社会主义革命的成功,一个重要因素就是苏联建立了一个以马克思主义列宁主义思想指导的、具有高度纪律性的政党。凭借这一政治领导核心,苏联战胜了外部帝国主义的武装干涉,集中国力,使一个内部利益复杂、经济发展差距巨大的国家变成了一个超级大国。同时,也正是有这样一支无产阶级先锋队的存在,苏联在一定时期中将具有不同文化和发展差异的民族整合到了一起。

苏联共产党在族际政治整合中的核心作用是不能低估的。但其发展进程也孕育了衰落的因素。如前所述,苏联是中央集权制高度发达的国家,中央对整个国家的直接干预,使苏联共产党在成为众望所归的同时,也使自己成为所有矛盾的集中点。而处在中央的政党出现任何失误,都将导致人们对这一政党的信任产生怀疑甚至否定。苏联立国以来出现的对斯大林个人崇拜、肃反扩大化、俄罗斯化、出兵邻国、干部特权化、官僚主义、政治腐败等等措施都带来了人们对苏共信任的下降。在政党强势的条件下,苏联普通民众或国内少数民族只能随声附和,表面上对其表达赞美之词,而内心世界对其充满了愤怒和仇恨。苏共开始和人民走向对立,和他所控制的民族走向隔阂。

苏联共产党队伍极大,且又掌握军队,是唯一的合法组织。构成一个合法政党的一个重要方面就是它的思想旗帜。在苏联共产党成立早期,列宁思想发挥着重要影响,列宁逝世后,斯大林主义主宰了整个苏联共产党。尽管在这一过程中,苏联党内发生过不同的思想争论,但在斯大林个人崇拜与高压政策下,思想上实现了高度一致。但这种高度一致并不意味着党内思想真正就实现了一致。斯大林之后,赫鲁晓夫否定

比较政治学案例研究
多民族国家两种治道的冲突：苏联共产党在族际政治整合上的教训分析

了马克思主义关于阶级、阶级斗争和无产阶级专政的学说，将抽象的人道主义作为了旗帜，并对后来苏联共产党的指导思想产生了巨大影响。进入20世纪80年代以后，随着世界政治的变革和整个思想意识形态领域的变化，苏联政党内部思想趋于活跃，尤其戈尔巴乔夫推出"新思维"后，苏联共产党内出现思想上的分化。自由化的结果使苏联共产党内出现严重分裂，"到1990年选举的时候，苏共不再是一支统一的力量，作为戈尔巴乔夫自由化的结果，在铁板一块的苏共内部，有着不同意识形态的团体开始分裂成独立的政治组织，起初是作为一个派系，稍后提出纲领，最终演变成一个新的政党"①。这些不同政党的存在使统一的苏联共产党实际上已经瓦解。

在苏联共产党衰落和瓦解的过程中，苏联共产党整个队伍和党的领导人都在发生蜕变。苏联学者普列特尼科夫等人认为，1952—1989年间，苏共党员人数增加了两倍。在扭曲的苏联政治体制下，苏共的垄断地位把党员身份变成晋升的通行证，而党和国家上层人物的特权又使相当一部分党员干部蜕变：一方面，党的队伍中见风使舵、追求名利地位、牟取私利的人明显增加；另一方面，各种投机分子混入党的领导层，这些人与共产主义信念格格不入，完全没有为人民服务的献身精神。这样，党的统一和战斗力遭到破坏。②由于党内环境存在巨大变化，在这种环境中成长起来的一些"投机分子、民族分裂分子向党和国家、向各共和国党和权力机构的领导层渗透"③。一旦时机成熟，掌握重要权力，进而消灭共产党。

进入20世纪80年代以后，随着世界形势的变化，苏联国内经济与社会形势也在发生变化。一是所谓原来苏联的卫星国，东欧国家纷纷改革，脱离原来的社会主义体制而转向西方自由市场体制；由于苏联卷入

---

① 〔美〕迈克尔·麦克福尔：《俄罗斯未竟的革命：从戈尔巴乔夫到普京的政治变迁》，唐贤兴等译，上海人民出版社2010年版，第86页。
② 转引自李兴耕等：《前车之鉴：俄罗斯关于苏联剧变问题的各种观点综述》，人民出版社2003年版，第104页。
③ 参见〔俄〕叶·库·利加乔夫：《警示》，钱乃成等译，当代世界出版社2001年版，第353、356页。

阿富汗战争而不能自拔，严重影响了国内经济的发展；再则就是苏联国内经济发展停滞。这一切铸就了苏联社会内部改革之声的崛起。在这一背景下，究竟如何改革，以什么样的思想指导改革，共产党内出现严重分歧，在这一时刻，苏联共产党领导人戈尔巴乔夫放弃马克思主义学说，选择了社会民主主义，为苏联共产党的解体撕开了口子。在选举中获胜的叶利钦当政后，完全按照西方自由宪政制度否定了苏联的政党制度，建立了多党制度和三权分立制度。伴随苏联共产党执政地位的旁落，"各地的民族官吏氏族集团利用联盟中央影响的削弱来加强自己的地位"①。这些原来都是苏联共产党之下的地方党组织精英，摇身一变成为地方民族主义者，积极鼓动民族分裂，建立独立的主权国家，最终加速了苏联解体。即使作为苏联最大的族体俄罗斯建立了当今的国家后，也陷入到了此起彼伏的民族冲突中。

四、苏共族际政治整合失败的教训

对苏联族际政治整合的失败，可有不同原因，如苏联在缔结联盟条约中，曾明确规定了各加盟共和国有"脱离的权利"②。计划经济体制的僵化，干部思想教育上的放松，民族分裂势力没有得到有效遏制，等等，对于这些原因不再逐一分析，这里主要从治理的角度对这一问题作一解释。

苏联是幅员辽阔的多民族国家。苏联共产党是这一国家的核心。在西方国家强大力量的压迫与国内复杂纷繁的状况下，依靠这一核心，苏联内部的不同加盟共和国和不同民族结合成一体，并通过几十年的奋斗，而成为世界上的超级大国。历史实践表明，苏联共产党在苏联成长

---

① 转引自李兴耕等：《前车之鉴：俄罗斯关于苏联剧变问题的各种观点综述》，人民出版社2003年版，第221页。
② 〔美〕胡安·J.林茨、阿尔弗莱德·斯泰潘：《民主转型与巩固的问题：南欧、南美和后共产主义欧洲》，孙龙等译，浙江人民出版社2008年版，第386页。

道路上功不可没。但需看到，作为苏联共产党自身也存在难以克服的局限。从政党组织的角度看，政党总是由一部分人组成的，一旦形成，就要生存和发展，并且当其发展而成为社会的主宰，没有任何一种力量与之抗衡时，往往在"公"的外衣下，将自己的意志推行到全国。一定的政党也有它的纲领，这种纲领本身是它利益的集中体现，并通过一系列的组织与纪律将进入到这一组织中的成员组织起来，在中央的统一指挥下去实现和维护这一利益。苏联共产党反映了政党的这种规则。在建国阶段，这一政党中的多数成员基本上都是俄罗斯人，为俄罗斯民族中的精英和先进分子。当这一阶级的成员浴血奋战而获得江山后，苏联从组织的需要出发，苏联共产党围绕党的书记和中央的有限核心人员，建立了庞大的官僚化组织结构，并"把各行各业、全国各地的人民都整合到党领导下的国家体系中"[①]，官僚化组织是目前任何一个大型组织常用的规则。但官僚化在追求统一化和同质化的过程中，将与多民族存在的多元文化环境发生冲突。在这种冲突面前，要保证多元而不散，特别是保证多元失去自己的异质性，只能依靠意识形态的力量，并动用强制手段，使整个社会服从于一部分人的力量与意志，进而达到整个国家建构的目的。

苏联又是一个高度异质性的国家。全国不仅存在100多个民族，而且存在不同的宗教、不同的语言、不同的文化习俗。地理空间辽阔，地域上的差异与多元文化相掺，更使苏联共产党面对的是一个断裂的社会。苏联共产党的一元性与苏联社会的高度多元性的矛盾与冲突是苏联共产党在治理国家上必须面对的问题。然而在这一问题上，苏联共产党犯了教条主义的错误，简单地将治党的办法运用到了治理民族问题上，从而使民族自治权利受到了极大侵害。在执政党力量强大，国力强大，国家认同性高的条件下，各个民族地方的社会成员只能忍气吞声，地方政党的领导也只能心怀民族分裂思想而点头称是，即使存在民族矛盾也

[①] 〔美〕西达·斯考切波：《国家与社会革命：对法国、俄国和中国的比较分析》，何俊志等译，上海人民出版社2007年版，第274页。

只是在一定范围内。而当共产党控制社会的能力下降并处在认同危机之中时，心存宿怨的民族群体就会在民族主义的旗帜下集合起来与中央对立。苏联解体不可避免，即使是构成苏联主体的俄罗斯成为新国家后，内部同样充满了民族的矛盾和冲突。

苏联共产党对国家建构强调同质性，这种追求同质性的努力往往以刚性治理为基础。而多元格局的共存依赖的是妥协，因而需要柔性治理。在苏联政党—国家结构条件下，刚性治理占据了统治地位，而柔性治理退居到了次要位置上。刚柔之间缺乏有效的中间环节。一旦两极断裂，中间层次不能紧跟其上，结果只能导致整个国家的分裂。

多民族国家的治党与治国各有不同的方式和规则：治党需要统一和加强同质性建设；治国则需要集中与民主的有机结合，尤其在多民族国家，承认和保护不同民族的权利是进行国家治理的一个重要内容。后发的多民族国家要保证国家统一和人民团结，既要治党也要治国。失去任何一方都不足以保证国家的统一与政治稳定。由此，需要发展二者之间的沟通渠道与公共空间，既要保证党有权威，又要保证社会具有一定的自主空间和对话协商领域。在此，中国共产党在族际政治整合上作出了重大贡献。

生态危机：工业文明的外在性及其内在化

张劲松[*]

【内容摘要】 工业文明不断地吞噬着自然，生态恶化是其伴生物，而生态危机是其外部不经济的表现。工业文明的生产方式促成了生态危机的发生，其消费方式加速了生态危机的进程，其思维方式又放任了生态危机的恶化。工业文明难以承载治理生态危机的重任，消除生态危机需要在工业文明背景下内在（内部）化，最终在政治、经济、文化和社会生活各层面实现生态社会的良性发展目标。

【关键词】 生态危机；工业文明；生态文明；外在性；内在化；

外在性（externalism）又称为外部经济影响、外部效果、溢出效应，指从事某种经济行为的经济单位不能从其行为中获得全部收益或支付全部成本。外在性可以分为外部经济和外部不经济。自资本主义国家兴起，并进入工业社会以来，工业文明所取得的成就（即其外部经济）令世人瞻目，马克思给予的评价是："资产阶级在它的不到一百年的阶级统治中所创造的生产力，比过去的一切世代创造的全部生产力还要多，

---

[*] 张劲松：苏州大学政治与公共管理学院教授，苏州大学中国特色城镇化中心所长。

还要大。"① 工业文明除了在历史上起过巨大的进步作用以外，其消极影响（即外部不经济）也日益令人担忧，"由于我们的社会的人口越来越稠密，由于生产日益牵涉到有毒物质的生产工艺，溢出效应已经从微小的麻烦发展成为巨大的威胁"②。因此，政府采取的相应措施是"转向对经济行为的调节，以此来控制由于空气和水的污染、露天剥采、危险的废物、不安全的药物和食品以及放射性物质所产生的负的外部效果"③。生态危机是工业文明外部不经济的产物，将其内在化（也称为内部化），实现全新的生态文明是人类社会发展的必然。

一、生态恶化：工业文明之路吞噬自然

马克思指出，从中世纪的农奴中产生了初期城市的市民，从这些市民等级中产生了最初的资本主义分子。资本主义制度在市民等级中产生之后，因其生产方式的强大优势，而一发不可收拾，直接导致了欧洲中世纪黑暗的封建制度解体。

"美洲的发现、绕过非洲的航行，给新兴的资产阶级开辟了新天地。东印度和中国的市场、美洲的殖民化、对殖民地的贸易、交换手段和一般的商品的增加，使商业、航海业和工业空前高涨，因而使正在崩溃的封建社会内部的革命因素迅速发展。"④ 以前的工业经营方式已经不能满足随着新市场的出现而增加的需求了，工场手工业代替了行会的经营方式；而随着市场的进一步扩大，工场手工业也不能满足市场需求，于是，以蒸汽机为代表的工业生产代替了工场手工业，现代大工业出现，从此人类社会进入了工业文明时代。

---

① 《马克思恩格斯选集》（第一卷），人民出版社 1995 年版，第 277 页。
② 〔美〕保罗·A. 萨缪尔森、威廉·D. 诺德豪斯：《经济学（第 12 版）》（上），高鸿业等译，中国发展出版社 1992 年版，第 81 页。
③ 同上。
④ 《马克思恩格斯选集》（第一卷），人民出版社 1995 年版，第 273 页。

自从资本主义大工业的生产方式诞生以来，不断扩大产品销路的需要，驱使资产阶级奔走于全球各地，到处创业，到处发展，它将全世界按照它的面貌来塑造。"资产阶级，由于一切生产工具的迅速改进，由于交通的极其便利，把一切民族甚至最野蛮的民族都卷到文明中来了。它的商品的低廉价格，是它用来摧毁一切万里长城、征服野蛮人最顽强的仇外心理的重炮。它迫使一切民族——如果它们不想灭亡的话——采用资本主义的生产方式；它迫使它们在自己那里推行所谓的文明，即变成资产者。"① 资本主义工业文明的生产方式自其产生以来，迫使农村从属于城市，东方从属于西方。

　　远离西方的清王朝，不能说没有发展，在西方列强用坚船利炮打入中国之前，中国人刚刚经历中国封建史上最后一次盛世——康乾盛世。从世界范围来看，康乾盛世时期中国社会的繁荣远超西方国家，若没有西方列强的入侵，中国将按照封建制度的逻辑发展，中国社会的繁荣昌盛并非没有可能，因为康乾盛世就是用中国人的方式证实了中国社会也能繁荣。而这种农业文明的繁荣昌盛，在一定程度上被证实是对自然掠夺速度较慢的一种发展模式，以中国封建的逻辑发展经济，虽然没有资本主义生产方式那样能够创造出庞大的生产力，却也不会创造出一种强大的吞噬自然的力量。以可持续发展的眼光来看，中国封建制度下的农业生产，虽然不能全面满足社会需要，却也不会快速推动社会进入资源枯竭的状态；资本主义生产方式，虽然能够满足人的绝大部分生活需要，使人类摆脱自然的束缚，但是却让人类走上了一条难以持续的发展道路，其中对自然的破坏令人担忧。

　　但是，资本主义发展的掠夺本性，使中国从属于西方列强。无法抵御西方侵略的清王朝让中国处于半殖民地半封建社会的悲惨处境。自鸦片战争以来，无数中国仁人志士，求国家富强，求国家独立，找寻中国的发展道路。

　　最终，无论是孙中山领导的国民党人，还是毛泽东领导的共产党

---

① 《马克思恩格斯选集》（第一卷），人民出版社1995年版，第276页。

人，都选择了与西方世界相同的工业化道路，即以工业化道路来富民强国。农业社会的发展逻辑被工业社会的发展逻辑所取代。而与工业化道路相比，农业社会的落后体现无遗。具体体现为：其一，以家庭为基本生产单位、以手工为主要生产方式的自给自足的小农经济在社会中占主导地位，生产的目的主要是为满足家庭生活需要而不是交换。其二，社会分工不发达，社会分化程度低下。其三，社会流动性弱，各阶级阶层之间壁垒森严，社会关系以血缘和地缘关系为主，个人发展受到极大限制。其四，社会管理原则是家长制，人治为政治系统运行的基本方式。其五，人们的思想观念陈旧，迷信权威，惧怕变革。其六，竞争机制不健全，生活节奏缓慢，因而，社会的变革和进步也非常迟缓。

虽说农业文明有工业文明所没有的优点，比如农业社会中人与自然之间保持有一种顺应的关系，因而人们拥有一个优越的生态环境或生存空间；日常生活中人际交往的人情味浓厚；节奏舒缓的生活使人较少心理紧张和精神压抑；伦理型的规范对于抑制一般性的越轨行为有着不可替代的效力。但是，工业文明发展的优势，战胜了农业文明的优势。工业文明取代农业文明成了世界性历史潮流，资本主义成功地按照自身发展的工业化模式塑造全世界，哪怕是走社会主义道路的中国也不例外。工业化道路，的确可以富民强国，但是，工业文明吞噬自然的特点，并不因中国走社会主义道路就有所改变。退一步说，当前还没有看到中国走工业化道路而能与自然达到和谐的苗头。现在正是反思工业文明的时候了！

二、生态危机：工业文明的外在性使然

工业社会虽然带来了人类先进的文明，人类生活如此丰富多彩不能说不是工业文明的成就。然而，伴随工业文明的生态危机让人类警醒，人类若希望持续丰富多彩的现代生活，必须认清工业文明的外在性，需要深入剖析工业文明何以带来生态危机。

（一）工业文明的生产方式促成了生态危机的发生

地球存在了几十亿年，人类存在了几百万年，人类赖以生存的地球在工业革命之前，仍然保持着较好的生态。然而，工业革命仅仅200多年，人类赖以生存的地球环境就遭受了空前的破坏。人类一边享受工业革命后高速发展的生产力所带来的一切便利，一边又不得不忍受生态危机。生态危机是工业文明结构性特征促成的，主要体现在：

其一，工业文明最不合理的目标就是：把全部自然作为满足人的不可满足的欲望的材料来加以理解和占用，"这一目标变成了强制性的、盲目重复的，并将最终导致自我毁灭。生产机构无限制扩张就是它的信条，而评价它的成果对于人的价值和一切合理标准却遭到破坏"①。前工业社会受生产力限制，人对自然的占有仍然有一定限度，然而，自人类进入工业社会之后，经济增长不可遏制，人类对自然物的利用越来越难以控制，特别是对矿物的掘取没有止境。经济增长就像不受控制的癌症，随着其细胞无限制地复制，逐渐消耗并毁坏其寄主，直至寄主死亡。正如杜思韦特所说："我们在工业革命时期经历的无限制增长依赖于不断增加的化石燃料消耗。除非采取措施使人类社会摆脱掉这一经济病征，否则，随着恶性经济增长消耗掉剩余的石油，它就会像是癌症一样毁掉自身及其寄主。全球变暖将会变得更加严峻并且极具破坏性，而且我们自身的生存争斗也会变得更加绝望和有害。"② 工业文明对自然物利用的难以节制的发展结构问题，如果没有很好的办法加以解决，不可再生的自然物总有用完的一天，而日益加速的全球工业化让这一天离我们越来越近了。一旦人类将可以利用的自然物利用完毕，自然物反过来控制经济的那一天，就会像癌症爆发一样。

其二，先发展的工业文明国家将全世界引入了工业文明体系，东方

---

① 〔加〕威廉·莱斯：《自然的控制》，岳长岭、李建华译，重庆出版社2007年版，中译者序，第3页。
② 〔英〕理查德·杜思韦特：《增长的困惑》，李斌等译，中国社会科学出版社2008年版，前言，第2页。

从属于西方，落后国家从属于发达国家，这是工业文明的结构性特征之一。这一特征将全世界都纳入了工业化之中，"工业发达国家已经过分地耗费了世界的能源和资源，要得到一个更好的环境将会扩大对能源和资源的需求。而且，全球范围的环境污染需要在各地实行更高的标准，正像在斯德哥尔摩大会上由更老练的对手所提醒的发展中国家情况那样。更大的花费会放慢这些不幸土地上的增长率，加剧已经恶化了的局面"①。发达国家在过度消耗资源的同时，为了保持已有的生产力和物资水平，必须利用现有的世界经济体系，将落后国家、发展中国家纳入其资源和能源消耗体系之中，落后国家虽然自身资源利用并不多，但是无法超越工业文明的资源利用体系，工业文明将全世界卷入了疯狂掠夺大自然的体系之中。

其三，20世纪后半期以来的商业活动是一种大量吞噬地球资源的能耗密集型活动，这是因为"所有的公司都被剥夺了成为生态健全的可能，而颁给那些敢于触及环境保护问题的机构的奖励更加凸显了这样一个事实，即商业与可持续发展的对立，并非故意，实乃设计使然"②。追求利润迫使商业活动拼命促进经济发展，而一旦停止发展或放慢发展，必然导致一部分人失业，因为"在任何时候，都有15%—20%的劳动力将会受雇于未来一年中旨在发展经济的投资项目上"③。世界上任何一个国家的政府都害怕这一结果的出现，因此，疯狂增长的逻辑仍将持续，直至生态危机爆发，生产无法持续为止。

（二）工业文明的消费方式加速了生态危机的进程

不管是资本主义国家的政府，还是社会主义国家的政府，都将满足公众不断增长的物质和文化生活的需要作为获得合法性取信于民的内在

---

① 〔加〕威廉·莱斯：《自然的控制》，岳长岭、李建华译，重庆出版社2007年版，序言，第3页。
② 〔美〕保罗·霍肯：《商业生态学：可持续发展的宣言》，夏善晨等译，上海译文出版社2007年版，第2页。
③ 〔英〕理查德·杜思韦特：《增长的困惑》，李斌等译，中国社会科学出版社2008年版，引言，第1页。

目标。然而，人对物质和文化生活的需要是无止境的，只要可能公众都会追求尽可能高的物质生活，生产力越发达，提高物质生活需要的能力也越强，同时，人类生产吞噬自然的速度则越快。而只要是人类生产出来的物品，总会被人类消耗殆尽，工业文明的这种消费方式大大加速了生态危机的进程。

一方面，为了满足人类的需求，世界各国包括正在高速发展的发展中国家，都卷入了快速生产且快速消费的工业文明之路。"我们面前的问题多而杂，但归结到最后还是：58亿的人口正在按几何级数增长，为如此众多的人口提供生活必需品的过程其实是在剥夺地球创造生命的生物能力；是一个单一物种对天空、土地、水域和动物资源的毁灭性的消耗。"① 生产越快，消费也越多，而对地球资源索取的速度也越快。近半个世纪以来，高速发展的工业文明虽然不断满足人类的内在需要，却带来了外在的不可逆转的生态危机。

另一方面，人类快速消耗自然的消费方式虽然被大多数人诟病，却很少有人愿意放弃已有的舒适生活，甚至希望明天的生活更舒适。"我们还必须接受对增长的限制将意味着我们的行为也要受到限制。问题是，即使作为一个社会我们被说服承认我们的行为和资源存在限制，但是，我们还是会故意地打破它们，因为我们不再认为禁令都是绝对的。而且，我们还将会努力逃避由于我们的行为所造成的环境和社会问题，我们希望通过我们的技术用不太大的代价来处理这些结果。"② 人们内在享受的需要，与理性认识往往并不一致，这就必然导致外在性出现：单个个体的理性行为，并不能导致理性的结果，反而导致了集体行为的非理性。生态危机日益严重，就是人们内在理性导致的外在非理性。

---

① 〔美〕保罗·霍肯：《商业生态学：可持续发展的宣言》，夏善晨等译，上海译文出版社2007年版，第2页。
② 〔英〕理查德·杜思韦特：《增长的困惑》，李斌等译，中国社会科学出版社2008年版，第308页。

(三) 工业文明的思维方式放任了生态危机的恶化

工业文明有两个独特的思维方式：拆分碎片化（fragmentation）和对象客体化（objectification）。"当我们把世界看成是分立的物件组成的时候，就形成了拆分碎片的习惯——我们看到了椅子，却忘记了森林、树木、雨水和制作椅子的木匠。……拆分碎片化和对象客体化带给了我们强大的分析操控能力，却也同时导致了我们今天必须面对的社会和生态失衡状态。不改变导致这些失衡状态的思考方法，就不可能改革这种现实状态。"① 这两种独特思维方式的内在作用在于，它们让人类深入地剖析了世界，哪怕是极为微小的纳米都能被人类剖析直至运用于工业生产，然而，当我们深刻地认识自然并充分利用自然的时候，忽视了自然界是一个整体。事物是相互联系的，人类在认识自然并创造出超越自然界的物品（人造化合物）时，却忽视了化合物能给人类带有生活的便利，但是大多数人造化合物并不能被自然所吸收或分解。在人造化合物出现前，人类也创造"垃圾"，但这些垃圾能被自然所分解，它们来自自然，最终回归自然。但自从有了人造化合物之后，许多化合物并不能被自然所分解，它们可能在地球上作为"垃圾"存在千百年，甚至更久。拆分碎片化和对象客体化的思想方式，让人类乐于生产出人类需要的产品，却有意无意地忽视了其带来的负面外部影响。

不仅如此，因为人类认识到未来生态危机的可怕，而自身对此又有无能为力感，人类的片面性思维（拆分碎片化）让人们放任事态的发生，"老是倾听我们所面临的危险，这本身就是一种麻木的作用。由于它是如此地令人耳熟能详，于是形成了一种我们姑妄听之的呼喊和祈祷"②。未来的生态危机危害越大，越难以让人们去思考它。危机越严重，政府或媒体也越难时常以之警醒公众。因为不断重复的宣教本身使

---

① 〔美〕彼得·圣吉、布莱恩·史密斯、妮娜·克鲁基维特茨、乔·劳尔、莎拉·施莱：《必要的革命：可持续发展型社会的创建与实践》，李晨晔、张成林译，中信出版社2010年版，中文版序言，第Ⅳ页。

② 〔英〕安东尼·吉登斯：《现代性的后果》，田禾译，译林出版社2000年版，第112页。

人麻木。快速发展的工业文明，使生态危机不断加速，而人类对危机治理效果的有限性，不仅造成宣传麻木，也造成人们放任这种状态的发展。公众只顾眼前不顾长远的思维方式，事实上在放任生态危机的加重。

三、生态治理：工业文明难以承载之重

日益严重的生态危机让世界各国政府警醒，毋庸置疑，必须治理生态危机。然而，生态治理是谁治理、何以治理呢？事实上，"工业文明的基本结构和运行机制决定了，生态危机是工业文明的必然产物。在工业文明的基本框架内，环境危机不可能从根本上得到解决"①。生态危机是工业文明的外在性表现形式，工业文明难以承载生态治理的重任。

原因之一：工业文明离不开高速发展，这是其内在要求，而生态危机是社会高速发展的外部不经济体现。高速发展的工业文明，必然走向吞噬自然之路。在高速发展的内在要求下，人类治理生态，只能做到局部治理，工业文明导致生态的整体恶化无法避免，工业高速发展之下的生态治理只能是局部的有效性，无法改变生态恶化的总体趋势。

原因之二：工业文明在不断满足人的需要的前提下，放任生态危机加剧而难以避免。"环境变化对地球的影响将不可逆转地损害地球维持生命的能力，并且人类自身追求良好生活条件的努力也会受到环境恶化的威胁。"② 人类追求美好生活的愿望是永无止境的，不管生态危机的威胁有多大，人总要活下去。生态危机在继续，人类的生活也在继续，至于如何治理生态危机、由谁来治理生态危机，却未必是所有人生活中最重要的，这就形成了生态治理中的"吉登斯悖论"："全球变暖带来的危机尽管看起来很可怕，但它们在日复一日的生活中不是有形的、直接

---

① 杨通进、高予远：《现代文明的生态转向》，重庆出版社2007年版，总序，第2页。
② 〔澳〕约瑟夫·韦恩·希尔曼、大卫·史密斯：《气候变化的挑战与民主的失灵》，武锡申、李楠译，社会科学文献出版社2009年版，第8页。

的、可见的，因此许多人会袖手旁观，不会对它们有任何实际的举动。然则，坐等它们变得有形，变得严重，那时再去临时抱佛脚，定然太迟了。"① 工业文明思维的拆分碎片化，让人们只看到眼前生活的富足，因而在工业文明之下，治理生态往往成为一种政治姿态，生态治理的道道是一条条的，但内容空洞无法落实。这也就是我们所看到的中国生态现状的原因：宣称生态城市建设的地方很多，可是这些地方的生态危机仍然在加剧。生态危机是工业文明的外在表现，不反思工业文明何以治理生态？在工业文明的基础上，没有人能承载起生态治理的重任。

原因之三：工业文明与资源利用的节制相悖，在没有节制地利用资源的前提下，生态治理无法取得根本性突破。工业文明以其发展的高速，让人们过着"快餐"式生活。浮躁、肤浅是其主要特点，生活物质享受"一次性"，物质利用缺少节制，没有目标，或者追求令人难以理解的目标。比如，楼越盖越高，却不知用那么多资源盖起的高楼，其意义何在？可世界上许多城市都在比着盖世界"第×"高楼。跟盖楼一样，人们不断追求着名车、名表、名酒等名牌，生活无节制，资源利用无节制。工业文明不断提高着人们这种生活的便利和享受，工业文明越是发达，享受越没有止境，而资源和生态承受力却是有止境的，在工业文明下治理生态，又如何能够找到出路？

原因之四：工业文明背景下的生态治理手段，主要依赖现代科技，人们认为只要拥有了最新科技，生态就能控制在人类手上。"在每一阶段滥用、浪费和破坏这些资源至少部分地由继续地追求新技术能力来负责，好像具有更精致的技术就会补偿现在技术的误用。"② 科技的确在一定程度上有利于生态治理，现行的大多数生态治理的技术进步，也大大推进了生态治理的能力，但这些并不能说明生态治理就可以依赖科技进步来达到目的。事实上，工业文明外在表现的生态危机未尝不是科技所

---

① 〔英〕安东尼·吉登斯：《气候变化的政治》，曹荣湘译，社会科学文献出版社2009年版，第2页。
② 〔加〕威廉·莱斯：《自然的控制》，岳长岭、李建华译，重庆出版社2007年版，第145页。

带来的，人类通过控制自然的新技术的发展而增长了对人的控制。发达工业文明的内在矛盾在于："其不合理成分存在于其合理性中。这就是它的各种成就的标志。掌握了科学和技术的工业社会之所以组织起来，是为了更有效地统治人和自然，是为了更有效地利用其资源。"① 利有新技术来治理生态，谁又能保证其不变成控制人和自然的工具，最终变为产生新的更大规模生态危机的诱因呢？工业文明自身实在难以承载生态治理的重任，寻找全新的生态社会成为必然。

四、生态社会：工业文明外在性的内在化

萨缪尔森指出："不论采取什么特殊办法，对付外部经济效果一般的药方是，外部经济效果必须用某种办法使之内部化。"② 生态危机是工业文明外部不经济的结果，消除生态危机也需要采取办法使之在工业文明背景下内在（内部）化，最终在政治、经济、文化和社会生活各层面实现生态社会的良性发展目标。

（一）生态文明：工业文明自身范式的转换

在工业文明范式之下，治理生态，消除生态危机，实在难以达到预期目的，正如环境主义者所说："在工业文明的基本框架内对经济运行方式、政治体制、技术发展和价值观念所作的任何修补和完善，都只能暂时缓解人类的生存压力，而不可能从根本上解决困扰工业文明的生态危机。"③ 工业文明已经出现了发展不下去的危机，这种"文明危机"就是："人类面临着多重社会、技术和环境问题的相互交织，对此最悲

---

① 〔美〕赫伯特·马尔库塞：《单向度的人：发达工业社会意识形态研究》，刘继译，上海译文出版社2006年版，第17页。
② 〔美〕保罗·A. 萨缪尔森、威廉·D. 诺德豪斯：《经济学（第12版）》（下），高鸿业等译，中国发展出版社1992年版，第1203页。
③ 杨通进、高予远：《现代文明的生态转向》，重庆出版社2007年版，总序，第4页。

观的回应就是人类的灭绝。"①

回应工业文明自身的危机,需要以全新的生态文明范式取代工业文明。这种范式转换的作用是巨大的,"一种范式通过革命向另一种范式的过渡,便是成熟科学通常的发展模式"②。工业文明的危机是出现新理论的前提,生态文明范式的提出远不是对工业文明范式的修改和扩展,这种新范式的出现"它是一个在新的基础上重建该研究的过程,这种重建改变了研究中某些最基本的理论概括,也改变了该研究领域中许多范式的方法和应用"③。

只有实现工业文明向生态文明范式的转换,人类才有可能彻底摆脱生态危机的威胁。这是因为:"全球性的生态危机是由资本主义生产、生活方式引起的。诚然,只要人类文明的发展,就必须会不同程度地破坏环境,农业文明也并非一点不破坏环境。但只有现代资本主义才引起了全球性的生态危机。"④ 资本主义生产方式驱使全世界走上了工业文明道路,工业文明吞噬自然的特点,迫使人们寻求超越工业文明的生态文明,生态文明作为工业文明的内生力量,它吸引着大批坚定的拥护者,使他们认清了工业文明的外部性,它引导着人们将生态危机消灭于工业文明之内。同时,生态文明范式,为人们提供了全新的视野,超越工业文明范式后,生态文明提供了更高层次的文明方式,虽然问题仍然很多,但毕竟找到了解决问题的钥匙。

(二)生态政治:工业文明背景下民主体制的转换

今日之工业文明发达到了可以自我毁灭的程度,鉴于全球化程度加深,这种毁灭的后果不堪设想,"世界末日不再是一个宗教观念、精神的最后审判日,而是一种日益迫近我们的社会和经济的可能性。如果得

---

① 〔澳〕大卫·希尔曼、约瑟夫·韦恩·史密斯:《气候变化的挑战与民主的失灵》,武锡申、李楠译,社会科学文献出版社2009年版,第159页。

② 〔美〕托马斯·库恩:《科学革命的结构》,金吾伦等译,北京大学出版社2003年版,第11页。

③ 同上,第78页。

④ 卢风:《从现代文明到生态文明》,中央编译出版社2009年版,第93页。

不到遏制，单独气候变化就可以造成无数的人间凄苦"①。避免工业文明外在性的生态危机，需要用生态政治观指导政治发展，"如果要给与决策者以动力以便使他们达到污染减少的有效数量的话，就必须使外部成本内部化"②。支撑工业文明的各国现有政治观，将全球当做了可资利用的来无限满足人的需求的资源来源地，全球资源越来越少，全球性生态危机越来越严重，这就需要将外在性生态危机的成本变为资源利用国的内在物。

自资本主义将全球卷入工业文明并带来生态危机之时，全球政治体系面临着终结的边缘，"要看到当前这种全球资本主义和自由民主体系将会如何终结并不困难：它将因生态必然性而终结。自然界将会扼住人类的喉咙，使人类面对人类造成的生态破坏"③。现在看来，最不可能的就是，某些形式的、自发的、无组织的、民主式的公众意见能够在还来得及的时候唤醒大众对其命运的觉悟。日益严重的危机将全世界各国都绑在了高危的生态之船上，如果人类不想灭亡的话，全球生态治理就成为了没有选择的选择。

在工业文明背景下治理生态，需要有新的民主体制来支撑。最贴近环境而生活的人最了解环境，有关的决策权和环境监护权应当掌握在最基层公众手中。权力下放的原则必须应用于全球性的政治与经济权力领域，并以此支持基层民主运动，"在一个以生态负责的世界秩序中，国家的和国际的组织必须重新定位，以扶持那些能使直接基层民主的地区层面乃至全球层面发挥作用的组织形式"④。这种没有边界的基层民主，明显不同于经由工业文明并在其内所建立的政治制度，其优先性主导着

---

① 〔英〕安东尼·吉登斯：《气候变化的政治》，曹荣湘译，社会科学文献出版社2009年版，第254页。
② 〔美〕保罗·A. 萨缪尔森、威廉·D. 诺德豪斯：《经济学（第12版）》（下），高鸿业等译，中国发展出版社1992年版，第1203页。
③ 〔澳〕大卫·希尔曼、约瑟夫·韦恩·史密斯：《气候变化的挑战与民主的失灵》，武锡申、李楠译，社会科学文献出版社2009年版，第207页。
④ 〔美〕丹尼尔·A. 科尔曼：《生态政治：建设一个绿色社会》，梅俊杰译，上海译文出版社2002年版，第119页。

现在的世界，生态政治观念在基层民主中得到践行，不管从哪个角度来看，今日之全球生态保护已经在基层公众反对工业文明的过程中得以迅速成长起来。当然，以生态政治取代现有的维护全球工业化大生产的政治制度，还有很多事情需要做。

（三）生态经济：工业文明背景下企业制度的转换

工业文明背景下不论我们的意图如何，企业为追求利润与政府为追求生活富足的行为都外在地导致生态环境的恶化，因此，必须创造一种新企业制度，"在该体系中，每一环节都具有内在的可持续性和可恢复性。企业需要将经济、生物和人类的各个系统统一为一个整体，从而开辟出一条商业可持续发展的道路"①。这就是一条生态经济的发展道路，它是对工业文明背景下的企业制度的超越。

首先，生态经济的超越体现在其系统性上。它不是建立在拆分碎片化和对象客体化的基础上，而是建立在系统分析的基础上。"我们需要把所有的事情捆绑在一起，进行系统化的考虑，而不只是考虑我们应当如何来发展低碳技术，我们应当如何来减少化石燃料的使用，我们应当如何来发展风力发电。"②

其次，生态经济的超越也体现在其可持续性上。"大多数环境系统都在承受严重的压力，并且发达国家是主犯。我们有必要转向这样一种经济，这种经济能够增加人类福利并消耗更少的能源和材料。"③ 生态经济要求，任何可行的企业运转方案都应努力延长资源使用的期限，并要尽最大可能恢复已遭到破坏并处于危机中的生态环境。

最后，生态经济的超越还体现在其符合市场规律上。工业文明背景下企业制度转变成能克服生态危机的经济体系，需要建立将实施环境保

---

① 〔美〕保罗·霍肯：《商业生态学：可持续发展的宣言》，夏善晨等译，上海译文出版社2007年版，第3—4页。
② 〔英〕安东尼·吉登斯：《气候变化的政治》，曹荣湘译，社会科学文献出版社2009年版，第309页。
③ 〔澳〕大卫·希尔曼、约瑟夫·韦恩·史密斯：《气候变化的挑战与民主的失灵》，武锡申、李楠译，社会科学文献出版社2009年版，第9页。

护的企业有利可图的制度。这种制度可以让"企业对社会负责"变为企业内在的行动,而非法律或道德使然,且其利益最大化与市场原则一致。"市场战略应该与合适的保护措施结合起来,用来使私人的能源和资本为保护和改进环境服务。"[1] 既要肯定市场在配置资源上的主要作用,也需要行使调节功能,"首先,我们必须从政治上和社会上把关键资源的总流通规模限制在一个可持续水平,这提供了可持续规模。第二,退化或污染到这个限制规模的权利不再是免费物品而是有价资本"[2]。欲使企业在保护生态上变得有利可图,需要建立生态经济让导致生态危机的资源利用成为"有价资本",通过这种资本的内在化,引导企业自觉地做正确的事。

(四) 生态生活:工业文明背景下生存方式的转换

永不满足的人类消费,再也难以继续下去了。人类需要过量人为出的生态生活,在工业文明背景下人类的生存方式应该从内部实现根本性的改变。"可持续发展的人类社会也应同自然界一样行事,在太阳和植物的能量的自然消长循环范围内生存。这并不是表明我们在冬季里就得忍受饥寒,而是意味着重新设计所有的工业、居住以及交通体系,从而使我们所使用的一切都顺畅地取之于地球又回归地球。"[3]

生态生活的愿景应该是,"一种无增长经济能够提供生活和愉悦的必需品。刺激消费品市场的人和经济活动将大幅缩减,资源将被重新分配到真正可持续的企业、环境的基本看护和修复、能源节约,以及满足这些需要的东西和系统的生产"[4]。无论是生产或消费应该围绕资源的可持续的方向上进行,消费品不应是为超出生存需求而生产,回归自然,

---

[1] 〔美〕赫尔曼·E. 戴利:《超越增长:可持续发展的经济学》,诸大建等译,上海译文出版社2006年版,第19页。

[2] 同上。

[3] 〔美〕保罗·霍肯:《商业生态学:可持续发展的宣言》,夏善晨等译,上海译文出版社2007年版,第5页。

[4] 〔澳〕大卫·希尔曼、约瑟夫·韦恩·史密斯:《气候变化的挑战与民主的失灵》,武锡申、李楠译,社会科学文献出版社2009年版,第203页。

过有节制的生态生活。"资本主义社会本末倒置地看重那些能炫耀主人地位的物品,而相对轻视生活必需品,因而漠视人类基本需求。"① 这样的生活无法持续,社会主义中国需要从中吸取教训,中国可资利用的资源极为有限,国家刚开始崛起就走向轻视生活必需品,过极尽奢华的生活,这些都是不可取的。

　　生态生活的愿景也应该是,我们自愿结束不可持续的生活。"我们可以通过预见经济增长的极限来选择自愿结束增长,进入一种有序的经济状态,这种经济状态为每个人提供一种高质量的、满足的生活,与我们生存的星球之间保持一种可持续的平衡。"② 正如加尔布雷思所说,保护生态的美好社会"需要提供必需的消费品和服务;需要确保生产及其使用和消费不会对当前公众总体的安康造成有害影响,并要确保不危及到后代的生命和健康"③。人类追求美好生活是无可厚非的,但这种追求不能以生态危机为代价,量入为出,生活节制,才能过上高品质的、满足的生活。生活在继续,生态要持续。 CPS

---

　　① 〔美〕丹尼尔·A. 科尔曼:《生态政治:建设一个绿色社会》,梅俊杰译,上海译文出版社 2002 年版,第 80 页。
　　② 〔英〕理查德·杜思韦特:《增长的困惑》,李斌等译,中国社会科学出版社 2008 年版,前言,第 2 页。
　　③ 〔美〕约翰·肯尼思·加尔布雷思:《美好社会——人类议程》,王中宝等译,江苏人民出版社 2009 年版,第 69 页。

转型社会中的政党权威：挑战与重塑

罗 峰[*]

【内容摘要】 社会转型意味着执政党所处环境发生了巨大变化，政党权威的重塑就成为当今的一个现实话题。中国社会转型为政党权威的重塑设定了新背景：利益的分化带来了社会结构的变化，社会的异质化程度在加深；单位体制的瓦解引发了社会调控体系的变化；价值层面的变动带来了秩序感的缺失和社会意义的缺席。在转型社会，执政党在计划经济年代"一元化"的权威模式，从党与国家机关的关系、党的组织模式，到党的领导方式，再到意识形态等方面都受到了冲击和影响，它们构成了政党权威重塑的现实动因。新时期政党权威重塑的着力点是要开挖和增进执政党的合法性资源：形成政党的制度性权威，增强执政党政策供给的有效性，拓展与完善党的组织网络，构建具有包容性、理性精神的意识形态等。

【关键词】 转型社会；政党权威

政党权威是政党被认同的一种状态，是政党影响力的合法化。政党如果没有一定认同，或者这种认同不能反映出公共理性的本质内涵，政

---

[*] 罗峰：上海市委党校公共管理教研部副主任，博士，教授。

党就很难实现夺取或影响国家政权的目标。政党权威是任何政党都必须追求的目标。由于引发人们认同的结构性要素是在不断变动的，因而，政党作为能动性的组织主体，必须有效回应权威客体的变化，使其行为契合政治发展与社会进步的逻辑。在转型期的中国，经济、政治和社会等层面的变动意味着形成政党权威的各种要素的变动，政党权威的重塑就成了执政党必须关注和妥善解决的现实问题。

一

改革开放以来，中国社会步入深刻转型期。市场机制的深入推进对中国社会产生了结构性影响。这一深度社会转型激发了社会活力，催生了新生的社会行动者，侵蚀了原有的社会等级结构，改变了原有的社会联系、交往方式与社会调控模式，从而也引起了社会价值观念的转换。转型社会所引发的结构性变化主要体现在利益分化、单位体制的瓦解和价值层面的变动上。

1. 社会利益的分化。市场经济的深度拓展一方面提高了资源的配置效率，满足了社会多样的个性化需求，另一方面，"市场机制的内在逻辑是追求经济合理性的。市场所依存的竞争和效率机制，使得市场本身就具有资源集中和产生垄断的倾向，导致财富和贫困在社会两端积累的马太效应"[1]，因而，市场机制在发挥作用的过程中不可避免地产生了利益分化，从而带来了社会分化和社会结构调整。

按照孙立平的分析，在20世纪80年代之前，中国社会的财富主要集中在国家手中，国家依据个人在社会结构中的位置来进行分配，集体主义、平均主义的价值导向使整个社会处于一种均质状态。以市场经济为取向的经济体制改革，具有一种财富增长和资源扩散的效应，但到了

---

[1] 李路路：《制度转型与分层结构的变迁——阶层相对关系模式的"双重再生产"》，载《中国社会科学》，2002年第6期。

20世纪80年代末到90年代初,资源重新走向集聚,收入和财富越来越集中在少数人手中。① 由此导致了贫富收入差距、城乡收入差距、地区收入差距和行业收入差距的扩大。据周天勇教授的分析,城乡差距在继续拉大:农村居民人均纯收入与城镇居民人均可支配收入之比,从1985年的1∶1.86拉大到2008年的1∶3.31,近几年虽然差距拉大的幅度在缩小,却仍然处于拉大之中;居民之间的收入差距也在拉大:基尼系数从1982年的0.249拉大到2008年的0.47,属居民间分配不公问题较为严重的国家之列;地区间发展不平衡,东中西部发展差距较大:从东中西部地区人均生产总值水平来看,1978年东部地区人均生产总值是西部地区的1.86倍、中部地区的1.56倍,到2008年分别扩大到2.39倍和2.05倍。② 过度的社会分化打乱了原有的社会联结和社会秩序,直接危及到社会整合。更严重的是目前有些社会分化不仅是由经济因素引发的,而且也是国家政策(包括一定程度的行政干预或是非规范的自利性干预)的结果,分化的速率在不同地区、不同部门也不一致;特别是当这种分化是由权力和金钱联姻所导致的,更容易威胁到政治体系的权威基础。

与社会利益分化相联系的是社会结构的变动。社会结构是指一个社会中各种社会力量之间所形成的相对稳定的关系。李培林指出:"社会转型的主体是社会结构,它是指一种整体的和全面的结构状态的过渡,而不仅仅是某些单项发展指标的实现。"③ 在社会转型过程中,由经济体制变革所带来的社会结构的变动趋向是立体的和多维的。

对社会结构这种多维的变动趋向,不同学者有不同的总结和归纳,如孙立平的概括是从总体性社会到"分化性的社会"④ 再到"断裂的社

---

① 孙立平:《断裂:20世纪90年代以来的中国社会》,社会科学文献出版社2003年版,第59—61页。
② 周天勇:《"十二五"规划应重点解决富民问题》,载《经济参考报》,2009年10月21日。
③ 袁方等:《社会学家的眼光:中国社会结构转型》,中国社会出版社1998年版,第35页。
④ 孙立平:《转型与断裂:改革以来中国社会结构的变迁》,清华大学出版社2004年版,第4—8页。

会"①；郑杭生概括为：身份体系的弱化，结构弹性的增强；资源配置方式转变，体制外力量增强；国家与社会分离，价值观念多样化。② 还有，时宪民的从城乡二元结构到城乡、体制内外的双二元结构。③ 不管学者们对中国社会结构问题作出了怎样的概括，但有一点是共同的，即在利益诱导和多元价值的影响下，资源垄断的局面被打破，自由活动空间逐渐扩大，社会流动在加速，其异质性在不断增强，社会结构呈现出一定弹性，这样，其容纳变迁的能力也在增强。社会结构的这种变化也会影响执政党社会整合的方式与效度。

  2. 单位体制的瓦解。革命后建立起国家政权，在调控形式上形成了国家—单位—个人这一纵向的社会整合体系，单位成为连接国家与个人的中介。杜赞奇认为，在过去，国家和家族之间联系的机制是"文化网络"，二者尽管在组织结构上没有直接联系起来，而且家族具有一定的自治性，但共同的网络将两者联系起来，形成一个整体。而在现代中国，将个人和国家联系起来的是单位，而单位和国家之间的关系是两者的一体化。④ "国家和单位的一体化"就是国家将整个社会组织化，都将其纳入行政控制轨道，这种组织形态在中国的语境下被称为"单位"。由于党主导国家，表现在组织形式上，即每一个单位都有与其"同等规格的中共基层组织"，党就通过单位的组织网络、依靠自身的组织架构将自己的影响力渗入到中国的基层组织，并延伸到千家万户，实现党对中国社会的高度整合。从国家—单位—个人的整合链条中我们可以看出，这种整合机制的发挥带来了双重整合和双重依赖：国家对组织的整合以及由此形成的单位对国家的依赖；单位对单位个体的整合以及由此

---

  ① 孙立平：《转型与断裂：改革以来中国社会结构的变迁》，清华大学出版社2004年版，第109—118页。

  ② 郑杭生、李强、李路路：《当代中国社会结构和社会关系研究》，首都师范大学出版社1997年版，第22—24页。

  ③ 时宪民：《中国社会转型期的结构分化与双二元社会结构》，载《中国社会科学季刊》（香港），1993年11月，第55页。

  ④ 李路路、李汉林：《中国的单位组织：资源、权力与交换》，浙江人民出版社2000年版，第19—20页。

带来的个人对单位的依赖。

单位体制的出现是为解决当时资源匮乏的问题，并与当时的计划经济相适应，单位成为国家进行统治和分配资源的结构和工具。改革开放以后，"市场社会"的逐渐发育与成长，原有的利益主体逐渐冲破一些体制性的束缚和压制，逐渐成为自主自立的主体；渐进改革推行使一部分体制外的力量发育和成长起来，通过与政治主体的博弈，获得了成长、发展的合法性；再加上，单位体制在成长和运作过程中一些非现代性因素，使传统的单位体制受到了侵蚀，从而也冲击了党和国家以单位为核心的社会调控体制。

3. 价值层面的变动。在转型期，无论是利益的多元，还是社会调控机制的变化，其后面都有价值与理念上的动因；同时，这些价值层面的变动也推动着社会的深刻转型。

第一，价值的多元。市场经济的深度发展，经济全球化进程的加快，带来了利益的多元化，也带来了价值观念的多元化。首先，市场经济的推行，不同利益主体的成长和发育，需要有不同价值观念的支撑。利益主体的成长和壮大，除了需要良好的制度环境外，还需要一定的价值理念来充当合法性工具；其次，经济全球化的深度推进，各种价值观念随着资本、技术和制度等的引进而流入，自由主义、社群主义、保守主义等意识形态会冲击以前的单一价值理念，形成了一个文化和理念杂多的年代；最后，随着研究环境的宽松，关于文化、思想等方面的研究在国内处于鼎盛期，知识分子的研究自觉或不自觉地充当了文化、思想等理念的社会化工具，客观推动了多元价值的散布和渗透。

第二，秩序感的缺失。未来学派的著名代表贝尔在论述后工业社会时指出，"强烈依靠认识能力至上和理论知识至上的新的生活方式，不可避免地要与文化发展的趋势相冲突，这种文化力求加强自我，并且越来越反对受道德规范束缚和反对制度化。""社会结构的变化对政治制度提出了'管理'问题。在一个日益意识到自己的命运，并力图掌握自己命运的社会里，政治秩序必然最重要。"① 贝尔在这里指出了后工业社会的来临侵蚀或瓦解了过去的法律或道德规范，对秩序有一种消解作用。在转型期，对秩序感的消解主要体现在以下两个方面：一是从中国改革的路径来说，走的是一条成功的渐进的改革路径，但不断"摸着石头过河"，难免会出现反复或差错，不断地改，不断地变，就会给人们的心理上带来社会发展的无序感。二是由于体制改革的深入推进，刚性的社会控制出现了松动，政府在职能定位中将很多以前它承担的职能转移出去，但由于市场体系发育不完善，社会组织的行政化色彩严重，其自组织力低下等方面的原因，党和政府转移出去的职能缺乏一个有效的承接主体，社会失序越发不可避免。

第三，社会意义缺席。"社会主体对于现实的社会现象、事件和过程总要赋予一定的意义解释，这些解释将反馈到自我的行动意义预设之中，并对社会主体相互之间的行动意义阐释产生影响，形成某种'意义效应'，最终将体现为社会行动的种种实践效果。"② 无论是对自身行为的意义预设，还是对他人行为的意义观照，如果没有所谓的"共有意义"或社会意义的存在和得到认可，社会一致行动，或者社会团结就很难保持。在社会转型期，人主体性的提高没有伴随着相应的道德约束的增强，人们评价自身行为和社会行为很多都是建立在"自我意义"之上；同时，商品大潮冲击和消解了传统的价值观念和社会意义，而新的道德基础和社会意义平台又没有完全建立起来，这样就容易形成价值真空或社会意义的缺席。

二

在计划经济年代，中国的现代化是在社会资源总量不足的背景下启

---

① 〔美〕丹尼尔·贝尔：《后工业社会的来临——对社会预测的一项探索》，高銛译，商务印书馆1984年版，第19页。

② 杨敏：《社会行动的意义效应：社会转型加速期现代性特征研究》，中国人民大学出版社2005年版，第79页。

动的，革命后国家政权建设和社会重组的主体是只能是中国共产党。邹谠认为："只有先建立一个强有力的政治机构或政党，然后用它的政治力量、组织方法，深入和控制每一个阶级、每一个领域，才能改造或重建社会国家和各个领域的制度与组织，才能解决问题，克服全面危机。"① 在这种背景下形成的是"一元化"的政党权威。在社会转型期，由于社会利益的多元、单位体制的解体和价值层面的变动，执政党权威的生成和维持机制要从那种"一元化"的权威模式中走出，这一过程会对党与国家机关的关系、党的组织模式与党的领导方式和执政方式以及意识形态等方面产生冲击和影响，它们构成了政党权威重塑的现实动因。

1. **对党与国家机关的关系产生冲击**。"在改革开放前的中国社会和中国政治形态中，党、国家与社会的关系是：党领导国家，国家主导社会，党通过国家或自身组织主导社会。在这样的关系格局下，只要党加强控制，党就能迅速积聚权力，从而拥有绝对的权力。"② 这一段话概括了计划经济年代党对国家、生活的控制和重组，这种控制和重组使党的权威在国家的政治、经济、社会和文化生活中得以树立起来。党利用国家政权的力量，通过政治动员、革命理想信念的散布和领袖个人的人格魅力，使党的一元化领导方式得以确立。在这种一元化领导模式下，党不仅主导了国家政权机关的生成及其运作规范的制定，而且还通过党管干部制度、分口管理等制度，将国家的具体政治生活纳入到党的控制轨道，党政不分、以党代政，国家机构的日常运作很难有自主空间。在改革开放后，市场和社会主体的发展有了政策上的支持和法律上的保证，同时党的治国方略上的转变，特别是依法治国的确立，为保证社会和市场主体的生长空间，为规范党的活动，尤其是规范党与国家机关的关系提供了政治上和法律上的基础和保证，同时也对传统的一元化权威生成机制产生了冲击和影响，因而不可避免地冲击到原有的党与国家机关的

---

① 邹谠：《中国20世纪政治与西方政治学》，见《思想家：跨世纪的探险》，华东化工学院出版社1989年版，第19页。

② 林尚立：《当代中国政治形态研究》，天津人民出版社2000年版，第322页。

那种直接控制模式。

2. **对党的组织模式产生冲击**。这里所谓的"组织模式"是指党依靠自身的组织架构或社会组织模式实现对社会的整合。在建国初期，为了实现对国家和社会的全面主导和控制，除了依赖一些具体的制度设计外，如党委制和党组制、分口管理制、双重管理制，更重要的是继承和完善了革命战争年代的党的组织架构，因为党的领导地位和权威作用是需要组织载体和组织网络去贯彻实施的。党除了依靠自身的广泛组织网络来完成对国家和社会的全面主导以外，还通过社会的单位化实现对社会的整合，即党通过党和政府—单位—个人这一垂直的控制链条实现对社会乃至个体的一种控制。这样单位"作为国家权威和党的权威的双重代表，把归附于多种组织的个人重新吸纳到新的政治体系之中，提供一种新型的政治生活"①。但在社会转型期，无论是党自身的组织架构，还是社会的组织形态，都面临着一定的问题和挑战。由于新经济组织的出现，使基层党组织的建立面临着一定困难，影响到党的覆盖面；由于社会流动资源和替代资源的增加、人员的老化，削弱了基层党组织的感召力和号召力；由于经济体制改革的深入推进，传统的单位体制受到冲击和影响，在有些地方党—单位—个人的控制模式变为党—个人的控制模式，党整合社会的链条在中间出现了断裂，影响到党动员和组织社会的效度。

3. **对党的领导方式产生冲击**。建国初期建立起来的一元化领导方式，其实质就是党对国家政权机关和社会组织的直接领导和控制。1958年，中共中央在《关于成立财经、政法、外事、科学、文教各小组的通知》中明确规定："大政方针在政治局，具体部署在书记处。""大政方针和具体部署，都是一元化，党政不分。具体执行和细节决策属政府机构及其党组。对大政方针和具体部署，政府机构及其党组有建议之权，

---

① 刘建军：《单位中国——社会调控体系重构中的个人、组织与国家》，天津人民出版社2000年版，第76页。

但决定权在党中央。"① 党的这种高度集权的领导体制是与计划经济体制相适应的。在社会转型期,社会主体的成长所需要的自由活动空间与党事无巨细的领导方式相矛盾,社会发展的多元与党的单一管理模式相矛盾,社会发展所需要的活力与党的一元化管理所带来的惰性和依赖性相矛盾,国家机关活动的规范化与党的一元化管理的随意性相矛盾等等,这些都会对传统的一元化权威模式产生影响和冲击。

4. **对意识形态的冲击**。从规范意义来说,经济社会的发展必然引发意识层面的变动,这种变动主要体现在传统价值体系受到侵蚀或走向解体,因而统摄了传统价值体系的意识形态必然会受到冲击和影响。这种冲击和影响在中国转型的语境下主要体现在两个方面:一是意识形态的适应性问题;二是意识形态张扬的科学化手段问题。

其一,意识形态的适应性问题。计划经济年代的意识形态适应了当时的计划经济体制和全能主义政治体制,并且意识形态一经形成,就会构成以后意识形态调整与变迁的路径依赖。中国进入到转型期后,在意识形态方面面临着一种适应性问题,这种适应性一是体现在怎样通过意识形态创新为社会主义市场经济改革提供合法性论证;二是体现在面对转型期逐渐发育与成长的异质社会的现实,与传统同质社会相适应的意识形态怎样回应社会多元的价值诉求,这就提出了执政党在运用意识形态进行价值整合的包容性问题。诺思指出:"大凡成功的意识形态必须是灵活的,以便能得到新的团体的忠诚拥护,或者作为外在条件变化的结果而得到旧的团体的忠诚拥护。"② 这里所提出的"灵活",也就是其适应性与包容性的问题。

其二,意识形态张扬的科学化手段问题。"意识形态在现实社会中的成功整合,有赖于两大权力因素的推动:一是政治权力的推动作用;

---

① 中共中央文献研究室编:《建国以来毛泽东文稿》第六册,中央文献出版社1992年版,第546页。
② 〔美〕道格拉斯·C. 诺思:《经济史中的结构与变迁》,陈郁等译,上海人民出版社1994年版,第56页。

二是文化权力的推动作用。"① 与执政党相联系的意识形态当然离不开政治权力的刚性化影响,权力对一定意识的形成乃至内化有一定推动作用;但由于意识形态属于一种观念形态,刚性化的政治权力只有符合理念的逻辑或者是文化权力运作的逻辑才能产生比较好的效果。在转型期,计划经济年代那种通过行政的、动员的方式来进行价值整合,面对着多元的异质社会,那种靠权力逻辑和集体运动的外在方式就会面临适用性的问题。符合社会需求、反映社会运作规律的意识形态还有一个张扬手段的科学化问题,即通过怎样的方式引发人们对意识形态的认同。

三

　　政党权威重塑的着力点是要开挖和增进执政党的合法性资源。执政党的合法性资源是指那些能提高民众对执政党认同的各种要素。社会转型带来了各种变动,这些会影响到执政党合法性的持续增进。因而,执政党必须考察现实中能引发人们对其认同的各种要素,如制度、政策、组织和意识形态等,它们是新时期政党的合法性资源,也是执政党权威重塑应关注的重要问题。

　　1. 制度建设与制度性权威。社会主义市场经济的深入推进带来了规范和规则体系在政治和社会系统内的逐步树立。一定的制度规范能增强人们行为的可预见性和信任感,从而降低了交易成本,使社会交往和经济交往得以顺利进行。经济与社会领域的行为规范会对政治领域产生极大影响,它要求政治主体明确自身的功能边界,树立规则意识,否则,政治主体从外部的强力干预只会扭曲市场的运作机制,经济、社会范围内的自主性行为就无以产生。

　　对中国的执政党来说,在其权威增进的过程中要注重制度建设和制

---

① 林尚立等:《政治建设与国家成长》,中国大百科全书出版社2008年版,第248—249页。

度资源的开发。这种制度资源不仅包括党自身的制度,而且还包括在党领导下的国家建设、社会管理等方面的制度化努力。改革开放前,我们党在革命和建设时期在组织制度、领导制度和工作制度等方面制定了许多行之有效的制度,这些制度规范为党事业的发展和壮大,为党战斗力的增强起到了可靠保证。但是,总的来说,在建国后、改革开放以前,这种制度建设没有被提到应有的高度。究其原因,有学者指出:"一是思想上没有充分认识到党的制度建设的重要性,因为党取得执政地位后忙于政权建设,自身的制度建设相比之下没有那么迫切。二是对党的思想建设与党的制度建设的辩证关系认识不足,由于在思想建设方面取得的巨大成功而忽视了作为执政党加强党的制度建设的重大意义。"① 正是由于对党的制度建设认识不够和在实践上的建树不足,直接影响到党执政能力的提升,更为重要的是影响到党内民主的发扬,直至发生"文化大革命"这一全局性错误。在社会转型期,增强党的权威性,必须从以前的个人魅力性权威转向制度性权威,将人们对党的认同和支持建立在制度基础上;同时,党在推进国家制度建设过程中,也要将自身的活动纳入国家法律轨道,依法执政,要依靠法治来理顺关系、调节矛盾和稳定社会,从而实现对社会的规范整合。

2. **政策的有效性带来合法性**。尽管政绩上的有效性可能导致亨廷顿所说的"政绩合法性困局",但是这并不是说执政党在执政过程中并不要追求政绩。对政党与政府来说,政绩虽然不是合法性的唯一来源,但在一定意义上能带来合法性的增进。转型社会对发展与利益增进的渴求,导致了政策有效性在合法性增进上的重要地位。林尚立认为:"中国政治体制改革追求政治对经济与社会发展的有效性的背后,是强烈的现实主义原则。这个原则决定了中国的政治体制改革,不是为改革而改革,而是为发展而改革"② "为发展而改革"说明了政策"有效性"之于政治体制改革的重要价值。政策有效性要求执政党在权威重塑过程中

---

① 卢先福、端木婕:《中国执政党建设研究》,上海人民出版社2002年版,第343页。
② 林尚立:《在有效性中累积合法性:中国政治发展的路径选择》,载《复旦学报》(社会科学版),2009年第2期。

关注利益整合，即通过一定的政策创制和相关的制度安排，促进经济和社会的不断发展，以满足民众各种现实的利益诉求；同时，执政党政策的有效性还要体现出均衡发展的逻辑，这不仅是执政党追求"共同富裕"目标的实现路径，也是其权威性不断增进的必然要求。因而，执政党在促进利益增进的过程中要注意理顺和平衡各种利益关系，在全社会促进基本公共产品和公共服务的均等化。

3. 组织网络的拓展与完善。从执政资源上分析，执政党的组织资源是使其合法化的重要资源，没有完善的组织网络，执政党的政策执行力和党的动员能力就会受到极大影响。汤森等指出："支撑共产党政府的因素是在群众政治动员中取得的实质性经验，对其合法性的广泛接受，一批勇于献身的党员和支持者组成的干部，以及中共所表现出来的军事优越性，这些都使它能够建立一个中国历史上前所未有的政治组织网络。"① 这种以党员为核心的政治组织网络，是党赢得革命胜利和国家现代化建设胜利的重要组织保证。但在社会转型期，有些地方、有些基层"处于放任自流的无组织、无管理、无政府状况，问题、怪事出来前无人警惕和察觉，出来以后也没有人报告、研究，迟迟得不到处理。这就说明，我们党在那里的组织力量、战斗力量是相当薄弱的"② 所以，在基层社会构建党的组织网络是新时期政党权威重塑必须关注的重要课题。党组织网络的拓展与完善既包括在政权系统中党组织的建立，也包括在社会组织中党组织的建立，后者更具有现实紧迫性。随着改革的深入，被计划体制下"全能政府"所抑制和控制的资源和活动空间逐渐被释放出来，社会上的流动资源逐步增多，人们的活动空间逐步扩大，并且随着单位制的解体，所有制结构和价值理念日趋多元化，新经济组织与新社会组织（"两新"组织）大量涌现。执政党通过组织网络的拓展与完善，把自己的影响力延伸至"两新"组织。执政党通过这种组织化

---

① 〔美〕詹姆斯·R.汤森、布莱特利·沃马克等：《中国政治》，顾速、董方译，江苏人民出版社2004年版，第138页。

② 《江泽民论加强和改进执政党建设》（专题摘编），中央文献出版社、研究出版社2004年版，第406页。

努力,"在赋予社会团体很高政治地位的同时,也赋予了社会团体很强的政治功能,其直接的目的就是使社会团体能够聚合到中国共产党周围,成为中国共产党领导和整合社会的重要组织力量"①,并且党的这种组织嵌入也扩大了执政党的社会基础,从而在社会层面进一步树立起了党的权威。

4. **意识形态的包容性与理性化**。为了解决意识形态的适应性及其宣扬手段的科学性问题,必须构建具有包容性的意识形态,并推进意识形态的理性化。

意识形态的包容性。在利益多元所带来的思想多元的社会里,要提高意识形态在整合社会中的作用,一个非常重要的方面就是要使执政党的意识形态具有包容性。实际上,只有构建具有包容性的意识形态,才能发挥出执政党意识形态的导向作用,因为,如果在思想意识上没有包容、对话和交流,意识形态的导向作用也不可得到真正发挥。王长江认为:"执政党意识形态的包容性如何,最终体现在能不能创立一套既反映党的性质、又适应本国国情、为大多数人所认可的意识形态上。"②

意识形态的理性化。理性化是指"随着科学技术的发展与知识的积累和社会的进步,人们在对待事物和作出行动上,从自身的利害得失出发来作出判断和决定……意识形态要想有效地深入社会,得到人们的广泛认同,其自身必须是个能够经得住理性观念考量的思想体系,不能仅仅靠政治强力的促动"③。诺思也认为:"有悖于人们理性的持续的变化或影响人们幸福的根本性变化,将迫使人们改变其意识形态。"④ 从这里可以看出,意识形态的理性化体现在两个方面,一是理性化的意识形态同理性化的个人相连,没有反映理性化个人的诉求,甚至是没有理性化

---

① 《中国非营利评论》第 1 卷,社会科学文献出版社 2007 年版,第 11 页。
② 王长江:《中国政治文明视野下的党的执政能力建设》,上海人民出版社 2005 年版,第 158 页。
③ 王邦佐等:《执政党与社会整合:中国共产党与新中国社会整合实例分析》,上海人民出版社 2007 年版,第 246—247 页。
④ 〔美〕道格拉斯·C. 诺思:《经济史中的结构与变迁》,陈郁等译,上海人民出版社 1994 年版,第 54 页。

个人的参与与互动,这种意识形态一定是外在于社会行动主体的超验价值体系,其价值整合的有效性大打折扣,甚至容易引发意识形态的变迁。因而,意识形态创新不能只是执政党内精英自我体认和自我设计的过程,而是政党与国家、社会等理性化主体间互动的产物,只有各理性化主体的参与,意识形态才可能更具包容性和社会整合的有效性;二是,意识形态推行手段,或者是社会化手段的科学性。良好的意识形态如果没有科学的手段进行散布与推广,一方面会导致意识形态的影响力下降,另一方面可能更重要,手段的科学性和方式的有效性问题也直接会影响人们对意识形态的认同度。王长江批评了有些地方还习惯于"大轰大嗡,搞运动式的'灌输'",他认为:"大规模的'灌输'往往重在造势,缺乏针对性,流于浮浅,缺乏替代人们头脑中已有信息的力量,不但耗费大、效果差,而且越来越引起人们的反感。"① 所以,意识形态的理性化要求其在散布时要认识到"运动式"、"行政化"等对意识形态本身的伤害,价值共识的达成需要在互动中产生,意识形态的宣扬要考虑能以结合现实、易被受众所接受的方式进行。由于执政党意识形态的社会化是在各个层面、各个领域中展开的,涉及众多的组织主体和个人,因而各地社会化方式的科学性也参差不齐,因而,总的来说,这方面还有很大的努力空间。

---

① 王长江:《中国政治文明视野下的党的执政能力建设》,上海人民出版社 2005 年版,第 159—160 页。

东亚协商政治与民主转型的比较研究：
模式、理论与实践
——以马来西亚和印度尼西亚为例

阙天舒*

【内容摘要】 根据西方协商民主模式，协商是一种决策方法，其中公民可以从多重视角来考虑相关事实，而且可以通过彼此的交谈斟酌他们的意见并丰富他们的视角、观点和理解。本文则通过马来西亚和印度尼西亚的民主政治实践来检验西方协商民主模式在东亚国家的适用及成效。马来西亚统治者认为民主实践不能影响种族和谐，其意旨是要推行有限的言论、集会和出版自由；而在印度尼西亚，自从苏哈托下台以来，许多人认为民主及其价值观要维护人民的幸福、在广大的群岛地区实现政治平等和稳定，不过，政党和议会等政治机构并不乐意在决策层面实现人们的意愿，这就促使一些人直接参与到政治中。

【关键词】 协商民主；东亚民主转型；政治实践

---

* 阙天舒：华东政法大学政治学研究院助理研究员，华东政法大学法学博士后流动站研究人员。

一、西方协商民主模式的前景与发展

协商民主是20世纪90年代以来在西方政治学界兴起的一种民主理论。1980年毕塞特（Joseph Bessette）在《协商民主：共和政府的多数原则》一文中首次从学术意义上使用"协商民主"一词。后来曼宁（Bernard Martin）和科恩（Joshua Cohen）的研究进一步发展了协商民主理论。20世纪90年代后期，协商民主理论引起了更多学者的关注，成为大多数民主理论的核心。约瑟福·瓦希德（Yusel Waghid）认为，理解协商民主中的民主有三个主要的相关范畴：作为一种制度的民主、讨论中的民主和体现为一种意义的民主。前两种是与民主的两个概念相联系。首先，民主体现为进行政治决策的代议制；其次，在社会和政治生活领域中民主体现为人们享有平等的机会并能自我发展、自我实现和自我决定。在这方面，代议制民主最大限度地增加了公民进行自决的机会，因此，他们必须与其他人一起生活，（这）必然要求他们必须有时遵从对所有成员具有约束力的集体协议。莱文（Levine）指出了民主需要协商的三个原因：（1）公民能就公共问题进行讨论并产生意见；（2）民主当选的领导人在选举之后更能了解公共议题；（3）人们要对他们的观点进行论证以便我们能从中择优。协商仅仅指出了民主政府的一个构想，即确保在政治生活中的理性讨论（理性协商）。对于艾米·古特曼（Amy Gutman）和丹尼斯·汤普森（Dennis Thompson）而言，协商民主理论中的"民主观念保证了讨论在政治生活中的中心地位"。他们认为协商民主理论的前景就在于寻求"每个公民都能接受的合作"，这是由于当代社会充斥了深层冲突和道德分歧。詹姆斯·博曼（James Bohman）则是另一个协商民主的捍卫者，他提出民主在某种程度上意味着公共协商；亦即，"如果决定不是仅仅强加于他们，那么公民的协商则是必要的，毕竟，同意是民主的功能"。换而言之，只要政策是在公民和他们的代表的公开讨论和争辩过程中产生，那么政治决策就是合法的，这就超越了自我利益而反映了公众利益或他们的共同利益。

在众多关于协商和协商民主的定义中，有一种定义最切合实际：协商是一种决策方法，其中公民可以从多重视角来考虑相关事实，而且可以通过彼此的交谈斟酌他们的意见并丰富他们的视角、观点和理解。协商民主强调了在统治中要反映出公民的声音，不同种族、阶层、年龄和地域的公民可以通过协商来直接影响公共决策。因此，公民的影响力在影响他们日常生活和未来的政策和决定中显现。不过，协商民主模式要与其他被称为聚合式民主的民主模式加以区别。科林·法雷利（Colin Farrelly）认为，聚合式民主是理解民主的一种比较普遍的模式，它常常在我们力图消除分歧中使用。在这种民主模式中，决策过程仅仅就是要在选择官员和政党中聚合公民的利益，而公民主要通过投票来表达自己的偏好。正因如此，缺乏公共讨论的聚合式民主只是将个体偏好简单地汇集成多数决定，由于完全依赖于聚合的程序，这样不但不能提升民主的品质，还将产生武断的集体选择，这些选择不是基于对公共利益的考虑，也不可能对公共利益的需要作出合理说明。协商民主认为，个体偏好不是先天形成和固定不变的，协商能够引起反思性，这样在协商者的互动过程中，协商者容易改变他们的判断、偏好或者观点。而互动内容包括说服但不包括压制、控制或者欺骗。所以，协商民主强调公共协商的重要性，通过公开、公正、自由、平等的讨论来修正自己的偏好和价值，将利益冲突转化为利益共识。

协商民主中一个隐含性的承诺，是公民乐意接受其他人的观点并且相互尊重。当公民必须参与到协商过程中来时，他们身上某些优良品质就会得到发扬。许多人认为，那些作为自由、平等的公民而经常参与协商的人更有可能形成自主、理性和道德特征。在这种情况下，公民美德通过这一过程得到了弘扬。"参与公共事务可以提高参与者的道德、实践和知识水平，它不仅使他们成为更好的公民——这一点是至关重要的——而且成为更好的人。"协商民主可以使公民在协商中增强自主性，完善公民人格，体会理性的宽容与妥协和彼此合作的重要性，进而不断提高公民素质。协商民主可以培养公民美德，使共同体成员之间相互理解，学会尊重他人要求，节制自身需要，增强集体责任感。协商意味着对少数一方权利的尊重，意味着多数一方并未凭借集体优势对少数进行简单的压制与强迫，而是通过多方的协商与谈判解决分歧。"协商民主可以使公民在对话中相互学习。彼此协调，进而使公民学会在相互宽容中相处，不断提高其自身素质。克里斯蒂亚诺认为，公共协商体现了公民之间的相互尊重与关怀，就相互尊重与关怀是正义的要求而言，一个团体内的人们以这种方式对待彼此在本质上是很重要的。这种观点认为，每个人都有权利参与自由、平等人们之间的协商过程。"

二、东亚协商民主的政治实践及检验

马来西亚和印度尼西亚在实施协商民主上有不同的方法，出现这种情况主要是因为这两个国家的政治环境不同。马来西亚统治者认为民主实践不能影响种族和谐，其目的是要推行有限的言论、集会和出版自由；而在印度尼西亚，自从苏哈托下台以来，许多人认为民主及其价值观要维护人民的幸福、在广大的群岛地区实现政治平等和稳定。因此，下面将通过这两个国家的政治实践来检验协商民主的成效。

（一）马来西亚的"精英协商式"民主实践

为了维护政治稳定和维持种族和谐，马来西亚政府在限制国内言论等自由前提下实行了协合式民主政治（consociational democracy）。虽然说种族和民族问题是派系政治和群体冲突产生的"温床"，但联合政治或协合政治有助于巩固社会的团结。阿伦德·利普哈特（Arend Lijphart）声称，协合民主实质就是，分裂社会中的每个集团领袖可以通过达成协议来共同管理政府，因此，协合主义完全就是以共同分享权力的方式来终结统治权上的争夺的。前总理拉萨克（Tun Abdul Razak）把马来西亚民主描述为"适合于具有不同社群的发展国家的民主"，它是考虑到马来西亚现实情况的民主，即马来人——非马来人之间的仇视，这种民主实践并没有危及脆弱的稳定，只要条件能够维持，政治竞争还是被认可的。自马来西亚独立以来，共同分享权力的协议就存在了，虽然巫统在国民阵线中（BN）居于主导地位，而且马来西亚的行政权主要是由马来领导人把持，但其他非马来政党，特别是马来西亚华人公会（Malaysian Chinese Association）和马来西亚印度人国大党（Malaysian Indian Congress）进入了内阁并在一定程度上影响了政府的政策。然而，由于巫统是代表马来人利益的政党，这就意味着在它的领导下马来人仍然掌控政治权力。在马来西亚社会中，由于少数人并不认同占据大多数的马来人支持的居于主导地位的价值观，因此就很难发现相关的共同利益概念，不过，维持社会秩序和种族和谐可作为共同利益而成为要达到的核心价值观和政治目的。

协合主义、达成共识的决策以及尊崇权威是马来西亚种族之间保持政治稳定和分享权力的重要因素。马来和儒家的价值观则是达成共识的基础，它们都强调了统治者的权威性，同时，它们也指出了权威性就在于公正对待民众以及与地方精英进行协商。实际上，稳定也需要保证非马来人的利益不被忽略，我们可以从1969年5月13日种族骚乱的惨痛经历中得出这样的教训。从以上我们可以看出，达成共识和慎重对待群众在目前的马来西亚政治中依然是基本要素。威廉·卡斯（William Case）写道，"即使巫统在马来人之前就宣称维护他们与生俱来的权利，它也竭力向华裔和印裔保证它会摒弃马来沙文主义，但打破这种平衡的体制基础理所当然就是具有商议性的国民阵线的方式"。然而，我们要指出的是这种协合式解决方式并不是协商方式，因为它忽略了协商所必需的最狭义概念，而且对协商者进行了限制。

由领导人选择的战略已成为共识性政治，其中单一的"伞状"运动似乎聚拢了所有政党和利益，从而可以避免激烈反对。这种通过国民阵线表现出的共识性政治，既不是共产主义方式的一党执政，也不是自由民主政府中的政党轮替，反对者在这种政治中被边缘化了。丹妮·莫奇（Diane K. Mauzy）指出，"虽然马来西亚政治体现了民主的一些外在特征和属性，但为了让冲突调节机制和精英之间的融合变为现实，实质性控制政治竞争和群众性参与也是有必要的,尤其是自 1969 年以来"。虽然这种大联盟制有悖于民主概念中隐含的竞争原则,但是统治精英并不这么看。马华公会前主席李三春认为,国民阵线既是社群之间冲突消弭的平台,也是它们彼此融合的动力。不同类型的政党也都有这样一种共识,如果政权中派系冲突不断,那么马来西亚的社会问题可能永远都不会得到解决。李三春解释说,国民阵线在某种程度上是对所面对政治的一种否定,它也表达了对协商和共识政治、善意和合作政治的允诺。不过,在马来西亚政治中,除了下议院中讨论之外,在媒体上的攸关敏感政治问题的公共争论和讨论渠道都被封堵了。这就是为什么马来西亚媒体不能公开转播国会下议院中一些讨论的原因,当然除非这些讨论和争论在政治上不敏感而且不会削弱政府作为强有力权威者的形象。

决策过程体现了协商民主的某些要素,但这个过程也只是精英层面的协商,而不是公共协商,精英应代表马来西亚多元社会共同利益来进行决策。托伊恩·梵·迪克(Teun Van Dijk)解释说,精英是那些能掌控话语与沟通程度的人,他们有权控制通过媒体沟通的程度与方式,比如通过新闻发布会和其他形式来打消对他们的质疑。他把这形容为"话语路径"。精英的话语形式与沟通模式越多,他们对集团和机构进行控制的社会权力和能力也就越强。在马来西亚,大多数人都认为观念和知识的输出必须要符合政府的目标,亦即要促进国家的建设和繁荣。在这里,统治精英是唯一可以对何种观念维护了国家利益与没有维护国家利益作出界定的人。因此,确定谁以及怎样在马来西亚的公共政治话语中起作用就离不开庇护模式等社会经济结构标准。有能力传播观念的那些人基本上是通过正式或非正式方式接近政治精英的人,而没有接近政治精英的人就很难有机会进入到公共政治话语中。

沙德(Shad)承认,由于马来西亚采取优先保证种族稳定的严格政策而使它具有了很高的宽容程度,因而他认为马来西亚是宗教和文化宽容的一个极好例子。中国和印度移民社群在马来西亚独立时就被赋予了公民权,而且他们还可以保留自己的文化语言和宗教。马来西亚用丰富的"文化马赛克"铸造了一个大熔炉,这使它成为了具有多种生活方式的多元社会。然而，由于政府对反对党并不宽容，就使公开的公共协商很难在马来西亚展开。反对活动除了受严厉的法律管制之外，还由复杂的机构网络所控制，比如市政委员会、民政事务处、国家支持的宗教机构等。维持种族和谐俨然成为支持统治精英在政府中居于主导的合法因素。一般而言，政府并没有优先发展言论自由。事实上，政府认为反对党和人权活动往往是由国外的国家和组织推动，这不利于国家的经济发展和稳定。马来西亚前总理——马哈蒂尔·穆罕默德（Mahathir Mohamad）认为，公民社会中的运动由于常常干涉政治而应加以控制，这主要是因为它们的目的是要削减政府权力，而且对公共利益并不利。政府支持这样的观点，即政党和非政府组织应受到严密监控，因为他们可能会影响公共舆论，危害公共秩序，甚至阻碍国家发展。

马来西亚政治方向在很大程度上由领导人引领，比如马哈蒂尔和巴达维以及最主要的马来政党——巫统。虽然反对党是存在的，而且协会和事业团体也被许可，但他们的政治言论权却逐渐被削减、动员群众影响决策的能力不断被减弱。政府或者是通过不断减少充当个人与国家之间中介的集团，或者是不让他们参与到权力的角逐中，来不断弱化他们对决策的影响力。从这一点我们可以看出，在马来西亚，协商民主或公共协商并不能如愿实施，因为普通民众无法参与决策，尤其是为确保权力上的胜出，决策过程普遍由政府掌控。因此，为了应对种族斗争和维护种族利益，马来西亚的政治体制就很少具有民主性，而更多具有专制性。

（二）印度尼西亚在民主转型中的政治实践

自独立以来，印度尼西亚领导人就主张实施能充分体现民意的民主。印度尼西亚的开国元勋，比如苏哈托（Sukarno）和穆罕默德·哈达（Muhammad Hatta）就竭力要寻求一种有别于印度尼西亚传统的民主，而印度尼西亚传统主要强调的是集体主义和民众参与。印度尼西亚的公共协商传统被认为是一种"达成协商一致而进行的讨论"（musyawarah-mufakat），它在决议中发挥了重要作用。作为印度尼西亚国家意识形态的潘查希拉（Pancasila）中也提到它——尤其是在涉及协商和共识性民主的第四个原则中。

在印度尼西亚，体现协商民主精神的一个很重要例子就是，印度尼西亚独立筹备委员会成员于1945年5月通过开会来确定新生的印度尼西亚国家意识形态。在会上，争论的焦点是，印度尼西亚的国家意识形态应是伊斯兰主义还是被称为潘查希拉的世俗主义。经过穆斯林、民族主义和少数非穆斯林领导人在由他们组成的委员会中展开长期的拉锯式协商和讨论后，他们终于达成协议把潘查希拉作为国家的意识形态。在这个例子中，参与者不是通过投票来决定印度尼西亚国家意识形态基础的，而是通过充足的协商和讨论来寻求更充分的互易性的合法理由。

然而，协商民主精神在两任总统——苏哈托（Suharto）和苏加诺（Sukarno）的威权民主中并不明显，即便他们都声称要贯彻协商和共识精神。苏加诺主张印度尼西亚应在协商和共识基础上奉行自己的民主而抛弃西方式民主，因为他认为西方的民主是反印度尼西亚文化的。他把许多事情都是通过投票来确定的西方民主称为"自由斗争式民主"（Free Fight Democracy）。苏加诺则使用了许多政策都是由苏加诺确定并得到他的助手支持的"指导式民主"（Guided Democracy）。苏哈托和他的新秩序统治也主张贯彻协商精神以达成共识，并提出要在决策中考虑到包括少数者意见在内的许多意见。为了证明他们对印度尼西亚控制的合法性，"人民的至高无上的权力"一词常常在新秩序统治中出现。不过，苏哈托时期所称的共识是经过精心策划的，在国会中只有支持他的那些人，"人民的至高无上的权力"只是属于少数军队领导人、技术官僚和苏哈托的家人。

印度尼西亚期待已久的民主转型终于在1998年5月苏哈托下台时拉开了帷幕。这似乎符合亨廷顿（Samuel Huntington）和纳尔逊（Joan Nelson）的理论，亦即为了维护国家的经济发展和政治稳定，专制政权在长时间压制反对声音和限制自由之后将会遭遇参与式的爆炸。在苏哈托的统治下，印度尼西亚的政治稳定和经济发展持续了20年，但他也压制了政治活动并限制了自由。根据亨廷顿和纳尔逊所述，当民众要求更多的自由和政治参与时,专制阶段将会终结,因为被压制的参与最终会爆炸。亨廷顿所描绘的图景同样也适用于印度尼西亚,在这种情况下人们期盼着苏哈托专制政权在某一天垮台,也希望他们能自由表达政治意愿。机会终于在1998年5月出现,经济危机促使苏哈托下台,他下台后,新颁布的法律允许了言论自由和政治参与。相应地,民众也要求取代苏哈托的哈比比(Habibie)总统采取行动来修订宪法,并推动议会制定新的能让民众自由讨论、组织、组建政党和举办自由大选的法律。哈比比几乎满足了所有的政治要求,而且在1999年7月为自由换届选举拟定了时间表。

随着苏哈托的下台,人们期盼印度尼西亚能实行真正的协商民主。此时,长期处于新秩序统治压制下的组织和政党的有限表达自由已放开,民众现在可以真正参与到大选中,因此,印尼国会和地方议会成了政治竞争的场所。然而,参选之后,政党和议会等政治机构并不乐意在决策层面实现人们的意愿,这就促使一些人直接参与到政治中。

民众参与到政府的政策和计划中和其中的协商过程所呈现的新景象是在两个专制政权统治40年后出现。此时,人们开始组织起来形成利益集团来增进他们的利益。许多非政府组织也成立了,其中一些非政府组织的功能是批评政府的政策,另一些是倡导维护妇女权益、保护儿童与环境等议题。改革伊始,这些新组织要求被视做苏哈托傀儡的哈比比下台,同时,其他利益集团在哈比比身后也被组织起来。除了这些利益集团的参与可能会被动员的情况,它也表明了在新的民主体制内利益集团的发展态势。在后苏哈托时期,许多新旧利益集团如雨后春笋般涌现出来。政治人物甚至总统在利益集团和公共舆论的支持下为他们的政策合法性找到了理由。这些迅速兴起的利益集团就包括一些伊斯兰政治集团,他们由于在意识形态上倾向于伊斯兰国家而长期受到倾轧,其中有一些集团是通过在地方上推行伊斯兰教教法而启动了国家伊斯兰化的进程。

三、东亚国家实践协商民主模式的评估及反思

"在西方理论中,政党、代议制被认为是民主制的核心,公平、诚实、定期的选举,是民主制质量的决定性因素。"然而,从马来西亚和印度尼西亚的政治实践来看,议会和政党等政治机构确实存在而且也在运作,但协商民主并不完善。正如前面所述,协商民主的条件是决策更合法而且人们能公共讨论并产生意见。除了这样的考虑之外,在马来西亚和印度尼西亚年轻而又新的民主体制内,人们践行协商民主还有其他原因。在向民主转型中,协商民主之所以产生是因为在许多善治问题上政府有承诺但并没有实施,比如民主价值的实现、腐败的根除、透明政府以及法律的实施等。政府开展反腐败运动也只是为了要获得人们的支持,他们并没有采取实际行动去根除它。按道理,议会和政党等政治机构应推动政府去解决这样的问题,但它们在这方面的作用并不大。有三个原因可以说明这样的情况:

第一,国家和地方上的议员还没有具备成为"好"的政治家的条件。在印度尼西亚,长期处于受控制的等级政治制度中的人们面临了有充分的机会并能自由参与政治的冲击。自由确实促使整个社会阶层开展竞选,然而,这些议员所受的教育程度不高,所以并不能指望他们能很好地代表人民发挥作用。由此,马来西亚的霹雳(Perak)州政府颁布了一个新规定,即成为国会或参与选举的候选人的一个条件就是必须至少具有学士学位。教育程度对于印度尼西亚和马来西亚来说都很重要。

第二,揉和了比例和地区制的印度尼西亚选举制度以及马来西亚的简单多数制选举制限制了国会议员去表达民众的利益。政党依然可以确定参加议会竞选的候选人名单和各级行政职位。因而,对党忠诚比对人民群众忠诚就显得更为重要,另外,当选议员也经常会漠视人们的要求,这些就使政党寡头化进一步加剧。然而,为了公共利益,这种政党寡头势头必须要制止,这样才能确保协商民主的实施。

第三，议会等政治机构在当前的弱势主要与这样的情况有关，即印度尼西亚的新秩序统治中沿革下来的政治庇护行为或文化，以及马来西亚巫统依然在社会中居于主导。正如哈迪兹（Hadiz）所言，为了适应新政治制度的需要，新秩序中的政治文化已作了改变。他认为，在印度尼西亚新民主制度的政治机构中，占主导地位的是旧制度中的"掠夺性利益"，它并不以推动改革进程为目的。例如，政党在大选中继续利用暴徒、恐吓和金钱来动员群众并获得支持。如果是在过去，政府中的政党——专业集团党会通过操纵议会选举来满足它的利益，而现在的选举是由商人、政党掮客和政治候选人一起来举办。在马来西亚，侯赛因·阿拉塔斯（Syed Hussein Alatas）指出，虽然封建司法和行政体制随着19世纪后半叶马来半岛的现代化发展而逐步瓦解，但封建心理依然存在。在大多数马来社群中统治者与被统治者之间的关系由于心理上的保护需要而进一步加深，这种心理需要是希望自身的社群能在与经济上处于优势的华裔的竞争中获取利益。无一例外，巫统主席和总理充当了保护伞。不过，对于保护者的忠诚不只是封建心理的作用，正如在其他政治制度中，被保护者对保护者的忠诚是因为保护者可以提供待遇和地位，因而这种具有跟随心态的新封建文化是另一个普遍特征。

在这种情况下，社会中的学者、学生和妇女诟病了议会和其他政治机构的作用。他们批评议会成员违背自己的承诺而没有真正实现人们的愿望。人们开始对改革进程的缓慢和经济繁荣的迟迟没有到来表达了不满，他们要么直接参加反对团体组织的街头抗议活动以及在媒体上发表意见，要么在电视和互联网等公众和政府颇为关注的论坛上进行讨论。

总之，如果马来西亚和印尼相信协商民主体制，那么政党就会在有争议的腐败问题和敏感的宗教问题上进行有益的理性对话，以便解决这些问题并消解由这两个问题所带来的困难。当然，政党并不能以禁绝公共协商和言论自由来换取对这些问题的解决，他们应体现出最起码的社会责任感。正如瓦拉德斯（Jorge M. Valadez）等人认为的，协商民主是一种民主治理形式。因此，通过对话以及之后的执行和实施，这些问题可以解决，分歧也可以避免，最后双方能达成妥协。

国外政府创新的理论与实践及其对中国的启示

施雪华　曹丽媛[*]

【内容摘要】 随着20世纪80年代始于英国的"新公共管理运动"的开展,政府创新很快成为一项全球运动并取得了丰硕成果。这些实践成果的取得和公共行政领域的理论发展密切相关,可以说,公共行政理论与政府创新实践的演进脉络几乎是重合的。因此,对国外政府创新的理论背景和实践成果结合起来进行系统分析和研究,是我国政府创新过程中对国外政府创新成果不盲目引进,而是进行有选择地谨慎借鉴并根据中国国情加以创造性改造的重要前提。只有这样才能在学习与借鉴中收到良好的效果,加速中国政府的现代化进程。

【关键词】 国外;政府创新;理论背景;实践成果

---

[*] 施雪华:北京师范大学政治学与国际关系学院院长助理、二级教授、985教授、博士生导师、博士后合作导师,北京师范大学政治发展与政府创新研究中心主任、政党研究中心主任,教育部哲学社会科学重大项目攻关课题首席专家,教育部首批新世纪优秀人才计划入选者,北京市新世纪社科理论人才"百人工程"计划入选者。

曹丽媛:山东菏泽学院讲师,北京师范大学政治学与国际关系学院行政管理学博士。本文为施雪华主持的教育部哲学社会科学重大课题攻关项目《深化行政问责制度改革研究》研究成果之一,批准号:09JZD0033,国家社会科学基金重大项目子课题《用社会主义核心价值体系引领多样化社会思潮对策研究》的研究成果之一,课题批准号为:07&ZD035,教育部"学习宣传贯彻党的十七大精神和改革开放三十周年理论研究应急课题"《中国特色社会主义政治发展道路研究》的研究成果之一,课题批准号为:2008JYJ060,北京师范大学引进人才(学科带头人)科研启动基金项目《当代中国政治发展的战略与模式研究》的研究成果之一,课题批准号为:107021。

近年来，联合国一直致力于倡导和推动政府创新，从1999年首次与成员国共同举办"全球政府创新论坛"以来，共举行了七届论坛。政府创新已经成为世界范围内政治发展的一种普遍趋势。这种趋势对于中国政府创新既是一种挑战，也是一种机遇。一方面，中国政府可以自主创新，完全从自己的实践中创造和发明有关理论和实践，对别的国家可能有某些借鉴意义和启示价值；另一方面，中国政府可以在借鉴外国政府创新经验的基础上，对外国政府创新的理论和实践进行中国式改造，以使别国的政府创新适合中国国情，从而使创新得以中国化。在这样做的过程中，中国政府是有风险的。中国或者被全球政府创新浪潮所裹挟丧失其主动性，或者迎着浪潮顺流而上在借鉴中创新，成为政府创新领域的弄潮儿。显然，要避免前者而达成后者，重视对国外政府创新的理论和实践的分析与研究，明晰其中哪些是我们可以借鉴的，哪些可能不太适合中国国情，这将是中国政府创新成功的重要条件之一。

一、国外政府创新的理论背景

（一）新公共管理理论

在过去的30多年里，政府在工作中发生了一系列重大变化，政府体系以更有效地、灵活地提供公共服务为目标，对组织结构、管理方式等进行了显著的管理创新。这些创新产生了"新公共管理"运动。现在，新公共管理理论已经成为政治家、政策制定者和公共部门管理方面的学者专家的时髦话题。这种时髦主要是与长达百年历史的传统公共行政模式相比较而言的，更重要的是其显著的时代特征。"没有什么比一个好的理论更有用的，也没有什么比一个与时代不一致的理论更危险的。"① 这种带有深刻时代烙印的理论创新主要体现在以下几个方面：

一是对政府角色认识的创新。关于政府角色，最经典的莫过于亚当·斯密的"守夜人"政府。在很长一段历史中，"管的最少的政府就是最好的政府"成为西方国家塑造政府角色的首要标准。到了"二战"以后，为了满足飞速增长的社会福利需求，在凯恩斯主义的指导下政府职能大幅扩张，成为人们眼中的"巨物"。面对这个身形臃肿、行动迟缓的"巨物"，20世纪80年代，盎格鲁-撒克逊国家的政府在新保守主义指导下对政府进行了再造或者重塑。不管是发达国家还是发展中国家，政府计划和管理国家经济和社会事务的角色都在被重新评估。政府的主要职能应该是掌舵而不是划桨、政府应该做裁判员而不是运动员，成为定位政府职能的新标准。

二是对政府服务对象进行重新认识。新公共管理对政府提供公共产品和服务的对象进行了重新定义。他们不仅仅是被动接受公共服务的公民，更是主动提出需求并拥有选择权的"顾客"。虽然新公共管理理论将政府服务对象定位于"顾客"究竟是对公民含义的创新还是对公民本质的误读仍然存在争议，但是在经济领域企业发展欣欣向荣的背景下，将政府面对的公众定位为"顾客"是建立企业化政府的必然选择。只有这样才能将企业"顾客就是上帝"的服务理念位移并融合到政府之中，实现政府理念创新。

三是对行政组织结构进行重新思考。官僚制作为"最佳组织模型"是传统公共行政模式的核心，在工业社会时期为加强政府内部控制、提高政府对外部需求的反应起到了关键作用。但是，到了20世纪末期，"随着信息革命的到来，官僚制范式的有效性被对更具灵活性的组织需

---

① "New Governance and Public Administration: Towards a Dynamic Synthesis". The Honorable Jocelyne Bourgon, PC, OC, Distinguished Fellow, Centre for International Governance Innovation, President Emeritus, Canada School of Public Service, p. 17.

求所取代,这种组织应该可以适应全球竞争带来的深刻环境变化"①。传统官僚制中上级对下级的层层控制导致了沟通不便和信息流失与失真以及政府效率低下,更重要的是抑制了下级,尤其是一线管理者在面对紧急状况时的快速反应能力和创造力。因此,新公共管理理论指导下的行政改革将电子信息和通信技术应用于政府管理,通过政府电子化、信息化减少政府层级官僚制带来沟通不畅与政府低效,促进政府组织结构由"金字塔式"的等级制向网络化、扁平化发展,实现了政府组织结构的创新。

四是对政府公务员制度的创新。传统公共行政模式的首要原则是政治与行政的分开。按照二分法原则,政府组成人员被分为政务官和事务官,并针对事务官实行永久雇佣制。在传统社会向工业社会的转型过程中,这种制度有利于维持政府稳定,但也造成了他们因循守旧、不思进取的消极心理,这反过来影响了政府效率、阻碍了政府创新。新公共管理理论认为公务员不仅是"行政人",更是拥有自身利益要求的"经济人",因此,该理论主张借鉴企业先进的人力资源管理制度,引入竞争机制对公务员制度进行改造,政府工作人员,尤其是事务官不再是执行政务官命令和落实国家政策的"工具",而是充满理想、富有激情的创造者。

按照新公共管理理论进行的政府创新体现在政府改革的每一个细节当中,但是人们对新公共管理的定义却众说纷纭、莫衷一是。在经合组织最新的报告中,将新公共管理的内容归结为以下几点:政策制定与执行分开、在进行管理时赋予一线管理者更多的自主权("让管理者管理")、按照可测量的产出对执行部门进行操纵和控制并制定预算(绩效

---

① James P. Pfiffner, "Traditional Public Administration versus The New Public Management: Accountability versus Efficiency", Festschrift for Professor Klaus Konig of Speyer, Germany in *Institutionenwandel in Regierung und Verwaltung: Festschrift fur Klaus Konig*, Arthur Benz, HHeinrich Siedentopf, and Karl-Peter Sommermann (eds.), Berlin, Germany: Duncker & Humblot, 2004, pp. 443 – 454.

预算)、将准公共产品外包给市场。① 以上内容反映了新公共管理理论的本质,采取经济学理论来改革公共部门,引入市场机制以提高政府效率,增强政府对外部社会需求的回应性。新公共管理作为理论创新已经成为公共行政学在新时代背景下形成的一个新范式。

(二) 整体政府理论②

在新公共管理改革进行了 20 年后,盎格鲁-撒克逊国家政府,这些新公共管理改革的前沿阵地开始了一系列区别于新公共管理的创新性实践,并逐渐酝酿出一个新概念——整体政府。需要强调的是,整体政府的出现不是对新公共管理的否定,而是对新公共管理改革带来的负面影响的一种修正,这种修正在一定意义上也是一种理论创新。

一是强调政府的整体性。新公共管理改革中的分权等措施造成了政府的"碎片化"和部门之间频繁的"地盘之争"。"长达 20 年之久的新公共管理改革之后,在现代公共部门的第二轮改革中,改革的重点已经从结构性分权、机构裁减和设立单一职能的机构转向整体政府。"③ 新公共管理中的分权和权力下放使得"国家这艘大船已经变成一群小舰队"。整体政府的目标就是将这群小舰队变成"联合舰队",使整体大于部分之和。

二是借鉴别的学科的方法。与新公共管理改革以经济学的理论逻辑为指导不同,整体政府作为改革的次世代将试图采取更加全面的战略,使用其他社会科学领域的观点,而不仅仅是经济学的。"整体政府的概念并不是一组协调一致的理念和方法,最好把它看成是一个伞概念或伞术语(Umbrella Term),是希望解决公共部门和公共服务中日益严重的

---

① OECD: Public administration after "new public management", 2010, www.oecd.org/publishing/corrigenda.

② 源自日本语,即下一个时代,未来的时代。

③ Christensen, T. and P. Lægreid, "Rebalancing the State: Reregulation and the Reassertion of the Centre", in T. Christensen and P. Lægreid (eds.), *Autonomy and Regulation: Coping with Agencies in the Modern State*, Cheltenham: Edward Elgar, 2006b.

碎片化问题以及加强协调的一系列相关措施。"①

三是主张跨界合作以推进政府网络化治理。整体政府的本质是跨界合作，而跨界又有多种表现形式：同级政府部门之间、上下级政府之间、不同政策领域之间、公共部门和私人部门之间。而这种垂直、水平和内外之间的跨界合作的目标则是建立网络化治理新模式。整体政府通过网络化治理创新政府组织结构，相比于传统公共行政的层级制模式，它具有以下几点优势：（1）网络通过让政府探索由各种供应商参与的更大范围的选择方案，鼓励各种创新进程至关重要的试验模式；（2）通过平衡"精英"供应商的专门技术，网络也使政府专注于自身的核心使命；（3）网络能够增加灵活性。通过利用外部伙伴提供一项服务或完成一项任务，管理者可以在很短的时间内增加、减少或改变资源；（4）网络的分权和流动形式以及每个成员的自主性都允许在最有利于公民的水平上考虑决策。②

整体政府以其创新性的理念和组织结构指导着后新公共管理时代的改革实践，并在益格鲁－撒克逊诸国中取得了丰富的创新成果，这些成果能否发展出一个成熟的理论体系并在世界范围内推广也是值得我们继续关注的问题，但是可以确定的是整体政府代表新公共管理理论在新的历史背景下的发展趋势，是新公共管理改革的次世代。

（三）新公共服务理论

新公共服务是在批判新公共管理理论的基础上发展起来的，因此，其作为理论的创新主要体现在它与新公共管理理论的区别上。

一是对政府服务对象的重新定位。新公共管理引用市场术语将政府面对的服务对象称为"顾客"，新公共服务认为将服务对象视为顾

---

① Tom Christensen and Per Lægreid, "NPM and Beyond: The Second Generation of Reforms". Paper presented at the NASPAA (National Association of Schools of Public Affairs and Administration) annual conference "The Future of the Public Sector. Panel on 'The Effects of Globalization on Public Administration'", Minneapolis, October 19–21, 2006.

② 〔美〕斯蒂芬·戈德史密斯、威廉·D. 埃格斯：《网络化治理：公共部门的新形态》，孙迎春译，北京大学出版社 2008 年版，第 34 页。

客忽视了其作为公民应该具有的公民权利。"公民被描述为在一个更广大社区环境中权利的享有者和责任的承担者。顾客则不同,因为顾客并没有共同的目的,相反,他们试图使其自己的个人利益尽可能地充分实现。"① 因此,服务于公民而不是顾客才是政府提供优质服务的前提。

二是对政府公务员管理的再认识。新公共管理基于"经济人假设"强调政府公务员应具有企业家精神、关注产出和效率,而新公共服务认为,公务员应该关注的不仅仅是市场,还应该关注法令和宪法、社区价值观、政治规范、职业标准以及公民利益。公务员作为一个个体不仅是理性的"经济人",更是承担责任的"行政人"。"在新公共服务中,责任被广泛地界定为包含了一系列专业责任、法律责任、政治责任和民主责任……责任机制在民主政策中的最终目的在于确保政府对公民偏好和需要的回应。"② 因此,强调公务员的责任更有利于建立时刻对公民需求保持敏感性并作出快速回应的服务型政府。

此外,新公共服务理论作为后新公共管理时代最有可能取代新公共管理理论的范式,其理论创新还包括:追求公共利益、重视人而不只是重视生产率、服务而不是掌舵等。

二、国外政府创新的实践成果

理论和实践是相互促进的,理论指导实践、实践丰富理论。参照国外政府创新的理论背景,我们可以将国外政府的创新实践分为两个阶段:

---

① 〔美〕珍妮特·V. 登哈特、罗伯特·B. 登哈特:《新公共服务:服务,而不是掌舵》,丁煌译,中国人民大学出版社2010年版,第58页。
② 同上,第130页。

(一) 第一阶段（20世纪80年代初至90年代末）：以新公共管理理论为主导的实践创新

1. 西方发达国家的政府创新

新公共管理改革最早始于英国。首相撒切尔夫人将古典经济学家哈耶克的《自由宪章》作为指导改革的"宝典"，开始了一场声势浩大的"国退民进"的私有化改革。改革内容包括雷纳评审、财政管理新方案、"下几步"行动方案、"公民宪章"运动、为质量而竞争运动等。其中较有代表性、影响较大的有"下几步"行动方案、"公民宪章"运动、为质量而竞争运动。

美国的政府创新始于里根政府时期，主要是移植了英国撒切尔政府的改革模式。直到克林顿政府时期，美国政府改革才以"重塑政府运动"为名创造出了不同于英国的改革模式。在美国，政府改革也有自己的"宝典"，奥斯本和盖布勒所著的《改革政府》被总统克林顿视为改革的蓝图。1993年，克林顿政府成立重塑政府改革的领导机构——国家绩效评定委员会（National Performance Review，简称NPR），1998年改称国家重塑政府合作伙伴委员会（National Partnership for Reinventing Government，仍简称NPR），由副总统戈尔亲自领导，负责拟订政府改革方案。戈尔的改革思路与奥斯本和盖布勒的"企业化政府"改革方案如出一辙，其核心就是用企业精神改革政府运行机制和管理体制。戈尔副总统还发表了《国家绩效述评》，全面阐述重塑政府改革的思想和政策建议。

新西兰是新公共管理改革中的激进派，它的改革实践以其彻底性成为许多国家的"典范"。1984—1990年间，连续执政的工党政府推行了激烈的政府改革，具体措施有：国有企业私有化、政策制定与执行机构分开、绩效管理和产出控制、对公务员进行绩效评估和实行任期制等等。比较显著的是1988年颁布的《国家部门法》，它规定部门领导是"首席执行官"，由国家服务委员会按照固定期限的合同雇佣。这些首席执行官对雇佣本部门工作人员、管理本部门事务和议会对本部门拨款负全责。这项法律也在各部部长、作为部门领导的首席执行官和作为首席执行官雇主的国家服务委员会之间建立了三方关系。设置首席执行官是新西兰政府人事管理创新的重要内容。

加拿大政府在电子政府的互动以及使用电子政府增加公民收入和加强政府决策方面的创新领先于世界。加拿大首席信息官麦克·奥瑞指出,"2003年3月1日到4月底,超过一万的加拿大人参加了由加拿大政府组织的关于电子政府和服务转型的目标群体的调查。调查结果将有助于我们各方面的工作"①。澳大利亚政府早已实现了在线政府,建立了联络中心(Centrelink),利用互联网面向中下阶层提供各种政府救助服务的体系,与税务、卫生、医疗、社会保健等部门系统集成,与银行系统相连,实现共享信息。

2. 发展中国家的政府创新

与发达国家内生型政府创新不同,发展中国家进行政府创新的动力主要来自于外部,属于外源型政府创新,多数是在国际借贷组织及发达国家的压力下进行的新公共管理改革。因此,发展中国家政府创新的主要途径在于结合本国国情对西方政府创新理论和成果进行适应性考量和创造性运用。因地制宜是发展中国家政府创新的首要原则,结合本国的历史和传统文化进行的改革则是发展中国家政府创新的主要内容。

亚洲太平洋地区政府的典型特征是过度集权,这根植于殖民历史和传统社会结构。殖民地政府无一例外都是高度集权的,尤其是在人力资源管理和财政方面。② 由于担心分权会影响政府的政治权威,尤其是中央对地方控制力的减弱。因此,将中央政府的部分职能有选择地下放即功能性分权是亚洲国家政府创新的重要内容。菲律宾颁布《地方政府法》,将五个主要的政府公共服务部门——农业、卫生、公共工程、环境和自然资源以及社会福利部的项目交由地方政府。在中国香港地区,

---

① Paper presented at the Fifth Global Forum on Reinventing Government, November 3, 2003.

② Ian Scott, "Changing Concepts of Decentralisation: Old Public Administration and New Public Mangement in the Asian Contextasian", *Journal of Publlic Administration*, Vol. 18, No. 1, June 1996, p. 6.

功能性分权一定程度上发生在政府的预算和支出以及人力资源管理领域。"高估功能性分权的影响是不正确的，但是它可以为亚洲各国政府在吸取其他地方正统的公共行政实践经验的同时，提供一种实现分权优势的相对无风险的方式。"①

亚洲国家尤其是受中国封建帝制影响比较深的国家，官僚体系相对比较封闭。韩国政府创新的主要内容就是对其公务员制度的改革，通过向社会开放封闭的公务员系统，促使公务员制度现代化。1999年，韩国政府建立了"公开竞争职位制度"，用来招聘来自公共和私人部门的优秀人才。按照这个制度，政府每个部门都要选择大约20%的职位进行公开竞争，使得来自韩国社会其他部门具有新理念的人才加入公务员队伍。此外，韩国通过引进绩效工资制度解决公共部门的工资支付问题，用激励递增机制和绩效奖金来加强公务员之间的竞争。韩国公务员委员会主席Chang-hyun Cho教授指出，"针对公务员薪酬的改革的主要目标是缩小公私部门之间的差距，并理性化地重组薪酬结构。"② 其他亚洲国家也意识到雇佣最有才华的人，并通过持续训练提高他们技能的重要性。中国香港地区和新加坡在整个政府层面实施了积极的招募工作，通常支付与私人部门比较相对更具吸引力的报酬对公务员进行招聘和激励。新加坡政府承诺根据公务员的能力和职责，按照市场价格付给他们工资，以此来吸引和保留住政府需要的人才。因此，新加坡高级公务员的薪酬所得远高于国际水平。马来西亚尤其强调对表现优异的公务员进行奖励。鼓励公务员提高效率被视为与提供高质量服务的目标同等重要。在这个领域实施的措施之一就是公共服务创新奖，以鼓励公务员创新。

信息化浪潮席卷全球，不管是发达国家还是发展中国家，电子政府都是政府创新的主要内容。菲律宾的一个地方政府在2001年实施了"i-

---

① Anthony Cheung, *The Politics of Administrative Reforms in Hong Kong: Corporatisation of Public Services during the 1980s*, University of London, 1995.

② Paper presented at the Fifth Global Forum on Reinventing Government, Mexico City, November 3, 2003.

Government"（信息化政府），鼓励公民参与、拓宽获取信息的渠道，通过电子技术建设透明政府并实现共同治理。这个方案有四个原则：包容性、信息开放、参与互动和创新管理。政府网站向公民和所有访问者开放城市信息：所有的城市服务项目、政府官员信息、年度预算、城市条例以及详细的答复服务要求的时间表。公民可以通过手机发短信咨询问题并以最小的成本评估政府绩效。建设"i-Government"成功地提高了政府的透明度、促使公共服务提供的流程更加顺畅、拓宽了公民获取关键政府信息的渠道并增强了公民和民选官员的沟通。[①]

（二）第二阶段（20世纪90年代末至今）：后新公共管理时代的实践创新

在20世纪末期，新公共管理改革的负面影响开始显现，尤其是在最早实施改革的西方发达国家，机构碎片化、严重的部门主义等成为阻碍政府效率提高的主要因素。例如，在新西兰，激进的新公共管理改革使得新西兰仅仅350万人口却拥有了300多个独立中央机构和40个较小部门。政府机构的"碎片化"显而易见。[②] 因此，在英国、新西兰这些新公共管理改革的先锋国家中最早开启了探索政府创新的新时代。

1997年，同样是在英国，首相布莱尔提出构建协同政府（join-up government），开始了西方发达国家建立整体政府的实践创新。工党政府启动协同式政府创新的标志是1997年12月成立的社会排斥小组（全称是受社会排斥学生辅导小组）。该小组的任务是在消除贫困和匮乏的斗争中提出协同政策。另一个关键步骤是1998年2月创立的战略通讯小组，机构设置在唐宁街十号，由公务员与政府顾问（包括前新闻记者）支撑。它与信息部、各部部长的私人办公室以及唐宁街十号的新闻办公

[①] Gowher Rizvi, "Reinventing Government: Puting Democracy and Social Justice Back into the Discourse", 6th Global Forum on Reinventing Government towards Participatory and Transparent Governance, May 24 – 27, 2005, Seoul, Republic of Korea.

[②] Patrick Dunleavy, Helen Margetts, Simon Bastow, "New Public Management Is Dead—Long Live Digital-Era Governance", Advance Access Publication on September 8, 2005, p. 471.

室合作，协调安排政府发言的时间。在正常工作日，战略通讯小组每天通过 e-mail 向横跨部门的 140 人发送大约 150 份备忘录。① 此外，公共服务协议、建立联合预算、协调性地方机构、明确交叉职责以及整合不同的公共服务等等都是建立整体政府的实践内容。

  几乎与英国政府同步，澳大利亚实施了"整合政府"战略，为了提高领导的合作能力，由总理或内阁建立各种加强政府部门合作的新机构。实行"整体政府"的第一步就是在中央层级的总理内阁部成立了一个新"内阁执行处"，履行自上而下地设计一种体制，以增强政府机构之间的合作与协调任务。1997 年，澳大利亚又成立了一个"联络中心"（Centrelink）。通过这些新机构、"联络中心"网点和各种一站式服务中心，澳大利亚政府实现了为民众提供无缝隙公共服务的目的。

  新西兰政府也组织出版了 19 本著作来描述"整体政府"活动差异的典型案例。这些实践案例揭示了"整体政府"的一些基本特征与内容，如以顾客为导向的服务、各种相关机构及不同层级政府之间的整合、社区参与、适合地方和区域需要的服务定制、资源的有效使用、以公众的需要而不是以官僚制结构需要来设计服务方式等。

  不管新公共管理理论及其指导下的改革是否终结，整体政府的兴起、服务型政府建设的流行都说明后新公共管理时代已经来临。在这个时代，经历双重转型的发展中国家应该在借鉴西方发达国家新公共管理改革经验的同时，实现向后新公共管理时代的跨越。例如，墨西哥福克斯政府通过缩小政府规模减少政府内部支出，但是在裁减中央政府机构人员的同时，福克斯政府将"……为墨西哥社会直接提供服务的公务人员的数量，例如教师、护士、医生和警察"增加了 16%②。墨西哥作为发展中国家在按照新公共管理的基本原则建设"花费更少的政府"的基础上，通过增加提供公共服务一线人员的数量来建设服务型政府。可见，后新公共管理时代对发展中国家是一个机遇与挑战并存的时代。

---

 ① Dennies kavanagh, David Richards, "Departmentalism and Joined-up Government—Back to Future", *Parliamentary Affairs*, 2001, p. 54, 15.

 ② President Vicente Fox, State of the Nation Report, Mexico City, September 1, 2003.

三、国外政府创新理论与实践对中国的启示

私人部门的创新是源源不断的,这是因为私人部门以更多的经济效益和更大的市场份额作为其创新动力,所以,私人部门更倾向于重视、提升和投资于创新活动。而公共部门的情况则与此截然相反,没有经济利益为驱动,更多的是一种自觉行为,而且是一种对自己现有行为的一种自我改变。因此,创新并非易事,公共部门的创新更是难上加难,这需要领导者具有丰富想象力和极大勇气,以及实践者们持之以恒的探索。目前,政府创新已经成为世界的大趋势,不仅为中国政府创新提供了可以借鉴的成果,更重要的是外部国际环境也日益成为中国政府创新的强大压力和动力。[①]

(一)正确认识政府创新的内涵,避免新瓶装旧酒

新公共管理理论作为一个新范式是否取代了传统公共行政范式一直是一个饱受争议的问题,这是因为新公共管理的核心——引入市场机制并采取企业先进的管理技术——也是传统公共行政范式中的核心内容,例如泰勒的科学管理。整体政府也是如此,"……整体政府的发展是否是新的,因为它提出了协调这个老问题,并且实际上整体政府的一些要素已经在英国和加拿大存在了一段时间"[②]。可见,政府理论的创新总是给人以似曾相识的错觉,并导致一些国家的政府实践"创新"只是新瓶装旧酒。这些都是因为对政府创新的内涵认识不清造成的。

创新(innovation)起源于拉丁语,它不仅有创造新事物的含义,也

---

① 张红军:《政府改革与政府创新——关于政府创新的内涵、动力及路径分析》,载《中共山西省委党校学报》,2007年第6期。

② Tom Christensen and Per Lægreid, "NPM and Beyond: The Second Generation of Reforms". Paper presented at the NASPAA (National Association of Schools of Public Affairs and Administration) annual conference "The Future of the Public Sector. Panel on 'The Effects of Globalization on Public Adminsitration'", Minneapolis, October 19 – 21, 2006.

有更新和改变的意思。"创新不是随心所欲，不是标新立异，也不是标语口号。创新就是变旧为新，就是增量改革，就是与时俱进。"① 因此，政府创新不仅指政府对信息社会中新生技术的运用以及产生的适应社会需求的全新理念，也包括对政府过去行之有效的方法和手段在全新的社会背景下进行的更新和改变。"一个中肯的问题是整体政府的方法是否真的是新的……然而，认为这种方法已经经过重新的调整并且变得更加全面的看法是正确的。"② 所以，中国作为发展中国家在引进西方创新的政府理论时，应理清理论发展的脉络，通过对理论的"前世今生"进行历史考察，弄清理论创新究竟"新"在何处，以避免在实践中出现新瓶装旧酒的现象。

（二）正确认识政府创新的本质，明确政府创新的目标

历史以一种循环的方式发展——一段时间的集权化后是分权，专业化紧接着的是合作，强调公共活动的经济方面后开始突出非经济方面的价值。③ 政府理论的演进过程更像是一个钟摆，不断地在公平和效率之间来回摆动。所以，无论是何种理论和实践的创新都是万变不离其宗的，都是公共权力机关为了实现公平和效率而进行的创造性改革。而政府创新只是实现目标的手段，不是目标本身。"新治理的基本要素之一是善政（直译为良好的政府）。这个政府与社会紧密相连，聆听公众声音，遵从法治、诚实、透明、高效的原则，最重要的是，这个政府意识到自己的职责是推动人类和社会的发展，实现公平、正义和繁荣。"④

---

① 谢庆奎：《论政府创新》，载《吉林大学社会科学学报》，2005年第1期。
② Tom Christensen and Per Lægreid, "NPM and Beyond: The Second Generation of Reforms". Paper presented at the NASPAA (National Association of Schools of Public Affairs and Administration) annual conference "The Future of the Public Sector. Panel on 'The Effects of Globalization on Public Adminsitration'", Minneapolis, October 19-21, 2006.
③ Tom Cristensen, Amund Lie and Per Lægreide, "Beyond New Public Management: Agencification and Regulatory Reform in Norway", *Financial Accountability & Management*, Vol. 24, No. 1, February 2008, pp. 15-30.
④ State of the Nation Report to Congress, Mexico City, 9/1/2003.

（三）正确认识政府创新的主体，加强公共部门人力资源建设

在政府的改革和创新中维护最高领导层的政治权威是很重要的，部长和高级公务员对政府创新的认同是政府创新成功的前提。高层的政治支持（包括首相、总统和内阁）以及改革过程中行政首长的支持都是政府创新取得成功的关键。在英国、马来西亚、新加坡和新西兰的政府改革和创新的成功案例中，高层的政治驱动是其共同特征。在任何公共管理改革运动中，领导者的作用都是至关重要的，他们的政治决断力和能力甚至决定着改革的命运。从这个意义上讲，选拔和培养一批具有改革创新精神和公共责任感的高素质官员队伍成为政府创新的主体是政府创新成功的前提条件。

创新不仅会为社会带来极大效益，也会为社会带来风险并损失。创新活动的这种双重性，要求政府必须建立一套有效的激励机制，给创新者以人力、物力、信息和政策的保证，形成足够强大的激励力量，激发人们创新的积极性；同时也尽可能降低人们为创新所承担的风险，支持敢于冒险的创新者并对为社会作出重大贡献的创新者进行奖励。截至目前，全球有多个国家创办了激励政府创新的奖项，这一活动始于1986年肯尼迪政府学院创立的"美国政府创新奖"。在美国影响下其他国家也创立了类似奖项。例如，巴西的"公共管理与公民参与奖"、墨西哥的"地方政府与管理奖"、菲律宾的"优秀地方奖"、南非的"创新奖"以及中国的"中国地方政府创新奖"。这些奖项对促进政府创新起到了很大作用，但是这些奖项大部分属于非官方或者半官方性质，是站在第三方的角度对政府创新的程度和所取得的社会效益进行的评估，虽然比较客观但是作用有限。因此，激励政府创新的下一步应该是将这种激励方式转化为政府内部人力资源管理的重要内容。

建立激励创新的公共部门人力资源管理机制，不仅要在公共部门人力资源招聘时重视其是否具备创新潜质并对在职人员加强培训，不断更新观念、知识、技能，使其行政能力和创新能力不断得到提升和发展；也需要建立内部激励机制鼓励公共部门人员的创新，从而将创新人才的

引进、培养和激励贯穿于公共部门人力资源管理的整个流程之中。

(四) 正确认识政府创新的意义，推动整个社会的变革

政府不仅是正在发生的国家和国际变化的一部分，它也应该是变化的前沿。政府作为国家政治权力的实际执行者，是政治经济制度的建立者和各种法规政策的制定者。因此，政府改革和创新对推动整个社会的变革具有重大意义。政府应当是社会创新的表率和核心。

在过去20多年来，美国各级政府在全球化、市场化和信息化浪潮的推动下，在成熟的制度框架中进行了诸多创新。在美国学者看来，这些创新虽然不是对整个体制进行重大修改的政治创新，而是以提高现有制度运行效果为目标的公共创新，但是其最终归宿则是加强民主治理体制。① 同样，中国的政府创新作为政治体制改革的重要内容，对推动政治体制改革，提高党和政府的执政能力，推进社会主义民主政治和政治文明建设，实现经济、社会、政治的协调发展和整个社会的全面进步起到重要作用。

(五) 正确认识政府创新的背景，有选择地谨慎借鉴外国的经验

从外国政府的创新理论和实践中，我们不难看出，每个国家的政府创新的历史背景和主要任务是有所不同的，那些根据本国国情来选择政府创新的理论依据和实践措施的，大多会成功，而那些盲目跟风，不顾本国的历史背景和主要任务，不加选择地移植和照搬别国政府创新的理论和实践，常常是失败或至少是夹生的。从20世纪80年代到90年代，在那个"发展是硬道理"的年代中国政府创新首先实行"拿来主义"也是可以理解的。但自21世纪初以来，中国进入了"科学发展"时代，政府创新从理论到实践，不能再盲目跟风和拿来主义了，需要我们在借鉴别国政府创新的理论和实践时应谨慎选择：哪些国家我们可以直接拿

---

① 杨雪冬：《美国政府如何创新》，载《瞭望东方周刊》，2008年6月。

来用，哪些必须经过改造后拿来用，哪些并不适合我们国家的国情不能用，哪些并不适合我们国家的当下国情不能马上用或许以后可以用，都要认真加以考量。然后，结合我国政府的历史传统及其环境的现状和目前要解决的主要任务，对外国政府创新理论和实践加以选择，并谨慎地运用于中国政府创新的理论和实践中，在理论引导下对组织结构进行改革的同时，辅之以理念创新、职能重新定位以及管理方式方法和技术的更新和改变。只有这样才能在学习与借鉴中收到良好的效果，加速中国政府的现代化进程。

民主化进程中中国城乡居民的政治效能感研究

李蓉蓉[*]

【内容摘要】 本文从中国公民政治效能感的视角，采用定量分析的方法对我国城乡居民的这种政治态度进行测量和分析，由此得出中国公民政治效能感的形态，推出中国民主政治的发展进程。

【关键词】 民主化进程；政治效能感；城乡居民

20世纪80年代，随着民主化的"第三次浪潮"，民主政治成为一种世界性进程[①]，中国也不例外。自从1949年解放以来，中国就一直朝着民主政治的目标发展，对民主的探索经历了旧民主主义革命、新民主主义革命、社会主义革命到社会主义建设四个发展阶段，最终确立了"建设社会主义民主国家"的重要目标。[②] 这就预示着中国的民主化道路与西方国家有着本质不同，不再单纯以选举和竞争作为判断民主国家的唯一标准，而将人民当家作主作为社会主义民主的本质体现，由此展开党内民主、法治民主、协商民主、基层民主，成为"中国式民主"的主要

---

[*] 李蓉蓉：山西大学政治与公共管理学院副教授。
[①] 燕继荣：《民主之困局与出路——对中国政治改革经验的反思》，见高建、佟德志编：《中国式民主》，天津人民出版社2010年版，第116页。
[②] 高建、佟德志编：《中国式民主》，天津人民出版社2010年版，第3页。

表现。其中基层民主建设，是"中国式民主"的一大亮点，有学者认为，村民自治是中国民主政治最为生动，也是最具活力的重要组成部分，作为人民民主的重要实践，村民自治充分体现了人民当家作主的基本理念，创造了丰富多样的民主形式。①

伴随"中国式民主"观点的出现，也引发了学界的讨论，有相当一部分学者不同意中国式民主的说法，认为中国的民主根本不符合西方民主的标准，因此也难以以民主国家立足。界定中国是否进入民主国家的行列，一方面有待于专家学者的理论评说，另一方面也可从民众政治心理的视角审视、检验中国式民主的成果和不足。不管是西式民主，还是中式民主，或者民主的程度最终都会沉淀在民众的心理层面，尤其是民众的态度中，因此研究民众的政治态度不仅可以审视中国式民主存在与否，也可以验证其发展的程度。政治态度最为集中的表现就是民众的政治效能感，将这一态度的测量放到中国民主政治发展最为集中的两个区域，乡村和社区进行，不失为最好的选择。

本文就是从中国公民政治效能感的视角，采用定量分析的方法对我国城乡居民的这种政治态度进行测量和分析，由此得出中国公民政治效能感的形态，推出中国民主政治的发展进程。

一、政治效能感的中国意涵

严格意义上说，政治效能感是西方政治学研究的"舶来品"，而且是西方民主制度研究的产物，但是把这样一个政治概念放到中国政治中，如何"嫁接"和运用是一个关键问题。

（一）政治效能感的基本含义

自1954年，"政治效能感"（sense of political efficacy）或者"政治

---

① 高建、佟德志编：《中国式民主》，天津人民出版社2010年版，第5页。

比较视野下的中国政治
民主化进程中中国城乡居民的政治效能感研究

功效意识"就成为西方政治学研究中频繁出现的词汇,在历时半个多世纪的研究中,先后有坎贝尔的"感觉说"、阿尔蒙德的"能力说",又有伊斯顿的"形成说"。这些观点无疑为我们认识政治效能感提供了学理基础。

坎贝尔(Campbell)认为,政治效能感是"个别政治行动对于政治过程确实有或能够有所影响的感觉,也是值得个人去实践其公民责任的感觉。是公民感受到政治与社会的改变是可能的,并且可以在这种改变中扮演一定的角色的感觉"①。坎贝尔的"感觉说"奠定了政治效能感的基本性质,即心理性——感觉。同时说明在政治场域下的公民对政治过程有所改变和有所影响的感觉,又道出了"政治事务的可变性"是政治效能感的核心本质。除此之外,他还非常清楚地表明这一感觉是公民责任的表现。然而,在这个界定中,也存在不严谨之处,第一,"感觉"一词运用得不妥,感觉只是心理活动的初级阶段,而政治效能感是一个比较复杂的心理活动,它是在感觉、知觉、分析,最后判断这一系列心理活动的基础上形成的一种特殊态度。第二,界定中只反映出政治事务的可变性,没有包括政治效能感中应有的"政治事务的可理解性和政治手段的可获得性"的内容。因此,有窄化政治效能感的嫌疑。

阿尔蒙德的"能力说"是从公民影响政府精英的角度提出的,其对政治效能感的表述是"主观能力"。他说,主观能力就是"普通人对他所具有的影响的知觉"②,并进一步论述,"设想自己能够影响政府,或者,甚至尝试影响政府,与实际上影响政府是两码事"③。由此可见,阿尔蒙德的"能力说"强调政治效能感是个体内在的主观心理状态,并不是外在的行为表现,这就进一步确定了政治效能感的属性。另外,他说明这种主观心理状态主要是公民影响政府精英和政府决策的能力。不仅

---

① Angus Campbell, Gerald Gurin, Warren E. Miller, *The Voter Decides*, Row, Peterson and Company, 1954, p. 187.
② 〔美〕加布里埃尔·A. 阿尔蒙德、西德尼·维巴:《公民文化——五个国家的政治态度和民主制》,徐湘林等译,东方出版社2008年版,第145页。
③ 同上,第232页。

如此，阿尔蒙德在文中也隐约表明了政治效能感的另一层表现，即"行政能力感"，"公民个人期望从政府行政官员那里得到怎样的对待"①。虽然行政能力感是阿尔蒙德用以描述"臣民能力"的主要特征，但是却说明了两个基本观点，其一，主观能力包括行政能力感；其二，行政能力感更多属于臣民表现。非常有趣的是，阿尔蒙德的这一隐晦研究却与后期莱恩的研究有了不谋而合之意。

伊斯顿对于政治效能感的研究认定为"形成说"，是因为他是从政治社会化的角度研究孩童政治效能感的形成过程，清晰刻画了个体政治效能感形成的路径、阶段和表现形式。伊斯顿指出，作为一个概念，政治效能感可以表现为三个并不完全独立的形态，即作为规范的政治效能感、作为心理感觉的政治效能感和作为一种行为的政治效能感。作为规范的政治效能感是指民主国家的成员应该对政治系统有所影响，这种政治效能感在孩童8岁时就已经形成；作为心理感觉的政治效能感是指公民具有能够影响政治系统的自信，并且指出作为心理感觉的政治效能感是一种复杂的、相互交织的感觉，这种复杂交织的感觉包括较高的自我政治能力认同，即个体必须有自己可以影响官员政治世界的"地图"；而作为政治倾向则是个体具有了影响政治决策的行为倾向，这就可能产生行为，也可能没有产生行为。② 伊斯顿的"形成说"无疑将政治效能感在美国儿童中的发展过程作了较为清晰的说明，然而，却仍未能对政治效能感有一个非常明确的界定。因此，可以说西方学者在对政治效能感的解释和界定中存在"工具性"倾向，这也是导致后期研究难以统一的缘由之一。

综合以上观点，在吸取西方学者合理观点的基础上，给予政治效能感比较恰当和合适的界定显然至关重要。

---

① 〔美〕加布里埃尔·A. 阿尔蒙德、西德尼·维巴：《公民文化——五个国家的政治态度和民主制》，徐湘林等译，东方出版社2008年版，第232页；David Easton and Jack Dennis, "The Child's Acquisition of Regime Norms: Political Efficacy", *The American Political Science Review*, Vol. 61, No. 1, 1967, pp. 25–26.

② 同上。

政治效能感是个体对自身政治影响力的主观知觉，它是对自我政治能力所形成的比较稳定的、带有评价性的倾向。

在这个概念中，包含了以下几层含义：

第一，政治效能感是一种主观知觉，强调其心理内隐性和主观判断性。也就是说，这一政治现象并非外在行为，也非客观发生，而是主体的自我感知。

第二，政治效能感是个体针对政治系统发生的。一般认为，相对于公民而言，政治系统多指以政府和精英为核心的政治元素综合体，即包括政府、官员、制度、政策在内的政治系统。

第三，政治效能感是个体关于自身政治影响力的感知和评价，它属于态度范畴，是一种特殊的自我认知态度。因此，它是公民个体与政治系统相互作用基础上所形成的一种带有自我评价在内的特殊态度。

第四，政治效能感这种主观感知中包含两个方面，一是公民于政治系统的影响，二是政治系统对于公民的反应，这样两种成分才可以完整构成政治效能感。而且在这样的表述中，也包含了公民对于政治系统的输入，即影响、控制乃至改变，同时也包含了政治系统对于公民的输出，即重视与回应。在一个良好的民主政治体系中，输出与输入相互平衡，即公民输入是积极的、良好的，政府输出也是及时的、有效的，这样的结果，公民体现的是"公民能力"而非臣民能力；而表现为强输入，弱输出，则可能形成暴民政治；如果是弱输入，强输出，则有可能是集权政治或者是威权政治，公民体现的则是一个臣民文化；若两者均不好，则是一个村民文化状态。

（二）政治效能感的中国解读

政治效能感虽然是一个政治心理学概念，但与中国政治文化相结合，可以拥有新的内涵和意义。首先，政治效能感是人民当家作主在心理层面的体现。人民当家作主是我国社会主义民主政治的本质，人民当家作主其实就是公民民主权利的落实，具体包括，知情权、话语权和参与权，这就体现了公民试图可以或者可能改变政府决策的意图，落实到个体自知的心理层面可以分为：熟悉和了解政策，这是知情权的体现；影响相关政治精英和政治体系主要表现为话语权和参与权。

其次，中国公民政治效能感也表现出内在与外在的区隔。通过初步测试，我们发现内在、外在政治效能感相关系数为 0.48，是一种弱相关，说明这两种政治效能感可以独立存在，也就形成了内在政治效能感和外在政治效能感两个维度。

除此之外，中国公民政治效能感有着鲜明的类型学特征。从内在政治效能感角度看分为两种：了解型内在政治效能感，这是一种比较低级的政治效能感类型，具有这种类型的内在政治效能感表现为对政治信息了解，熟悉，是进入政治系统的准备阶段；另外一种是影响型内在政治效能感，这种类型的内在政治效能感主要体现为民众自知对政治系统有影响力，这是高一级的内在政治效能感。按照李克特原理，高一级的内在政治效能感涵盖了低一级的政治效能感。对于外在政治效能感而言，民众自知政治系统对于他们的要求是重视的，这是一种重视型的外在政治效能感，也是较低级的外在政治效能感；而如果民众觉得政治系统对于其要求是回应的，则是回应型外在政治效能感，这种外在政治效能感是高一级的政治效能感，同样涵盖低一级的外在政治效能感。

二、政治效能感的价值和作用

政治效能感并不是一个简单政治心理概念，其功用不仅指向公共政治生活，而且也对公民个体政治行为产生较大作用。

（一）政治效能感对公共政治生活的价值

1. 政治效能感是衡量民众与政府关系的心理标尺

由于政治效能感的间接对象是政治体系，是与政治体系关联的心理映射，所以，如果一个个体觉得自己与政治体系有着较密切的关系，其就会在心理上觉得自己是可以和政治体系有关系的，对其是可以有所改变的，是可以有所影响的；反之，当个体认为自己与政治体系关系是疏离的，那么，心理就会觉得自己是无法接触到政治体系，就更不要说改变和影响了。其实政治效能感这一政治心理学概念，尽管不是现实中公民与政治体系关系的真实写照，却是现实写照在心理的投影和沉积，是公民形成的与政府关系亲近与疏离的反映。

2. 政治效能感是衡量一个国家民主政治程度的坐标

政治效能感最大的价值在于它是对民主制度下公民是否具备相应心理取向的一种测度，由此也成为衡量民主制度的重要指标。民主制度的一个重要指向就是民众自认为他们与政府的关系是密切的，他们具有控制和影响政府的能力。这种公民与政府"亲密"的感觉是一个国家政治合法性的基础，是民众与政府平衡关系的反映。反之，民众政治效能感低下，则反映出民众与政府之间的关系是疏离的、不信任的，这样政权的合法性就很难建立。所以台湾学者黄兴豪就指出，"政治效能感之所以重要，是因为其是民众评价政府与个人本身政治能力的重要依据"[①]。

作为一个重要政治态度，政治效能感也是民主制度运作中不可或缺的要素之一。参与民主理论的代表人物佩特曼就认为，直接参与之所以成为可能，是因为在参与中能培养出公民较强的政治效能感，使其具备公民社会中应具备的能力和素养，因此参与就具有了教育功能。对于很多推崇英美民主体制的人来说，他们也发现英美民主制之所以比较稳定，是因为在公民政治社会化过程中以及在其制度设计上，政治效能感起到了"平衡作用"。这种平衡作用体现在以下两个方面：第一，在政治效能感内部要素之间也形成了一种平衡关系，政治效能感是一个生成的、综合的系统，其随着政治社会化的过程逐渐形成"规范"、"感觉"和"行为"，规范是认为自己应该，而感觉是能够，这两个要素是在政治系统需要的时候才会转化为行为。具有政治效能感的公民，由于具有了应该和能够影响政府的规范，在政府决策有损于自己利益的时候，就

---

① 黄兴豪：《台湾民众政治功效意识的持续与变迁》，载《台湾民主季刊》，2006 年第 2 期，第 114—147 页。

可能转化为控制的行为，导致政府对于相关决策的考虑和回应；而当政府以及决策与己无关的时候，政治效能感就存在于公民的感知层面，不一定转化为行为。这就使得公民与政府之间产生一种平衡关系。第二，在现实民主政治的运作中也体现了相应的平衡。因为在一个政治体系中，具有较高政治效能感的民众毕竟是少数，而大多数人的政治效能感处于中等水平，还有相当一部分民众的政治疏离感会较高，这样对于政治系统来说，大部分顺从的民众以及具有中等政治效能感的民众与较高政治效能感的民众就形成一种相互制约、相互牵制的状态。

3. 政治效能感是公民精神重要的组成成分

亚里士多德明确提出："即使是完善的法制，而且为全体公民所赞同，要是公民们的情操尚未习俗和教化陶冶而符合于政体的基本宗旨是终究不行的。"① 由此可见，在一个国家中，政治制度的正常运作不仅需要相应体制的完善，也需要相应的民众情操。对于任何一个民主制国家，公民精神是支撑和催生民主体制的重要因素。

所谓公民精神其实就是公民具有参与政治生活的基本素养和能力的总和，它既包括对基本公共生活认知以及妥协和宽容的精神，更包括在具体政治生活中应具有的协商能力、批判能力，然而，这些要素的基本内容亦是政治效能感的心理层次基本意涵的反映。阿尔蒙德就认为，民主制下公民所具有的民主性格应该包括积极的政治认知、对本国政治系统的自豪感以及较强的政治效能感和参与意识，其中政治效能感由于其稳定性和持久性的特点成为公民民主性格的重要因素。约翰·斯图亚特·密尔也认为，代议制之所以成为一个好政府是因为它激发了社会中最有智慧的成员的个人才智和美德，使其可以直接对政府施加影响。而公民具有的才智和美德就包括"参与过程中逐渐积累起来的心理益处"②的政治效能感。科恩在论及民主的条件时提出民主的心理条件是指社会成员实行民主时必须具有的性格特点和思想习惯，这些性格特点和思想

---

① 〔古希腊〕亚里士多德：《政治学》，吴寿彭译，商务印书馆1965年版，第281页。
② 〔美〕J. 科恩：《论民主》，聂崇信、朱秀贤译，商务印书馆1988年版，第28页。
〔英〕J. S. 密尔：《代议制政府》，汪瑄译，商务印书馆1982年版，第72页。

习惯主要包括相信错误难免、持批判态度、愿意妥协、要有信心等要素。① 这些要素成立的基础就是公民必须具备自认为有能力去批判、包容的心理倾向，也就是说他认为自己是有能力参与政治生活并且可以把握政治生活的。

（二）政治效能感对于公民个体的作用

心理学理论认为，自我效能感在人类行为中的作用主要有：认知过程、选择过程、动机过程和情感过程。② 体现在政治活动中，政治效能感同样具有这样的作用。然而，在政治活动中，对于公民个体而言，上述作用更多地体现为：

1. 政治效能感能够满足个体控制政治环境的需要

阿尔蒙德认为，"在世界所有新兴国家中，普通人与政治是有关的。"③ 这就说明在现代政治生活中，每一位公民，都有了解和控制政治环境的需要，这种控制不仅体现在对政治信息的选择上，还体现在对政治目标的认知以及对政治活动的处理上。由于政治效能感是公民对自身政治能力的感知，所以，具有较高政治效能感的个体就会主动选择政治信息来指导自己确定参与影响的目标，这就是对政治目标的认知，进而运用在政治活动的处理上，形成对政治环境的了解和把握，成为政治世界的主人。反之，政治效能感较低的个人，则体现出对政治信息的漠视和政治目标的疏离，由此对政治活动产生逃避。

2. 政治效能感可以转化为个体政治行为的动机

尽管政治效能感是一个态度变量，但是，由于其具有心理预期的作用，便具有了朝向政治目标努力的倾向，成为拉动个体产生政治行为的动机因素。政治效能感高的个体，往往对自己参与政治以及相应的政治系统具有较高的预期，因此这种预期成为一种推动力使得个体朝着自己

---

① 郭本禹等：《自我效能理论及其应用》，上海教育出版社2008年版，第338页。
② 〔美〕加布里埃尔·A.阿尔蒙德、西德尼·维巴：《公民文化——五个国家的政治态度和民主制》，徐湘林等译，东方出版社2008年版，第4页。
③ 同上。

的目标前进,所以就会自觉地关注政治信息,参与政治活动。而那些政治效能感低的个体,由于对自己参与政治以及政治系统无任何心理预期,因此也就不会产生行为的冲动。

三、中国城乡居民政治效能感的表现形态

为了真切了解中国城乡居民政治效能感的真实情况,笔者选取山西省晋中、晋南的几个乡村的 402 名村民作为研究对象,也选取了太原市四个社区的 301 名居民进行调查,试图了解在进行了近 30 年的基层民主建设后,村民与居民政治效能感的现状。

(一)城乡居民政治效能感总体水平为中等偏低

经统计,村民的政治效能感水平低于均值($\bar{x}=2.382<2.5$),而市民的政治效能感也低于均值($\bar{x}=2.4940<2.5$),但略高于村民。说明城乡居民的政治效能感水平总体偏低。那就是说村民和市民均感到他们影响政治系统的能力并不强,同时,他们也不认为政府能够很好地重视和回应他们的要求。相对来说,城乡居民与政治系统的关系并不紧密。

为了对这个问题有更深入的分析,我们进一步考察了村民与市民的内、外在政治效能感。我们发现,在内在政治效能感方面,村民要高于市民,即($\bar{x}_{村}=2.442>\bar{x}_{市}=2.4396$),这一结果说明,乡村民众的自觉政治能力要高于市民,这或许与近 30 年的乡村基层民主选举密切相关。乡村选举是我国基层民主建设的重要阵地,村民从经济独立到政治上自主选举自己的管理者,不仅需要制度上的支撑,更需要村民具备相应的能力和素质,村民如果能够感觉自己能够影响选举与村级事务,那么,对于乡村政治民主则能起到监督和促进作用。而对于市民而言,由于我国社区选举相对滞后,而且社区选举的形式以及规模在很大程度上受到已有行政体制的束缚,街道组织会干预插手社区选举,带有很大的操控性,再加之社区居民有相当一部分受单位管制,不受社区居民委员会的

管理，因此，居民并不是很在意社区选举，所以也就不会觉得自己有多大影响力。

而在外在政治效能感方面，市民要高于村民，即（$\bar{x}_{市} = 2.5465 > \bar{x}_{村} = 2.308$）。这或许说明，市民认为在政治系统中，社区居委会和政府更加重要，他们对政治生活的掌控远高于市民自身的政治影响力。如果用阿尔蒙德的观点分析，外在政治效能感高的民众还是接近臣民，而非公民，对于一个高度动员型社会，政府的作用是最为强大的，这与中国现实政治密切相关。

（二）在相比较政府与村委会、居委会的政治效能感评价中，城乡居民均表现出对村委会和居委会的政治效能感高于政府

在对村民与市民的问卷调查中，我们设计了针对村委会与居委会的内外政治效能感的问卷，也设计了针对村级或社区层级以上政府及其官员的内外在政治效能感问卷。研究发现，城乡居民均认为对居委会和村委会影响力要高于政府。

然而，进一步考量，发现村民的乡村内在政治效能感主要体现在了解型内在政治效能感上，属于低级内在政治效能感，而在影响型内在政治效能感上面，村民和市民的差距不大（$\bar{x}_{村} = 2.2194 < \bar{x}_{市} = 2.2680$）。这充分说明在中国乡村基层民主建设的发展，村民在了解乡村规范，以及相关的选举条例和程序上有了明显提升。但是，在试图影响选举结果以及说服村委干部上，却认为自己的能力非常有限，这里面蕴含了两个问题：第一，一般来讲，民众的了解型内在政治效能感提高了以后，应该推进影响型政治效能感的发展。而中国村民的内在政治效能感似乎就在了解型内在政治效能感上停滞了，这其中的原因是什么？第二，这种状态的内在政治效能感会在多大程度上影响村民的政治参与和民主政治？

而对于市民而言，问卷得出的结论是：市民的了解型内在政治效能感低于村民，在影响型内在政治效能感上稍高于村民，但并没有多少提

高。市民的了解型内在政治效能感低于村民,再一次说明在社区选举以及对于相应规范的了解,市民不关心,或者对于大多数市民来讲,社区工作根本可有可无。在调研中,市民的说法也似乎证明了这一点。

在谈及其对社区政治事务的了解时:

> 其中一位说道:"平时根本没有时间去关注社区的选举什么的,工作时间也非常规律,下班后回家,在看看孩子的学习情况后就马上去睡觉了。再说,社区有什么好关注的,都是老头、老太太们……"

在外在政治效能感方面,市民不管是对于居委会还是中央政府方面,均高于村民。在低层级的重视型外在政治效能感方面,市民高于村民($\bar{x}_{市}=2.6567 > \bar{x}_{村}=2.4279$);在高层级的回应型外在政治效能感方面,市民也高于村民($\bar{x}_{市}=2.5698 > \bar{x}_{村}=2.4154$)。对于政府级别的外在政治效能感方面,重视型外在政治效能感,市民大大高于村民($\bar{x}_{市}=2.7 > \bar{x}_{村}=2.1341$),在回应型外在政治效能感方面,市民稍高于村民($\bar{x}_{市}=2.2807 > \bar{x}_{村}=2.1144$)。市民的外在政治效能高,说明市民比村民更能感知到社区居委会以及中央政府的做法,信息顺畅,也更能说明市民对居委会以及政府的依赖感强于村民,这种情形也说明市民的臣民意识高于村民。

相比较而言,村民对于政府级的外在政治效能感就显得比较低,均没有比乡村政府高。从现实角度讲,村民可能认为,乡村政府更重视他们的问题,并能及时回应他们的问题,因为他们的生活与村委会和村干部的关系更为密切。

(三)从人口学角度讲,男女性别在内、外在政治效能感方面均表现出显著差异

男女在政治活动和政治态度上有无差别是反映政治是否平等的一个

重要指标。在政治效能感方面，内外在政治效能感均表现出性别显著差异（参见表1）。

表1 村民与市民政治效能感的性别差异

公民类型	性别	样本数	平均值	标准差	t 值	P
村民	男	234	2.4941	.49386	5.434	.000**
	女	168	2.2265	.47706		
市民	男	129	2.4593	.54585	8.936	.003**
	女	171	2.5158	.42559		

注：**：P<.01 *：P<.05

由上表可知，对于村民而言，总体政治效能感上女性远远不如男性。这是乡村政治生态的普遍反映。在我们的调查中也发现，乡村中大部分妇女对于选举政治乃至家外的公共活动均表现出无知和茫然的态度，认为这些事情都是男人的事情，和她们无关。

在调研中，一位中年妇女说："我不知道，也不操心。都是我爱人去干这些，不过我觉得没有关系一般办不了事儿。"这里面反映出乡村政治的三个现实，一是乡村公共事务仍是以男性为主导，大部分的选举，都是一户出一人为代表，这个代表一般就是一个家庭主事的男人；二是中国传统文化中，"男主外，女主内"在乡村文化中仍然占主导思想；更为主要的是，乡村女性大部分受教育程度有限，问及这些事实时，她们大部分会说，没有多少文化，不清楚，不明白。

与此相对应，我们发现，在市民中女性的政治效能感高于男性。这可能说明女性市民受教育程度要高于女性村民，同时，在社区活动中，女性却是主力，而不是男性。

进一步分析，我们可以发现更为有趣的现象（参见表2）。

表2说明，对于村民而言，村一级内在和外在政治效能感以及政府级内在政治效能感方面，男女性就表现出显著差异。但是，两个级别的内在政治效能感方面男性均高于女性，但在外在政治效能感方面，女性高于男性。

对于市民而言，可以发现，在社区级和政府级的内在政治效能感和外在政治效能感方面，都表现出了性别上的显著差异。具体而言，除去政府级外在政治效能感外，女性均高于男性。

表2 各类型、维度政治效能感在性别上的差异

公民类型	政治效能感维度	性别	平均值	标准差	t值	P
村民	"村一级"内在	男	2.5684	.60484	5.823	.000**
		女	2.2321	.52007		
	"村一级"外在	男	2.5766	.68123	3.119	.002**
		女	2.6109	.75748		
	"政府级"内在	男	2.6175	.63099	5.920	.000**
		女	2.2455	.60776		
	"政府级"外在	男	2.1467	.65218	.941	.347
		女	2.0853	.63392		
市民	"社区级"内在	男	2.4225	.56276	9.684	.002**
		女	2.4493	.44053		
	"社区级"外在	男	2.4961	.63005	4.386	.037*
		女	2.5789	.50547		
	"政府级"内在	男	2.4605	.64377	5.980	.015*
		女	2.5497	.51408		
	"政府级"外在	男	2.1486	.49267	5.373	.021*
		女	2.1218	.41492		

注：**：P<.01 *：P<.05

（四）在受教育程度方面，市民与村民都没有完全体现出随着教育水平的提高，政治效能感随之提高的特征，反而在高学历的层面会有下降的趋势

一般而言，随着文化程度的提升，城乡居民的政治效能感会随之提高，

但是，在我们的调查中，并没有完全表现出这样的特征（请参见表3）。

表3 村民政治效能感在受教育程度上的差别

村民		平方和	df	均方	F	显著性
村一级	组间	12.710	3	4.237	14.269**	.000
	组内	118.174	398	.297		
	总数	130.884	401			
政府级	组间	13.716	3	4.572	19.811**	.000
	组内	91.856	398	.231		
	总数	105.572	401			

注：**：P<.01 *：P<.05

从平均数来看，在村民村级政治效能感的总体表现上，表现为小学<初中<高中>大学，这基本上遵循了文化程度的增高，政治效能感也在提高的规律。在大学本科这一层级的下降，可能的原因是，这批人群对于乡村事务的关注不高，更多可能不在乡村生活，另外的解释，或许正是由于文化程度的提高，更加清楚乡村政治的弊端，更能深刻地感知自我影响政治系统的局限，所以效能感比较低。

具体分析发现，村民村级政治效能感在内外上的表现如下：内在政治效能感在文化程度上体现显著差异，呈现出随着受教育程度的增加，内在政治效能感增加的趋势，这种增加趋势主要体现在影响型内在政治效能感方面（$F_{影响} = 28.205 > F_{了解} = 3.575$）；但在外在政治效能感上，体现出与总体政治效能感一致的趋势。

对于市民而言，对于社区的总政治效能感上存在差异，差异主要是体现在小学<初中>高中>大学>研究生。总体呈现出随着文化程度的提高，社区政治效能感降低的趋势。

具体而言，这种总体政治效能感上的差异主要体现在内在政治效能感方面，内在政治效能感呈现出从初中开始，随着文化程度提升，而逐渐下降的趋势（参见图1）。

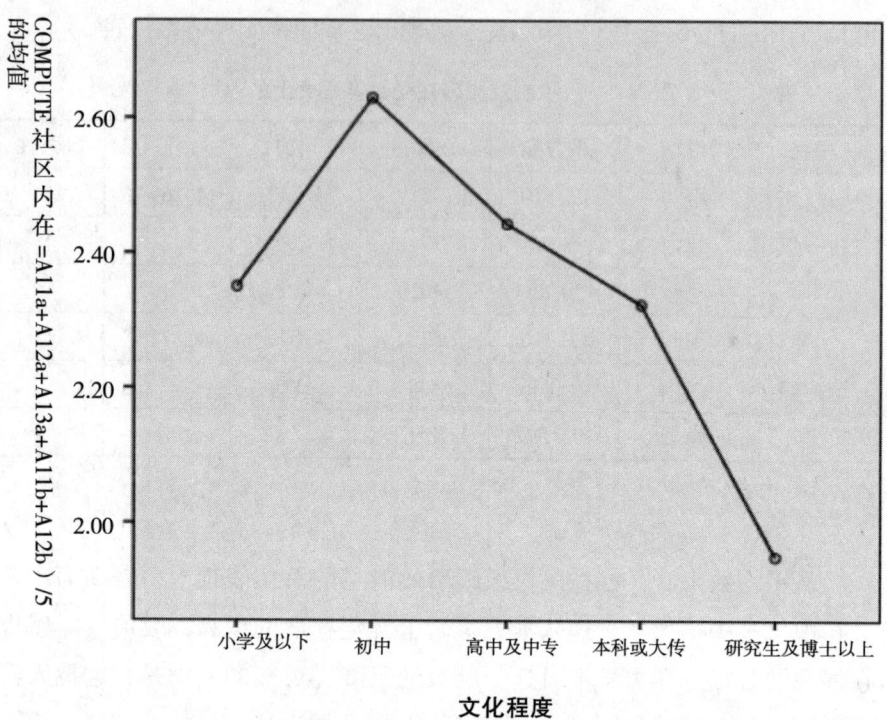

图1 市民文化程度与内在政治效能感的关系图

(五) 经济收入不同也是导致政治效能感差异的重要变量，但是，中国城乡居民的表现特征却与西方大为不同

村民的经济收入不同是影响内在、外在政治效能感的重要指标。就村级的内在、外在政治效能感为例，研究发现，村民在内在外在政治效能感的不同类型上均表现出显著差异（$F=5.142^{**}$，$F=7.718^{**}$）。具体来看，在内在政治效能感上，经济收入的增加，政治效能感也在提高；而对于外在政治效能感而言，人均收入在6000—9999元之间的群体，表现比较低（具体参见表4）。

表 4 不同经济收入村民在不同级别、类型上政治效能感的平均数

	人均年收入	N	均值	标准差	标准误
COMPUTE a1 村内	4000 元以下	176	2.2992	.53521	.04034
	4000—5999 元	87	2.5019	.62283	.06677
	6000—9999 元	64	2.5391	.61273	.07659
	10000 元以上	75	2.5489	.62648	.07234
	总数	402	2.4279	.59395	.02962
COMPUTE b1 村外	4000 元以下	176	2.2364	.72098	.05435
	4000—5999 元	87	2.5678	.69675	.07470
	6000—9999 元	64	2.4750	.60945	.07618
	10000 元以上	75	2.6347	.74716	.08627
	总数	402	2.4204	.72179	.03600

市民不同的经济收入群体对于内在、外在政治效能感没有太大影响。

对于政府级的态度，村民和市民也表现不同。

村民在对政府的态度表现上，内在与外在政治效能感均表现出差异，但是差异不同。内在政治效能感基本上是随着经济收入的增加而增加，了解型内在政治效能感和影响型内在政治效能感在提升；但是外在政治效能感却没有表现出这样的趋势，在 6000—9999 元这一群体中比较低。从交叉列表看，这部分村民的主要收入来源是在本地但主要从事非务农所得。

市民与村民表现不同。市民对于政府的态度在内在效能感上呈现显著差异，并表现出随着经济水平的提高，内在政治效能感提升的态势，主要是了解型内在政治效能感；而外在政治效能感则没有差异。

综上，可以发现，中国城乡居民政治效能感总体偏低，并不像很多学者认为的那样，在基层民主的推进中，村民市民的政治效能感有显著提高，这种提高只不过反映在了解型内在政治效能感方面，了解型内在政治效能感只是低层级的一种政治效能感，它并不能直接导致政治参与

行为的发生，而能够直接导致参与行为发生的影响型内在政治效能感却明显偏低。同时，市民和村民表现出的外在政治效能感偏高，则说明中国当下的民主政治文化仍然是一种臣民文化，城乡居民仍然认为乡村委员会以及居民委员会是能影响其生活的重要代表，城乡居民在心理上仍很依赖政府，自主性比较弱。这一点也充分说明我国是一个"大政府""小社会"的国家，民主政治所需要的分权和授权并没有形成。更为重要的是，公民文化的匮乏也给民主政治的发展带来了影响。

同时，研究发现在受教育程度方面，受教育程度较高的群体内在政治效能感高也只反映在了解型内在政治效能感方面，而在影响型内在政治效能感方面，高教育群体反而不如低教育群体，这一点也与西方国家的研究结果大相径庭。一般而言，受教育程度高的群体在政治生活中更具有自主性和能动性，他们更认为自己是政治生活中的主人，更积极地参与到政治生活中去。但是我们的研究发现却非如此，而是受教育程度高的群体当了解了中国政治的基本规则和政策后，他们却在影响上举步不前，或许他们深深了解到中国民主政治的困境。同时，他们的外在政治效能感却高于其他群体，这也说明他们对于政府能量的看重和依附。

另外，在收入水平上，城乡居民在内在政治效能感中收入高的人群政治效能感水平相对较高，说明当前我国城乡居民已经倾向于在一定程度上通过政治途径来获得经济利益，因此比较关注政治，也期许对政治系统有所影响实现自身利益。而在外在政治效能感上，村民在6000—9999元段的人群外在政治效能感转低，其原因可能是：当前我国现代化的进程中出现了一定程度的贫富两极分化趋势，因此国家政策也就比较关注社会中的贫富两极，从另一侧面来说，即对中收入层的人群关注度较小。因此，无论低层次和高层次上村民在外在回应程度的效能感水平上均比较高。在本次分析中6000—9999元村民群体基本属于中等收入水平，所以可能导致这一收入段村民的外在政治效能感水平降低。

四、结论

上述研究表明，中国城乡居民政治效能感所表现出来的特征并不乐观，在一定程度上反映出我国民主化进程中透露出的缺陷。

第一，城乡居民政治效能感总体偏低，说明基层民主建设尚需深入和加强。

第二，城市居民外在政治效能感偏高，说明城市居民仍然属于臣民文化。

第三，男女城乡居民表现出不同的政治效能感水平，说明男女在政治关切和政治影响力等方面仍存在相当差距。

第四，城市居民表现出随着文化程度提高，政治效能感逐渐下降的趋势，并没有体现随着文化程度的提高，政治效能感提升的特征。似乎说明文化程度高的个体对政府的影响力下降，与政府的疏离程度提高。

第五，城乡居民在收入水平上，表现出随着收入水平的提升，内在政治效能感提高的趋势。但在外在政治效能感上，村民在6000—9999元这一收入段人群中有所下降；市民则没有体现出收入与外在政治效能感之间的关联性。

当代社会结构变迁及中国共产党适应性分析

杨云珍*

【内容摘要】 本文从分析社会结构这一基本概念入手，考察了当前中国共产党所面临的国内社会结构变迁和复杂的外部环境；阐述了普遍意义上的政党组织形态变迁和适应性理论；进而指出中国共产党通过扩大党员基础、整合合法性资源、努力提高自身的制度化水平等多方面努力，对所处的外部环境作出了积极应变和调整。在此过程中，也提高了自身作为政党组织的适应性。

【关键词】 社会结构；中国共产党；适应性

社会结构是社会学中一个重要的术语和概念，不同学者对其有着不同的侧重认识。大致有两种倾向：一是将社会结构看做所指的某类社会现实；另一种观点则将社会结构视做一种理论分析工具。[1]

在众多有关社会结构的概念中，涂尔干强调社会整体的优先位置，认为社会结构是一种社会事实，并非受行动者个体意愿所左右，毫无疑问，社会优先于个人；马克思认为社会结构是一种不依人的主观意志为

---

* 杨云珍：同济大学马克思主义学院讲师。

[1] 参见张静：《社会结构：概念的进展及限制》，载《社会学研究》，1993年第6期。

转移的客观存在,且有广义和狭义之分:广义的社会结构是指社会各个基本活动领域,包括政治、经济、文化以及各个领域之间的相互关系,指的是整体的社会体系;狭义的社会结构是指因社会分化而产生的各主要社会地位群体间相互连接的一种状态,其中包括特定的阶级、阶层、种族和宗教团体等。

帕森斯认为结构是一个整体的、均衡的、功能自我调节的系统,结构的各个组成部分都对整体发挥作用,同时结构内部的各个部分不断地分化与整合维持着整体的均衡秩序,这是从功能主义的视角对社会结构的界定;而吉登斯则认为,社会结构既是由人类行动构建起来的,同时又是行动者依赖的内在因素和外在条件,他提出了超越个体与社会、行动与结构的"结构二重性理论"[1]。

在本文中,笔者倾向于将社会结构看做是一种社会现实,侧重于从广义的角度来使用社会结构这一概念,将其看做是由多个要素或多个部分组合而成的整体,其内部彼此间的关系需要协调,各个组成部分之间的相互作用需要调整,整体的秩序和功能需要维持。在社会结构中,最基本的两个维度就是关系和分配。[2]

一、中国社会结构变迁带来的社会问题

今天,无论普通人还是学者,都习惯用"转型期"来描述和概括当下中国的总体特征,如从计划经济转向市场经济、由封闭社会转向开放社会、从农业社会转向工业社会以及从传统到现代的转型。毫无疑问的是,社会主体大规模分化组合而引发的阶层变化,是衡量转型社会中多种含义的基本指标。因此,关于社会阶层研究的课题和著作,自 20 世

---

[1] 参见〔英〕安东尼·吉登斯:《社会的构成》,李康、李猛译,生活·读书·新知三联书店 1998 年版。

[2] Allan G. Johnson, *The Blackwell Dictionary of Sociology: A User's Guide to Sociological Language*, Oxford: Blackwell Publishers Ltd., 2000, p. 475.

纪 90 年代开始蔚然成风。

李汉林、魏钦恭、张彦三位学者,在抽样调查的基础上,从六个方面,即社会地位结构、单位组织结构、角色结构、权力地位结构、收入水平和教育水平结构,分析了当代中国社会中所存在的"结构紧张"[1]。

从中国社会发展和所经历的变迁现实出发,结构紧张表现为两种因素交互作用所带来的复杂结果,一是急剧现代化过程中所产生的内生性结构矛盾,二是与国际接轨过程中直接衍生出晚期现代化总体化和普遍化的结构矛盾。[2]

改革开放以来,随着所有制结构和产业结构的变化以及党对经济、社会、公民行为舆论控制的逐渐放松,中国逐渐由全能型国家向协商型国家转变[3],社会空间的自主性得到加强。一方面,社会经济成分、组织形式、利益分配、就业方式的多样化产生了多元利益需求格局;传统阶级的经济利益和政治、社会地位受到了威胁,掌握社会资源的精英力量借助转型期的制度短缺聚集了大量社会财富,成为改革的受益者和推动者;与此同时,代表新生产方式的市民阶层不断兴起,提出相对独立的政治经济偏好和要求;[4] 而在经济改革中逐渐被边缘化的下层民众,面对社会贫富分化,分配不公等现象流露出"抱怨"的情绪,政治疏离感加强,一些地方所发生的群体性事件背后有着深刻的社会结构影响因素。

2002 年,中国社会科学院的学者发布了一份研究报告,提出了以职业分类为基础,以组织资源、经济资源、文化资源的占有状况作为划分社会阶层的标准,将目前的中国社会划分为十个阶层,即国家与社会管理阶层,经理阶层,私营企业主阶层,专业技术人员阶层,办事人员阶

---

[1] 李汉林、魏钦恭、张彦:《社会变迁过程中的结构紧张》,载《中国社会科学》,2010年第 2 期。

[2] 渠敬东、周飞舟、应星:《从总体支配到技术治理——基于中国 30 年改革经验的社会学分析》,载《中国社会科学》,2009 年第 6 期。

[3] Tony Saich, *Governance and Politics of China*, New York: Palgrave Publishers Ltd., 2001, pp. 200 - 203.

[4] 杨松:《政党权威与当代中国政治发展》,载《学术界》,2001 年第 4 期。

层，个体工商户阶层，商业服务人员阶层，产业工人阶层，农业劳动者阶层，城市无业、失业和半失业人员阶层。① 报告指出目前中国的社会阶层结构正在向现代社会阶层结构变化，但还只是现代社会阶层结构的雏形。

另外一种划分方法将社会阶层分为五种类型：基本阶层（产业工人阶层、知识分子阶层、公务员阶层、农业劳动者阶层），新兴阶层（农民工阶层、企业家群体），复新阶层（个体劳动者、私营企业主阶层），若干交叉过渡阶层（军人、大学生、乡村知识分子）和"复旧群体"。②

无论哪一种划分方法，都体现出中国的社会阶层结构发生了深刻变化，有些阶层分化了，有些阶层新生了，有些阶层的社会地位提高了，有些阶层的社会地位下降了。整个社会阶层结构呈现出向多元化方向发展，社会分化和流动机制变化了，社会流动普遍加快。各个社会阶层之间的经济、政治关系发生了并且还在继续发生各种各样的变化，正在向与现代经济结构相适应的现代社会阶层结构方向转变。与社会结构的变化相伴而生的是诸多社会问题的困扰。

社会结构变迁所带来的最大问题体现在城乡差距和贫富差距之间的鸿沟扩大。

第一，就经济结构方面而言，中国现在已达到工业化中期水平。中国社科院研究报告称，2006 年中国城市化率为 43.9%，低于世界城市化平均水平约 10 个百分点，还处于城市化的初级阶段。城市化严重滞后于工业化，阻滞了现代化进程，阻滞了第三产业的健康发展，影响人民生活、消费水平的提高，实际阻碍了经济的健康发展。③

第二，在统计数字方面。在上述 43.9% 的城市化率中，仍有 1.3 亿人只是统计意义上的城市人口，他们并不享有和城市居民同等的政治、经济和社会保障等方面的权利。其中，有 1 亿农民工从事的是二、三产

---

① 陆学艺主编：《当代中国社会阶层研究报告》，社会科学文献出版社 2002 年版。
② 参见朱光磊等：《当代中国社会各阶层分析》，天津人民出版社 2007 年版。
③ 程子豪、魏月：《浅谈中国社会结构分化问题——读〈共产党宣言〉有感》，载《内蒙古民族大学学报》，2010 年第 6 期。

业的劳动，但身份还是农民。他们白天在工厂、商店、工地干活，晚上住的是拥挤不堪的工棚，想的是农家的事。有人说，现在把城乡二元结构引进城里来了，一城两制，对城市居民实行一种政策，对农民工、外来人实行另一种政策，形成了城市里的二元结构，由此引发了诸多社会问题。

第三，就发展程度而言，社会阶层还存在不合理之处，明显具有自发性、过渡性和半封闭性。由于中国的人口基数以及农民在总人口中的比例仍然很高，所以农业劳动者阶层所占的比例还较大，而社会中间阶层没有大起来。学者李强认为目前的中国社会结构是一个"倒丁字形"结构，他采用社会经济地位指标（socio-economic index）测量全国就业人口，发现了一个巨大的处在很低社会经济地位上的群体，该群体内部的分值是一致的，在形状上类似于倒过来的汉字"丁"字型的一横，而丁字型的一竖代表一个很长的直柱型群体，该直柱型群体是由一系列处在不同社会经济地位上的阶层构成。①

在这些社会阶层中，负担最重的一是农民，二是传统的产业工人。在改革开放初期，中国农村实行家庭联产承包责任制，农民是改革之初的受益者；但后期改革的重心移到城市后，农村就出现了许多问题。体现在三个方面，一是负担过重；二是收入过低；三是农村基层政权与农民之间的矛盾十分尖锐。另外，由于教育改革所带来的高学费，农村孩子要像以前一样通过上大学从而改变自己的身份，也变得异常艰难。很多农村孩子因为交不起学费而放弃读书。工薪阶层、农民家庭的优秀子弟通过自身努力"鲤鱼跃龙门"、入职高薪管理机构和行业的机会越来越少，这不仅削弱经济和社会发展中人力资本的效率，也导致收入阶层的不断分化与强化——富者愈加富有，贫穷家庭延续贫穷。②

城乡差距进一步拉大，1997 年，我国城乡居民收入比为 2.6∶1，2010 年已达到 3.33∶1，"落差"幅度不仅远高于发达国家，也高于巴

---

① 李强：《"丁字型"社会结构与"结构紧张"》，载《社会学研究》，2005 年第 2 期。
② 参见曲哲涵：《城乡分割等拉大收入差距 专家建议加快改革》，载《人民日报》，2010 年 5 月 24 日。

西、阿根廷等发展中国家。改革开放之初,我国基尼系数在0.3左右,20世纪90年代中期达0.42,但到了2010年,已经达到0.48。这表明居民收入差距正在不断扩大。收入分配问题不仅影响人民群众共享改革成果,更事关社会稳定,已成为当前改革的焦点问题之一,整顿收入分配不公迫在眉睫。①

在国内社会结构变迁的同时,中国承受着与国际接轨过程中直接衍生出的晚期现代化总体化和普遍化的结构矛盾。

李慎明认为,目前的金融危机,给西方的经济和社会造成了巨大困难,对西方思想理论界以及资本主义走向和世界社会主义及左翼思潮也已经并正在产生一定影响。从一定意义上讲,全球化使得全球范围内,穷者愈穷,富者愈富,这是最主要、最根本的变化,决定着其他一切变化。贫富差距的拉大和国际金融危机的深化,引发并加剧了全球性社会动荡。从发达国家到发展中国家,到处弥漫着社会不满情绪,广大民众对资本主义普遍不满,大规模街头抗议增多,极端政治事件频发,不少国家政局不稳,全球社会动荡风险明显上升。中国同样需要应对这样一个充满动荡和风险的外部世界。②

二、政党适应性理论回溯

现代意义上政党产生的缘起,就在于一个社会的阶级冲突,不同的政党作为不同阶级的代表在政治舞台上进行活动。有关社会结构与政党结盟的文献为我们提供了一种分析框架,用以考察和检验政党是否并在何种条件下向特定的社会集团寻求支持,以及在多大程度上赢得这种支持。

---

① 参见曲哲涵:《城乡分割等拉大收入差距 专家建议加快改革》,载《人民日报》,2010年5月24日。
② 李慎明:《在国际形势变化中加强中国文化软实力的战略地位》,载《中国社会科学报》,2011年3月8日。

政党自诞生之日起，便随着生存环境和自身目标的变化而不断发生变化。政党作为一种组织，其组织形态也经过了一个嬗变的过程。早期出现于欧美的政党，政党成员多是社会的精英分子，党员人数也较少，被称为"精英党"或"干部党"（Cardre party）；后来随着产业革命的大规模发展和选举权的不断扩大，从19世纪60年代，以拥有众多成员为标志的大众政党（Mass membership party）逐渐开始萌生于欧洲各国；到了20世纪60年代，出现了全方位政党（Catch-all party），德裔美籍学者基尔海默（O. Kirchheimer）对全方位政党的特征作了具体界定；①到了20世纪90年代，爱尔兰学者梅尔（P. Mair）和美国学者卡茨（R. Katz）提出了"卡特尔政党"②的概念。可见，随着科技的进步和发展，随着产业结构、社会结构，以及人们的生活方式和价值观的变化，西方主流政党和政党制度都相应地作出了适应与调整。

（一）无产阶级政党适应性理论

布卢斯·迪克森（Bruce J. Dickson）在1997年出版了《中国和台湾的民主化：列宁主义政党的适应性》一书，作者以政党为分析单位，以政党的适应性为主题，探讨了无产阶级政党的民主转型。布卢斯·迪克森将适应性界定为一种政治体系的创设，即对社会不同领域的需求和利益更具反应性的政治系统的创建；意味着从集权到民主的转变历程，是集权型政党在不牺牲既有政权体制的前提下，继续生存的一种改革途径。③

---

① 参见 Peter Mair（ed.），*The West Europe Party System*，Oxford University Press，1990，pp. 58–59。全方位政党的特征：党派的意识形态色彩大为减弱；上层领导集团地位加强；党员个体的作用下降；在全体社会中吸收更广泛的支持者；确保与各种利益集团接近的途径。

② 参见 R. S. Katz and P. Mair，"Changing Models of Party Organization and Party Democracy"，*Party Politics*，Vol. 1，No. 1，pp. 5–28。卡特尔政党的特征：政党逐渐远离社会而融入国家，成为"准"国家机构；各政党之间的政策差异日益缩小，竞选运动主要在于挑选更合适的公职人员，而不是具体政策；政党活动经费主要来自国家财政拨款，而不再依赖党员个人的支持；主流政党达成某种默契，并排斥新的政治力量介入。

③ 杨光斌：《制度的形式与国家的兴衰——比较政治发展的理论与经验研究》，北京大学出版社2005年版，第118—119页。

布卢斯·迪克森所谈的适应性又可以分为两种类型，即效能型适应（Efficient Adaptation）和反应型适应（Responsive Adapatation）。

效能型适应，源于政党目标的转变或作出了程度不同的调整，新政策行将出台，从而推行组织机构的响应改革，促使意识形态、政策与新的组织形式相吻合，最终目的在于提高政党执政的效能。这种适应性可以看做政党在与外部的经济、政治、社会制度的复杂互动中实用主义的功能性调整。

反应型适应，是政党应对来自国内和国外环境的压力时，所做的更为深层次的适应，意味着政党不再去扭转、改变其所处的环境，而是转变自身去适应外部环境。[①] 对此类适应的要求，远不止于人事和政策的调整，而要求政党精英群体接受的政策不仅仅反映出其自身的偏好，更重要的是遵循社会需求。这种适应性可以看做政党在与外部的经济、政治、社会制度的复杂互动中的结构性适应。

三、新时期中国共产党面临社会结构变迁的挑战体现出的适应性

中国共产党面对不断变迁的社会结构和充满挑战的外部环境，首先从法律上确立了中国共产党的领导地位；其次，从党员构成、入党资格、自身的制度化建设水平以及执政能力等方面加强自身对于不断变化的外部环境的适应性。

2007年，中共中央发布了《中国的政党制度》白皮书，重申中华人民共和国是工人阶级领导的、以工农联盟为基础的人民民主专政的社会主义国家，与此种国体相适应的政权组织形式是人民代表大会制度，与这种国体相适应的政党制度是中国共产党领导的多党合作和政治协商

---

① Bruce J. Dickson, *Democratization in China and Taiwan: The Adapatability of Leninist Parties*, Oxford: Clarendon Press, 1997, p. 7.

制度。中国共产党处于领导和执政地位。明确指出，以中国共产党领导的多党合作制度具有政治参与、利益表达、社会整合、民主监督、维护稳定等方面的价值和功能。①

（一）党员构成

政党与社会的关系体现在党如何动员和整合社会各方面的力量，这是党执政的社会基础。党员的吸纳标准和党员构成的变化体现了改革开放后新的社会结构，是对社会变迁的一种反应，是对多元利益群体、多样化利益需求的一种承认和表达。

中共中央组织部2010年6月28日发布的党内统计数据②显示，截至2009年底，中国共产党党员总数为7799.5万名，比上年净增206.5万名。其中，女性党员1694万名，占党员总数的21.7%；少数民族党员513万名，占党员总数的6.6%；具有大专以上学历的党员2787.3万名，占党员总数的35.7%。

从党员的年龄来看，35岁以下的党员1847.3万名，占党员总数的23.7%；36岁至45岁的党员1687.6万名，占21.6%；46岁至59岁的党员2283.5万名，占29.3%；60岁以上的党员1981.1万名，占25.4%。

从党员的入党时间看，新中国成立前入党的67.5万名，新中国成立后至"文化大革命"前入党的760.6万名，"文化大革命"期间入党的1211.5万名，粉碎"四人帮"至党的十六大前入党的3857.8万名，党的十六大以来入党的1902.2万名。

从党员的职业看，工人693.7万名，农牧渔民2402万名，党政机关工作人员659.6万名，企事业单位管理人员、专业技术人员1772.5万名，学生226.9万名，离退休人员1452.5万名，其他职业人员592.3万名。

---

① 中华人民共和国国务院新闻办公室：《中国的政党制度》白皮书，北京，2007年11月。
② 这组具体数据来源于：中国共产党新闻网，2010年6月29日，http://dangshi.people.com.cn/GB/138900/11997877.html。

从这组数据不难看出党员的整体结构向年轻化、专业化和知识化方向发展，在改革开放过程中，党的阶级基础得到进一步巩固，党的社会影响力有了新的提高。

（二）入党资格

在入党资格的规定上，中国共产党逐渐从一个相对封闭、排他性的，只容许特定阶级或阶层加入的阶级性政党，转变为今天的逐渐开放、更具包容性、灵活性，允许承认党纲即政策主张的优秀分子加入的代表性政党。最能体现这一转变的，是中国共产党对待私营企业主的态度。

私营企业主阶层作为我国新生的社会群体，当他们从原有的社会角色转变成为新的社会角色后，迫切希望能在现有的政治架构中得到承认，并追求相应的政治发言权和政治地位。到了党的十五大，私营经济已经由社会主义经济的有利补充成分发展为"组成部分"，修宪时还专门把党的决议上的这段话写入宪法。十五大，可以说为私营企业主代表民意参政议政拂开了一扇窗棂。

2000年5月25日，江泽民在广东视察工作时提出了"三个代表"重要思想。江泽民提出，应该把承认党的纲领和章程，自觉为党的纲领和路线奋斗，经过长期考验，符合党员条件的社会其他优秀分子吸收到党内来，这是对党执政基础的理论创新。而这些"社会其他优秀分子"正是经济转型中从不同所有制、不同行业、不同地域涌现出的新兴社会阶层，包括民营科技企业的创业人员和技术人员、受聘于外资企业的管理技术人员、个体户、私营企业主、中介组织的从业人员、自由职业人员等社会阶层。

2001年7月1日，中共中央总书记江泽民在庆祝中国共产党成立80周年大会上讲话指出，私营企业主是我国改革开放以来出现的新社会阶层之一，"在党的路线方针指导下，这些新的社会阶层中的广大人员，通过诚实劳动和工作，通过合法经营，为发展社会主义社会的生产力和其他事业作出了贡献，他们与工人、农民、知识分子、干部和解放军指战员团结在一起,他们也是有中国特色社会主义事业的建设者,他们中的优秀分子也可以被吸收到中国共产党里来。"这一讲话精神被写进中国共产党"十六大"报告和随后修改的《中国共产党党章》里面,进一步为私营企业主阶层分享中国政治的公平权利劈开一条更为广阔的通道。

对新兴社会阶层的吸纳,体现了现时代中国共产党对现实的深刻思考和权衡,以及适应性增强的表现,从而提高了党在全社会的凝聚力。

(三)中国共产党自身的制度化努力

首先,这种制度化努力体现在组织体系的开放性,作为非竞争性政党政治的执政党,今天的中国共产党所代表的不仅仅是革命时期的一两个阶级,而是要成为新时代最广大人民根本利益的代表,党的组织基础扩大到工人、农民之外的所有社会阶层,意味着对不同阵营的优秀分子,不仅仅允许其参政议政,而是进一步欢迎其加入党的队伍、执政的队伍,不再以单一的意识形态来划分阵营并依次确立分享权力的资格。

其次,在组织管理方式上,中国共产党开始由意识形态治党向依法治党的方向发展。

最后,从权力和决策机构看,中国共产党的制度化努力体现在:(1)废除了党的最高领导人的终身任职制,并且实现了代际领导人的平稳过渡和权力交接的常规化;(2)中央和地方之间的利益平衡;(3)强化了党内纪律监督机制。

(四)关注民生问题

在减小城乡差距、贫富差距,维护社会稳定方面,党最主要的工作着眼点在于关注民生,顺应民意。今天,社会成员的流动比以往任何时代都要迅速得多,贫富分化加剧,导致处于社会底层的群体"相对剥夺感"增强,如果没有正常的疏通渠道,一有契机,很容易导致群体性事件的发生,所以群体性事件背后有着深刻的社会结构因素。

2011年3月,刚刚结束的两会聚焦"民生"。这是政府未来政策的主轴,表明中国共产党顺应民意,维护社会稳定的坚强决心。

2011年2月27日,温家宝总理在与网民互动交流时宣布了国务院的税收改革计划。他说,这条措施出来以后,会使整个中低收入的工薪阶层受益,无论是工人还是干部,这是最直接也是最简便的方法。他同时表示,今后五年,党和政府将把解决收入分配不公作为政府的一项重要任务。因为这个问题关系到社会的公平正义,关系到社会稳定。

改善民生还包括其他方面的举措:如扩大就业;合理调整收入分配关系,着力提高城乡低收入群体的基本收入;加快健全覆盖城乡居民的社会保障体系;坚定不移地搞好房地产市场调控;推进医药卫生事业改革发展;全面做好人口和计划生育工作;加强和创新社会管理,强化政府社会管理职能,广泛动员和组织群众依法参与社会管理,发挥社会组织的积极作用,完善社会管理格局。加强信访、人民调解、行政调解、司法调解工作,拓宽社情民意表达渠道,切实解决乱占耕地、违法拆迁等群众反映强烈的问题。

有关"三农"问题方面,2011年政府工作报告中强调要毫不放松地做好"三农"工作,在工业化、城镇化深入发展中同步推进农业现代化。确保农产品供给,多渠道增加农民收入;大兴水利,全面加强农业农村基础设施建设;加大"三农"投入,完善强农惠农政策;深化农村改革,增强农村发展活力。①

积极稳妥推进城镇化。坚持走中国特色城镇化道路,遵循城市发展规律,促进城镇化健康发展。城镇化要同农业现代化和新农村建设相互促进,这是必须坚持的正确方向。②

(五) 中国共产党对外部势力的挑战所作出的回应

处于全球化进程转型中的中国社会,在面临国内深刻的社会结构变迁的同时,也承受着外部力量对社会结构的冲击。技术革命很大程度上

---

① http://www.most.gov.cn/yw/201103/t20110317_85455.htm.
② 同上。

改变了中国的政治生态环境，互联网的推广以及即时互动的通讯传媒方式，大众权力意识的到来，使得执政的共产党面临着前所未有的挑战，党和政府要应对许多突发性事件，以及面临着与国际社会如何合作的问题；与此同时，信仰危机和信仰缺失对主流意识形态形成了严峻挑战。中国共产党的适应性表现为在迎接和吸纳外来文化的同时，努力挖掘中国传统文化中的合理内核，建设有中国特色的先进文化，力争在文化上表现出自己的吸引力，把文化建设作为国家的"软实力"建设提上日程，努力彰显出中国文化的凝聚力。同时毫不动摇地坚持自己的主流意识形态的指导地位。

结　语

当今处于转型期的中国社会，一方面在国内面临着社会结构的重大变迁，新社会阶层不断涌现，利益主体多元化，在城市化进程中不可避免地产生了巨大的城乡差距和不断扩大的贫富差距；随着科技和互联网日益渗透到普通百姓的生活当中，大众政治意识普遍觉醒，党已经不可能再仅仅依靠传统的意识形态动员和严格的控制方式对国家和社会进行管理；另一方面，中国社会还必须面对全球化过程中充满动荡和风险的外部世界。加之中国共产党从革命党到执政党的自身角色和身份的转换，都使得中国共产党在面对国内社会结构和外部环境变化时，必须从政党这一普遍的政治组织的角度出发，去进行适应和调整。

社会变迁和政党制度的变化合乎逻辑地表明，任何一个政党，要想经历时代变迁而生存，就必须对早期的社会结构决定政党结盟的理论予以完善或发展。这其中包括：第一，政党领导人在体制内对政党进行调适和变革；第二，体现政党的替代性竞选纲领，注入注重人格、管理能力或新的价值观；第三，经济状况的影响和执政党的政绩；第四，旨在协调独立于党派结盟的政党之间，政党与利益集团之间所进行的精英分子之间的讨价还价。①

亨廷顿在《变动社会中的政治秩序》一书中，也谈到了如何衡量一个组织是否具有适应性，他指出，组织或程序经受的环境挑战越多，寿命越长，其适应性就越强。一个已经适应环境变化、主要职能经历过一次或多次变更仍能继续存在的组织，同未经历过上述种种变化的组织相比，制度化程度要高得多，适应性也就越强；政治安定的先决条件，是要有一个能吸收同化因现代化而产生的新社会势力的政党体系。②

如前文所述，中国共产党的适应性体现在从以往封闭的体系逐渐走向一个开放，更为包容和灵活的体系，面对新社会阶层的出现，党扩大了党的队伍基础，整合了合法性资源，使得党真正可以成为社会各阶层人们利益表达的渠道；党加强对自身的制度化建设，废除了党的领导人终身职务的任职制度，实现了领导人代际之间的平稳和常规化的政权交接；在执政能力和关注民生方面，在大力加强经济建设的同时，关注社会平等和正义，保护弱势群体，把民生和维护整个社会的稳定作为重中之重的任务加以贯彻；在应对突发事件，如应对2003年的"非典"、2008年的汶川地震时，党表现出了沉着冷静，整合各个方面的社会资源应对突发公共危机和自然灾难。

与此同时，中国共产党努力构建自己的国际自信心，2008年北京奥运会和2010年上海世博会的成功举办，让世界了解了中国，让中国了解了世界，给世界充分展现了中国人的胸襟和情怀。法国学者多米尼克·莫伊西在《情感地缘政治学》一书中，剖析了全球化给世界不同地区在情感方面带来的深远影响，以热情的笔触探讨了中国实力的上升，认为中国代表着力量上升和"希望"的文化。③ 所有这一切努力，毫无疑问，都增强了中国共产党的适应性。

---

① 〔英〕戴维·米勒、韦农·波格丹诺（英文版主编）、邓正来（中译本主编）：《布莱克维尔政治学百科全书》，中国政法大学出版社1992年版，第712页。
② 〔美〕塞缪尔·亨廷顿：《变动社会中的政治秩序》，张岱云等译，上海译文出版社1989年版，第14—16、453页。
③ 〔法〕多米尼克·莫伊西：《情感地缘政治学：恐惧、羞辱与希望的文化如何重塑我们的世界》，姚芸竹译，新华出版社2010年版。

国家建设模式的类型和中国国家建设模式的选择

黄 杰[*]

【内容摘要】 国家建设是指由传统国家转变为现代民族国家的国家建制过程,也是在超越传统国家的前提下建立和不断完善一整套具备现代国家基本特征的组织、价值和制度的历史过程。梳理历史上各国国家建设的历程,我们可以尝试性地概括出国家建设模式的类型:阶级建设国家模式、军队建设国家模式和政党建设国家模式。以此类型为依据对20世纪以来中国国家建设模式的选择问题进行了理性分析,政党建设国家模式的最终成功有其内在深刻而独特的政治逻辑。而这一模式下形成的政党国家必须进行适应性调整和转型,才能真正有效推动中国现代国家建设的不断深化。

【关键词】 国家建设模式;阶级建设国家;军队建设国家;政党建设国家;中国国家建设

---

[*] 黄杰:复旦大学国际关系与公共事务学院博士生。需要说明的是,本文中三种国家建设模式的观点是在林尚立教授为博士生开设的"中国社会政治分析"课程上听到的,笔者表示认同并深受启发。本文内容就是在对其观点展开和进一步自主阐发的基础上而成的,当然文责自负。

比较视野下的中国政治
国家建设模式的类型和中国国家建设模式的选择

引 言

20世纪80年代以来,在批判"二战"后流行的现代化理论、多元主义和新马克思主义等以社会为中心的研究范式的基础上,以主张"国家中心论"而著称的"回归国家学派"在西方学术界兴起和不断壮大。① 在这样的背景下,以国家建设为核心主题的国家理论成为学术界研究的热点问题。在该研究领域中,国家建设的模式问题由于具有特殊的重要性和意义而备受学界的关注和青睐。比较政治学、历史社会学等方面的许多学者都对该问题进行了深入研究,而且提出了许多富有理论价值和现实意义的成果。本文在相关研究成果和经验事实的基础上尝试性地概括出国家建设模式的一般类型:阶级建设国家模式、军队建设国家模式和政党建设国家模式。在此基础上,我们对20世纪以来中国国家建设模式的选择问题进行了理性分析,并对政党建设国家模式的内在逻辑和转型等问题进行了尝试性回答。

一、国家建设模式的类型:三种模式含义及其比较

在讨论国家建设模式之前,有必要对现代意义上的国家和国家建设的含义进行界定。韦伯曾指出:"国家是在一定区域内的人类的共同体,这个共同体在本区域之内——这个'区域'属于特征之一——要求(卓有成效地)自己垄断合法的有形的暴力。"② 吉登斯在韦伯的基础上进一步完善了民族—国家的概念,他认为"民族—国家存在于由他民族—国

---

① 参见〔美〕彼得·埃文斯、迪特里希、鲁施迈耶、西达·斯考克波编著:《找回国家》,方力维等译,生活·读书·新知三联书店2009年版。
② 〔德〕马克斯·韦伯:《经济与社会》(下卷),林荣远译,商务印书馆1997年版,第731页。

家所组成的联合体之中，它是统治的一系列制度模式，它对业已划定边界（国界）的领土实施行政垄断，它的统治靠法律以及对内外暴力工具的直接控制而得以维护。"① 而查尔斯·蒂利则明确指出："国家是这样一个组织，它占据着明确的疆域，并且控制着疆域上的人口，从同一疆域上的其他组织中分化出来，它是自主的、中央集权的、结构分化的组织。"② 由此可见，同传统国家相比而言，现代国家具有民族国家、民主国家、主权国家和国际社会成员等多重身份属性。

简言之，"国家建设"（state-building）就是获得上述特征和身份属性的历史过程。这一过程往往伴随着国家政权的官僚化、集权化、渗透性以及对基层社会控制的强化、不断扩大财源等多方面的内容；它是由传统国家转变为现代民族国家的国家建制过程；它也是在超越传统国家的前提下建立和不断完善一整套具备现代国家基本特征的组织、价值和制度的历史过程。毫无疑问，近代以来世界各国的国家建设模式是多元化的，不同国家经历或选择了不同道路。综合相关文献，我们可以从推动国家建设的支撑性力量或主导性因素的角度将上述多元化道路概括为下列三种类型。

（一）阶级建设国家模式

这一模式认为在传统国家中存在、孕育或萌生出来的社会阶级力量对现代国家建设具有根本性意义。正是在这些社会阶级力量的主导、积极推动和互动作用下，传统国家通过不同道路和方式实现了现代性转型，最终成为一个现代国家。换言之，该模式强调内生于传统社会中的原有阶级或新阶级是国家建设的支撑性力量，原有阶级力量和新阶级之间的此消彼长和力量对比的不断变化实际上就是传统国家不断解体或转型的历史过程。从本质上讲，这种阶级建设国家的模式属于"社会中心

---

① 〔英〕安东尼·吉登斯：《民族—国家与暴力》，胡宗泽、赵力涛译，生活·读书·新知三联书店1998年版，第147页。

② Charles Tilly (ed.), *The Formation of National States in Western Europe*, Princeton, New Jersey: Princeton University Press, 1975, p.70.

论"的理论范式,它认为社会中各种新旧阶级、阶层力量之间的互动关系及其形成的一定阶级结构,对建构和形塑现代国家的组织、价值和制度起到了决定性作用。

在这方面的代表性观点是由巴林顿·摩尔在《民主与专制的社会起源》一书中提出的。在该书中,摩尔认为在17—20世纪之间,由传统农业国家向现代工业国家的演变过程中,不同国家作出了不同选择,并分别走上了三条不同道路:英美的自由民主道路、德日的法西斯道路和俄中的农民革命道路。他认为仅仅用工业化的因素并不能完全解释这些国家所发生的政治变化,解释现代化和国家建设的关键在于不同国家内部的阶级关系及其相应的阶级结构。"在两大文明形态起承转合的历史关节点上,分崩离析的传统社会所遗留下来的大量阶级因子,会对未来历史的造型发生强烈影响。"[1] 也就是说,土地贵族、农民阶级和城市资产阶级之间的关系组合模式的变化和转换,直接决定了社会变革的路径以及对现代国家建设道路的最终选择。一般认为,该模式适用于一些社会内部新旧阶级力量比较强大和具有很多互动的早发现代化国家。

以英国为例,摩尔认为它的现代国家建设道路是通过所谓资产阶级革命来开辟的。"这类革命的关键特征,是兴起了一个有着独立经济基础的社会集团,它摧毁了来自既往的对于民主资本主义的种种阻碍。"[2] 他认为,虽然城市中的工商业资产阶级为革命提供了主要动力,但是商业资产阶级所找到的盟友和遭遇的敌手对现代国家的形成也是至关重要的。最终,在以商人阶级为代表的社会阶级力量的主导下,英国的资本家们"消除了内部阻碍贸易的障碍,确立了统一的法律制度,以及现代货币制度和其他工业化的必要条件。政治秩序开始合理化,现代型国家在不长的时间里诞生了"[3]。因此,这种摩尔所谓的"从暴力革命到渐进主义"的英国道路最终建构起了一个现代自由民主国家,它也成为后来

---

[1] 〔美〕巴林顿·摩尔:《民主和专制的社会起源》,拓夫等译,华夏出版社1988年版,译者前言,第2页。
[2] 同上,前言,第4页。
[3] 同上,第23页。

其他后发国家推动现代国家建设所借鉴、模仿的成功先例和榜样。

（二）军队建设国家模式

这一模式主要是指处于后发现代化进程中的许多传统国家或专制国家在军队领袖或军官集团的领导下，最终建设起来一个军人政权或者由军人政权转型为民主现代国家。"毫无疑问，军队是国家组织的一部分，在某些情况下甚至是最重要的一部分。在第三世界，军事权力这样一种'令人生畏的冷酷的力量'，其无言的存在与'发言'的存在始终制约着国家的政治发展进程。"① 这实际上指明了军队或军事力量同一个国家的政治生活存在着密不可分的关系。所以，认真对待军队力量和军人集团在现代国家建设中的作用，对于我们理解和分析许多第三世界的国家建设和政治发展进程都具有重要意义。

简单而言，本文"军队建设国家模式"强调的就是作为一种高度组织化力量的军队全面介入到国家政治生活中，用武力或以武力为后盾控制既有国家政权、以军人统治和管理国家与社会。它既可能形成一种长期持续的军人政权格局，也可能是在短暂的军人政权统治后还政于民，逐渐成为一个现代民主国家。无论如何，这种模式认为：相对于其他力量而言，军队或军人集团在缔造一个新国家、保障秩序和实现国家有效治理的进程中起到关键性作用。它使得许多后发展国家的政治混乱和国家能力低下等难题有了解决的可能和机会。正如亨廷顿所言："军事制度和军人政治化的程度，是国内政治组织脆弱和文职政治领袖无力处理国家所面临的基本政策问题的一个函数。"②

从某种意义上讲，军队建设国家是在一种组织资源匮乏、国家治理相对失效情况下的一种特殊应对措施，军队力量对国家和人民所特有的使命感、责任感和对暴力资源的有效控制都使得这种应对措施可以成为

---

① 陈明明：《所有的子弹都有归宿：发展中国家军人政治研究》，天津人民出版社2003年版，第2页。
② 〔美〕塞缪尔·亨廷顿：《变革社会中的政治秩序》，李盛平等译，华夏出版社1988年版，第216页。

现实。可以说，尽管军队不是常态化的主导或支撑国家建设的力量，但在某些特别时期却是不可或缺的关键性力量。在观察第三世界的国家建设历程和"第三波"民主化浪潮中许多传统国家的转型情况时，我们可以看到这种军队建国模式是具有一定普遍性和解释力度的。

（三）政党建设国家模式

这一模式认为作为一种轴心力量和现代国家基本要素的政党对国家建设具有直接决定性意义和作用。"从国家与社会组织来说，任何一个社会都必须有一个支撑的力量存在……缺乏了基本支撑力，任何社会都无法实现自我转换，其结果只能是自行崩溃。"① 这一逻辑对于一个传统国家转型为现代国家而言同样如此。在政党建设国家（简称党建国家）模式中，政党先于现代国家而存在，在面对传统国家的严重治理困境或总体性危机时，政党可以凭借其高度组织化的力量取代传统社会的官僚制，通过其强大的组织网络去动员整个社会，建设一个以政党为轴心的现代国家。

必须看到，党建国家模式中建立的国家虽然具备了集权化、渗透性、组织性等现代国家的基本要素，但是由于政党在国家大厦中的轴心地位及其对权力的高度集中和资源的过度垄断，导致这样的国家本质上是一个政党国家。这种国家建设模式的逻辑是：党在国先、以党建国、国家政党化、以党治国、党国同构、党国一体。因而在其运行过程中就面临着政党全能化和国家制度僵化、精英治理和政治制度化的冲突等一系列结构性矛盾，使得政党国家进一步转型面临诸多障碍。

可以说，该模式主要适用于 20 世纪以来的后发展国家特别是社会主义（共产主义）国家的政治实践。以第一个社会主义国家苏联为例，布尔什维克党——高度组织化、集中统一领导和严格纪律约束的列宁主义政党——采用"党的干部委任制、政委制、对口管理制，把军队、国家机关和社会力量有效地组织起来，形成了比俄国历史上任何时期都要

---

① 林尚立：《中国共产党与国家建设》，天津人民出版社 2009 年版，第 24 页。

强大的国家组织体系即政党—国家体制,从而形成了一个空前庞大的国家行政组织"①。由此可见,正是一个具有高度整合和动员能力的列宁主义政党的出现,使得风雨飘摇中的沙皇俄国被有效地重新组织了起来,俄国也最终从一个落后的农业国家变成一个强大的现代工业国家。在这一国家制度转型的过程中,政党无疑是轴心力量,它为沙皇俄国转型为一个现代政党国家提供了坚强的领导核心、有效的意识形态和具有高度整合能力的组织网络。可以说,没有一个坚强有效的政党(特别是列宁主义政党),一个具有现代性取向和特征的国家就难以被缔造出来。这是我们分析政党建设国家模式时必须注意到的基本事实。

(四) 三种模式的比较分析

在厘清三种国家建设模式内涵的基础上,我们可以对它们进行简要的比较:一方面,这三种模式最明显、最根本的区别就在于推动国家建设主导力量的不同,主导力量的不同导致最终建设的国家形态也存在明显区别。在阶级建国模式中,不论是资产阶级(如英国)还是官僚阶级(如德国),它们都是这些社会中的主导性阶级力量,掌握着广泛的经济和政治资源,而且具有推动现代国家建设的强烈意愿和能力。在军队建国模式中,军人集团在传统国家秩序混乱、治理失效的情况下挺身而出,承担起建设新国家和新秩序的时代任务。虽然建设而成的国家可能是军人政权而非民主国家,但相对于之前的国家而言是一种新形态,在一定程度上实现了有效的中央集权、官僚化、渗透基层和国家整合等现代国家建设的目标。在政党建国模式中,政党无疑是居于轴心地位的政治主体,政党凭借其在价值、组织和制度方面的强势力量将传统国家改造为政党国家,也具备了许多现代国家的基本特征。

另一方面,我们发现每一种模式在具有某些共性的同时,都蕴含着自身独特的政治逻辑。阶级建国模式的内在逻辑就是:在一个社会的现

---

① 杨光斌:《制度变迁的路径及其社会科学价值》,载《中国社会科学辑刊》,2009年6月夏季卷(总第27期)。

代化进程中，社会中各种新旧阶级力量之间的互动和一定的阶级结构会对国家建设产生决定性意义。这告诉我们在经济发展基础上的社会阶级成长和阶级结构变迁同现代国家建设之间存在着内在的密切关系。军队建设国家模式本质上是发展中国家对特殊的国家发展道路的一种体制性选择，这就意味着"军人政权的成因与特征不应或者说主要不应从军队内部的结构规则来寻找，而应从军人政权所处的社会、历史、文化背景中去寻找"①。而政党建设国家模式很大程度上是在一些平铺化的社会面临崩溃和转型危机情境下的必然选择，政党因其特有的组织、动员和整合能力以及意识形态的吸引力，而承担起了推动国家转型的历史使命。

可以看到，这三种模式是在对世界众多国家建设的历史经验梳理的基础上进行的概括，是在深刻把握国家建设内在逻辑的前提下进行的抽象，因而具有较强的解释力和一定的适用性。当然，每一种模式由于其自身的特殊逻辑而分别适用于不同历史发展阶段和社会政治情境下的国家。例如，阶级建国模式在一个新兴阶级力量薄弱、平铺化和缺乏轴心力量的社会往往是不适用的；军队建国模式在一个阶级力量发展比较成熟和社会结构比较分化的社会也是难以行得通的；政党建国模式在缺乏集权统治和强大政党领导的社会也是无法想象的。不过，笔者也承认这三种模式并不能解释国家建设所有可能的情况，在这之外肯定还有其他模式存在，如通过宗教力量建国的情况。本文提出的三种模式只是在具有典型意义和相对普遍有效解释性的情况下才具有模式的价值。

另外，阶级、军队和政党这三种力量之间本身就存在着密切联系，我们对三种模式的界定主要考虑居主导性地位和发挥关键性作用的力量。在此基础上，我们必须承认其他非主导性力量的存在，甚至还起着不可或缺的作用。也即是说，任何国家的形成过程都不是单一因素在起作用的，而是多种因素共同作用的结果。这实际上涉及"历史合力论"的命题。恩格斯在致布洛赫的信中指出："历史是这样创造的：最终的

---

① 陈明明：《所有的子弹都有归宿：发展中国家军人政治研究》，天津人民出版社2003年版，第320页。

结果总是从许多单个的意志的相互冲突中产生出来的,而其中每一个意志,又是由于许多特殊的生活条件,才成为它所成为的那样。"① 以中国共产党建设现代国家为例,"枪杆子里面出政权"这种说法本身就表明了军队、政党和国家之间存在的密切而直接的关系,即中国共产党是在依靠军队力量和军事斗争的基础上最终建立新中国的。回顾历史,三湾改编的"支部建在连上",从组织上解决了党直接掌握士兵群众的重大问题;古田会议则从政治上、思想上、组织上确立了党领导军队的一系列根本原则、制度和措施。这就是说,"党对军队的绝对领导"这一根本原则就表明了政党牢牢控制着军队,是政党力量而非军队是中国革命和国家建设的轴心力量。因此,我们说中国共产党主导下的国家建设模式是党建国家模式而非军队建国模式。

二、中国国家建设模式的选择及其内在逻辑

任何一个有历史的社会,其走向现代国家都不能脱离其自身特殊的历史和国情,这对于一个有着5000年文明史的东方大国更是如此。"历史虽然不能完全决定这些国家的现在与未来,但其深层的影响是不能忽视的。这种影响往往直接作用于一个社会发展的基础结构:精神结构、生活结构和治理结构……在任何社会,政治都会对社会发展起作用;但在不同的社会,由于其基础结构不同,这种作用的程度和方式也就不同,因而,也就可能在一定程度上影响这个社会建设现代国家的基础与逻辑。在中国,这种影响是比较明显的。"② 回顾历史可以看到,中国从帝国体系迈向现代国家的历程就是在这样的基础和逻辑的指导下进行的。

---

① 《马克思恩格斯选集》(第四卷),人民出版社1995年版,第697页。
② 林尚立等:《政治建设与国家成长》,中国大百科全书出版社2008年版,第8页。

（一）阶级建设国家存在的先天缺陷

帝制中国是一个农耕文明下的平铺化社会，在这样的文明成长环境下，国家对经济、社会和文化的发展具有决定性作用，因而传统中国社会被称为一个官僚主导的帝国体系。在这样的帝国体系下，政府及其构成主体的官僚士绅的统治与治理是一个社会得以存续和发展的重要保障，而统治与治理的好坏直接关系到社会稳定与帝国分合。近代中国是一个在传统与现代的变革之间徘徊不前与挣扎前行的半殖民地半封建社会。面对现代化一波又一波的冲击，传统官僚精英主导的帝国体系无法超越传统与现代之间巨大的鸿沟，实现向现代国家的转型，而成为一个全面涣散的原子化社会。结果，在孙中山等革命精英的积极推动下，辛亥革命终结了延续2000多年的帝国体系，开启了以民主共和为取向的建设现代国家之路。可以说，中国最终迈向现代国家是以传统帝国体系的全面崩溃为历史前提的。

由于传统中国社会是在帝国体系下被政治整合为一个整体的，社会自身缺乏强大的阶级、自组织力量和机制来实现自身的整体整合。因而，这样的社会组织、运行和有效发展依然对国家、政府和政治精英有着强烈依赖性。这种强烈依赖性就决定了传统官僚帝国崩溃以后新的国家形态难以有效建立起来。所以，"要想在帝国体系的废墟上建设一个全新的现代国家，首要任务就是形成能够担负起这样的历史重任的社会主体力量"[①]。

然而，中国传统社会虽然是一个士农工商为主体的四民社会，但却是一个平铺化、无阶级的社会。如钱穆在论述中国传统社会时指出："这一种社会之最大缺点，则在平铺散漫，无组织，无力量。既无世袭贵族，又无工商大资本大企业出现，全社会比较能往平等之路前进。""直到现在，人类智慧尚未发现一个既属平等，而又能有组织有力量的

[①] 林尚立：《中国共产党与国家建设》，天津人民出版社2009年版，第186页。

社会。"① 梁漱溟也认为,"可以说,秦汉以来之中国,但从经济上看去,其农工生产都不会演出对立之阶级来。所可虑者,仍在政治势力之影响于土地分配。"② 这就告诉我们,帝国体系下的社会由于缺乏主导性阶级力量的支撑,也缺乏推动整个社会朝着以民主共和为取向的现代国家转型的阶级结构,因而就必然失去自我转型的阶级基础和政治能力。"随着王朝的衰落,共同的政治中心和晚期帝国有限的稳定让位于现代斗争形式和阶级冲突。"③ 在面临西方冲击和内部矛盾的情况下就产生了总体性危机,曾经强大无比的帝国体系难以实现有效转型而走向崩溃就是历史的必然。所以,我们可以说由于传统社会阶级力量的先天缺陷就决定了中国社会采用阶级建设国家模式是行不通的。

(二) 军队建设国家的歧路和失败

在阶级建设国家存在先天缺陷的背景下进行现代国家建设,首先建设的就是国家权力核心,以便树立起一个推动社会发展和国家转型的政治权威和轴心力量。孙中山领导的辛亥革命虽然推翻了清王朝,但是最后政权却落入了北洋军阀袁世凯等人手中。袁世凯死后,由于无人具有足够能力统领整个北洋军队及政权,各领导人以省割据导致分裂,以军队为主要力量在各省建立起自己的势力范围,尽管他们名义上仍接受北京政府的支配。根据陈志让的研究,北洋和南方军阀都是在1895年以后练新军才逐渐形成的军事势力。他们变成军阀的过程是在义和团之后,中央势力渐趋微弱,地方势力抬头,到清室退位民国成立时期。由于存在派系分裂和地区分裂,这个新兴的军—绅政权不能够统一中国。所以,他认为"中国近代军阀的军队不是现代国家的军队,军—绅政权也不是现代国家应有的政权"④。

---

① 钱穆:《国史新论》,生活·读书·新知三联书店2001年版,第32页。
② 梁漱溟:《中国文化要义》,上海人民出版社2005年版,第134页。
③ 〔美〕魏斐德:《中华帝国的衰落》,邓军译,黄山书社2010年版,第240页。
④ 陈志让:《军绅政权:近代中国的军阀时期》,广西师范大学出版社2008年版,第182页。

比较视野下的中国政治
国家建设模式的类型和中国国家建设模式的选择

事实上，在孙中山进行北伐和蒋介石统一全国的进程中，基于政治合法性价值的行为考量，"普遍地赞成国家统一，使所有军阀的合法性产生了危机，他们陷入了既希望保持其政治独立性，又无法否认国家统一原则的矛盾之中"①。虽然蒋介石最终名义上统一了中国，但由于其偏离了孙中山以党建国、以党治国的国家建设道路，而过分强调以军队为中心建设国家的重要性，使得国民党没有办法成为一个强大、统一和有整合力的政党，可以说是走上了一条歧路。王奇生在对1931年以后国民党党治结构的研究中提出，"全代会、中常会和中政会之所以变得无足轻重，人数太多只是一个表面因素，实则党权已为其他力量所侵夺取代。而侵夺党权的力量，不外乎军权与政权，其中主要是军权"。"国民党党治体制的法理序列依然是党→政→军，而实际序列却是军→政→党；名义上是以党统政，以党统军，实际上是以军统政，以军控党。"②易劳逸也认为："军队是国民党政权的主要支柱。这一政权的政治机构——国民党和国民政府，既没有建立坚实的社会基础，也没有创造出强有力的自主性……在整个国民党政府统治时期，它们一直被军队的领导和政策需求所笼罩。"③ 这就是说军队在建设国家的进程中居于核心地位。

事实上，军队在国家建设中的核心地位同蒋介石重军轻党、过分迷恋军权的军治理念是有直接关系的。重军轻党就在很大程度上分散甚至取代了他对党治和党机器组织建设的关注。这就会导致政党完全沦为军政的附庸，将整个国家推向政治军事化和社会军事化。这样也导致国民党在群众基础、党义和政治纲领以及组织和动员能力等方面都出现严重问题，使得国民党政权的支撑力量不是党员和党机器，而是军人和武力，看似独裁强大的国民党最终只是一个"弱势独裁政党"。与此同时，

---

① 〔美〕齐锡生：《中国的军阀政治（1916—1928）》，杨云若、萧延中译，中国人民大学出版社2010年版，第160页。
② 王奇生：《党员、党权与党争：1924—1949年中国国民党的组织形态》，上海书店出版社2009年版，第167、170页。
③ 〔美〕易劳逸：《毁灭的种子：战争与革命中的国民党中国（1937—1949）》，王建朗等译，江苏人民出版社2010年版，第120页。

国民党本身是一个弱意识形态的政党，它在让军队服从党的意识形态和依靠军队将领的意识形态认同去控制军队方面[1]都存在一定问题，如果同共产党相比那更有很大的差距。此外，国民党内部存在的严重派系斗争、贪污腐败和纪律废弛也严重影响到国民党军队的战斗力和凝聚力，这就使得军队难以有效履行领导和推动中国国家建设的历史任务，军队建设国家模式在中国也必然是没有真正出路的。

（三）政党建设国家的最终成功及其内在逻辑

正如前文所述，帝国体系由于缺乏支撑性的阶级力量而走向崩溃，这就使得中国社会迈向现代国家依然面临着中心指导力量缺失的关键性问题。孙中山等革命精英建立起了精英型政党——国民党和革命性军队，并以政党和军队等核心力量为主导，试图通过走一条"军政、训政和宪政"的现代国家建设之路。孙曾经指出："现尚有一事可为我们模范，即俄国完全以党治国"，"我们现在并无国可治，只可说以党建国。待国建好，再去治他"，"其实我们现在何尝有国？应该先由党造出一个国来，以后再去爱之"，"党有力量，可以建国"。[2] 客观而言，孙中山先生构想的党建国家的国家建设方案是很有远见的，也具有可行性。但是在孙去世之后，国民党在蒋介石领导下过分推行以军统政、以军控党，使得国民党无法成为一个强大统一的政党。此外，国民党本身存在着严重腐败、纪律废弛、缺乏有效整合和渗透社会的能力等诸多致命问题，因而也就难以承担建设现代国家的使命和有效解决近代中国以来面临的主权、政权和民族危机。所以，孙中山开创的这条现代国家建设之路在走上歧路和遭受多次严重挫折，并最终以失败告终就具有历史的必然性。

在这里，我们必须承认的基本事实就是：现代中国的国家建设最终是在中国共产党的领导下进行的。中国国家建设的历史使命最后由政党

---

[1] 参见金观涛、刘青峰：《开放中的变迁：再论中国社会超稳定结构》，法律出版社2011年版，第247—251页。

[2] 孟庆鹏编：《孙中山文集》（上），团结出版社1997年版，第392—393页。

而非阶级和军队来完成，这体现为党在国先、以党建国的特殊历史道路。通过强大的政党力量主导国家建设，然后以国家力量推动经济发展和社会成长，实现朝着现代文明的整体结构性转型，这是中国国家建设的内在逻辑所在。汤森等人曾指出："1911年的辛亥革命留下的遗产是一个完全不可信任的政治传统，它并未给它的继任者提供指导原则，而是导致了促使国家进一步分裂的政治真空。……然而，真正的权力和权威需要能对国家危机做出可靠反应的精英集团。……在需要新的领导和政策的情势下，中国共产党人的威信与他们的竞争者一样好，最终还更好。中国共产党……它完成了中国革命的一个代表者，并且是它未来的一个主宰者。"① 在辛亥革命之后，中国全面开始现代国家建设的努力，中国现代国家成长的历史也由此开启。在这个历程中，国民党以党建国、以军建国的努力都最终失败了，而中国共产党在其中扮演了核心角色，其高层精英集团成了主导性力量，他们"不仅领导中国人民完成了新民主主义革命，而且建立了新中国，开辟了以社会主义为取向的现代国家建设和发展历程，并取得巨大成就。中国共产党与中国现代国家成长之间深刻的内在联系，决定了中国现代化发展的历程，也决定了中国现代国家成长的内在逻辑"②。邹谠也曾指出："20世纪中国政治的一个特征，就是政党及其领袖的决策对政治发展的影响，在一个更长的时期中，比其他国家更直接、更重大、更显而易见。"③ 这实际上都强调了政党及其精英在中国现代国家建设和政治发展进程中具有的突出重要性和特殊价值所在。

相对于阶级建国和军队建国模式而言，政党建国模式的优势是明显的，其最后成为中国国家建设的主导性模式也就是顺理成章的。对于处于后发现代化进程中的中国而言，强大的政党—中国共产党由于能够同

---

① 〔美〕詹姆斯·R. 汤森、布莱特利·沃马克：《中国政治》，顾速、董方译，江苏人民出版社2007年版，第34页。

② 林尚立：《国家建设：中国共产党的探索与实践》，载《毛泽东邓小平理论研究》，2008年第1期。

③ 邹谠：《二十世纪中国政治：从宏观历史与微观行动的角度看》，香港牛津大学出版社1994年版，第18页。

时满足现代国家建设中"经济与社会对国家权威的需求"和"经济与社会发展之后对国家民主的需求"①,她就最终承担起了建设现代国家的历史使命,而共产党精英集团由于其在政党国家中的特殊地位和功能,也必然就是推动中国走向现代国家的核心力量。所以,"'没有共产党就没有新中国'不仅是一种意识话语和政治宣示,还是中国民族国家建设和制度变迁历程的真实写照"②。这实际上是理解和把握中国现代国家建设内在逻辑的关键所在。

三、简要讨论:政党国家转型和中国现代国家建设的深化

可以说,在中国走向现代国家的历史进程中,政党建设国家模式的成功并非偶然,而是在当时特殊的历史情境、社会结构和政治精英作用等多方面条件下合力共同作用的结果。这一模式也是对长期以来占据西方主导地位的阶级建国和军队建国模式的一种超越和发展。该模式下形成的国家形态是典型的政党国家。从这个意义上讲,本文对国家建设模式进行类型学划分并用它来分析和解释中国国家建设的情况就具有重要的理论价值和现实意义。

无疑,中国现代国家建设本来应该实现向民族国家和民主国家的双重转型和均衡协调发展的目标。然而,由于革命战争的内在逻辑和后发外生型的现代化特殊处境,中国的国家建设"不同于原发内生型现代化国家直接以民族作为国家建构的基础,它是由组织严密的政党作为国家建构的基础。因此,古典国家形态转变的结果不是从文化—国家到民族—国家,而是从文化—国家转变为政党—国家。设定民族—国家(nation-state)是现代国家的规范形态,那么政党—国家(party-state)

---

① 参见林尚立等:《政治建设与国家成长》,中国大百科全书出版社2008年版,第34—35页。

② 杨光斌:《制度变迁的路径及其社会科学价值》,载《中国社会科学辑刊》,2009年6月夏季卷(总第27期)。

就是现代国家的变异形态"①。这里政党—国家又可以称为党治国家,它在一定时期具有充分的历史合理性是毋庸置疑的。但是"也必须看到它的内在逻辑是把政党变成国家,把国家变成无所不包的'党国体制',既泯灭了政党的原始机制——政党的功能高度行政化,政党偏离了政党的角色,又消泯了国家与社会的界限——国家全面扩张最终吞噬了社会,反过来抽调了国家建设的物质和政治基础,导致国家政权建设的全面困境"②。显然,这样的政党国家形态是难以长期维系下去的,而且在改革开放以来经济市场化、社会利益分化和东西方文化交融的背景下,政党国家面临的困境和矛盾就更加突出,这些方面集中到一起都客观上要求政党国家进行适应性转型。

有学者指出,"党治国家的本质就是党建设现代国家,其使命有两个:一是全面建立现代国家制度;二是全面培育现代国家的公民。有制度、有公民,现代国家体系才有了确立的基础和运行的条件。"③ 在这样的基础上思考当代中国政党国家的转型,就是要使政党在中国现代国家建设进程中实现上述两个方面的基本使命。虽然在中国这样一个后发现代化国家中,政党主导国家建设是必然选择,但是这种政党主导并不是最终目的。政党主导的目的是最终建设起一个具有现代民主共和取向的现代国家体系,要全面实现经济、社会和政治的制度化发展,这是党需要长期奋斗的目标。面对全球化条件下新的执政环境,中国共产党积极地从意识形态和组织两大维度进行"政党重建",以保障执政地位和具备推动国家建设的能力。它主要从阶级斗争到阶层合作、从全能到法治、从革命党到执政党、从内定任命到党内民主等方式进行自身的适应

---

① 任剑涛:《政党、民族与国家——中国现代政党—国家形态的历史—理论分析》,载《学海》,2010年第4期。
② 陈明明主编:《共和国制度成长的政治基础》(《复旦政治学评论》第七辑),上海人民出版社2009年版,第255页。
③ 林尚立等:《政治建设与国家成长》,中国大百科全书出版社2008年版,第36页。

性调整，从而开启了"政党国家的内部转型"①。显然，这是值得高度关注的动向。

客观而言，这一"政党重建"和"内部转型"的努力虽然取得了阶段性的积极成果，但离党建设现代国家两大使命的要求还比较远：一方面，中国的现代国家制度依然不够完善，特别是按照民主法治原则将执政党纳入到现代公共政治生活和制度体系中去依然面临诸多难题；另一方面，在强大的执政党一党领导和后全能主义体制下，具有现代意义的公民和公民社会的成长依然比较羸弱。上述两方面问题就必然导致中国现代国家体系确立的基础和运行的条件是非常薄弱的。这就表明推动政党国家进一步转型具有紧迫性和必要性。如果政党国家推行的一些改革和转型措施仅仅是为了维持统治集团自身的生存，而不是进行积极主动的制度转型，那么它就不能有效地化解社会内部深刻的危机和外部的挑战，就必然会沦为"陷入困境的转型"②。这是谁都不愿意看到的后果。

因此，从当代中国的政治逻辑出发，执政党必须顺应时代潮流和社会发展的要求，积极主动地在价值、组织和制度等方面作出不断的适应性调整和积极有效的转型努力，中国现代国家建设才能具有真正持续有效的轴心力量去支撑。这样的话，中国国家建设也才能真正地持续走向深化，并在调适和转型进程中最终完成现代国家建设的民族国家和民主国家的双重任务和目标。

---

① 参见 David Shambaugh, *China's Communist Party: Atrophy and Adaptation*, Washington, D. C. and Berkeley, CA: Woodrow Wilson Center Press and University of California Press, 2008；叶麒麟:《政党国家转型的内在逻辑——改革开放以来中国共产党的适应性研究》，载《中共天津市委党校学报》，2010 年第 3 期。

② Minxin Pei, *China's Trapped Transition: The Limits of Developmental Autocracy*, Cambridge, MA: Harvard University Press, 2006.

2011年新加坡大选的观察与思考

黄卫平　陈　文　陈家喜[*]

【内容摘要】 深圳大学当代中国政治研究所一行人，专程前往新加坡调研该国国会议员大选实况，本文就此次调研的初步观察与思考提出以下疑问并予以解答：其一，为什么新加坡执政党——人民行动党在此次大选中面临前所未有的挑战？其二，面对人民行动党的优势地位，为什么新加坡反对党能够赢得6个议席，并在阿裕尼集选区历史性地胜出？其三，尽管选情激烈，为什么整个竞选过程始终秩序井然，未出现贿选、黑金、族群冲突和暴力事件等东亚国家常见的选举弊病？其四，为什么此次大选被视为是一场"多赢"的竞选？其五，为什么说此次大选是"新加坡政治的分水岭"？

【关键词】 新加坡大选；挑战；分水岭；多赢

2011年5月4日至8日，深圳大学当代中国政治研究所一行三人，专程前往新加坡调研该国国会议员大选实况，先后观摩了新加坡人民行动党、工人党、新加坡民主党的四场竞选造势群众大会，并随机访谈了

---

[*] 黄卫平：深圳大学当代中国政治研究所所长、教授；陈文、陈家喜：深圳大学当代中国政治研究所。

新加坡各界民众,全程关注5月7日的竞选进展,直至5月8日凌晨选举结果公布。现将此次调研的初步观察与思考汇报如下:

一、为什么新加坡执政党——人民行动党在此次大选中面临前所未有的挑战?

在国际社会以廉洁高效著称,在新加坡连续执政长达半个世纪的人民行动党,创造了令人振奋的经济成就:2010年新加坡GDP增长14.9%,人均GDP高居世界前列,失业率降至2.2%,老百姓充分就业,保障性住房"组屋"政策令近80%的国民"居者有其屋"。然而,为什么良好的执政绩效并没有换回高度的政治支持率?人民行动党在此次大选中的得票率降至历史新低,仅为60.14%,比历史最低年份1991年大选的61%还低,更远低于1997年的65%、2001年的75.3%和2006年的66.6%。

反对党对人民行动党的批评焦点之一是其作风"傲慢",认为其"自恋、自傲、自满",由于长期执政,政绩显著,精英积聚,对来自社会底层民众对物价飞涨、交通拥挤、申请组屋面临的各种困难等生活成本上升的民生问题反应相对迟缓。这看似抽象的指控,实际上得到了许多选民的认同与附和,集中反映了老百姓的不满和心声。另外,新加坡传统的"高薪养廉"和"高薪揽才"政策(新加坡部长级薪金是世界第一,并与GDP增长挂钩,2010年普涨5%,而普通民众收入仅增长1%)也日益引发选民对贫富分化的负面观感。

此次笔者在调研中发现,反对党特别是工人党的竞选造势群众大会,民众参与踊跃,声势浩大,数万选民从四面八方涌来,将原定会场(运动场、社区大草坪、大型商务办公楼前广场等地)挤得水泄不通。很多人不得不站在正式会场以外的周边地区,群情激昂,又不失理性地为反对党助选,宣泄平时长期积压的怨愤。笔者先后随机访问了6位出租汽车司机,几乎一边倒准备投反对党的票。此次新加坡大选还首次开放了网络竞选，给广大年轻网民提供了参与空间，而网络舆论的特点也给反对党大涨了声势，以往反对党竞选造势活动的新闻往往遭遇传统媒体冷遇的现象也有重大改观。

这一现象表明：由于时代的发展，观念的变化和科技进步，对于长期执政的政党，无论政绩如何卓著，很多民众会认为这是理所当然的，但对于政府工作中的具体失误，不要说重大决策错误，哪怕是些许瑕疵，民众也会要求执政党对此承担责任。在民众的政治参与意识、法治观念日益觉醒的现代社会，在公民可以自由表达政治意愿，实行竞争性选举的条件下，选民往往会将选票投给反对党来宣泄自己对执政党及其政府的不满。新加坡人民行动党今天面临的挑战是前所未有的，不是因为其干得不好，而是民众要求其干得更好；不是因为其政绩不彰，更不是因为贪污腐败，而是民众的参与诉求和利益诉求在不断提升，不仅对物质利益的需求在增长，而且对公平、正义、民主的呼声也日益高涨。正如工人党秘书长刘程强率领竞选团队在阿裕尼集选区获胜后，对支持者表示的那样，"您的支持也告诉行动党政府和全世界，除了经济上的发展，您也希望新加坡朝向民主迈进。你们也希望政府更包容、透明、负责以及更愿意作出回应"。代表人民行动党在该选区败选的新加坡外交部长杨荣文也承认："刘程强先生自己说他们赢得阿裕尼选区不是因为原来的团队做得不好，而是因为选民希望工人党在国会里成为他们的声音。刘先生的分析是公平的，我同意他的看法。选民对工人党在国会里发出强大声音的渴望，是涌进阿裕尼的一股政治浪潮，尽管我们尽了最大努力，也无法抵挡。"

二、面对人民行动党的优势地位，为什么新加坡反对党能够赢得6个议席，并在阿裕尼集选区历史性地胜出？

虽然新加坡执政党选择了国家走出金融危机后经济迅速发展的有利时机进行大选，但反对党根据社情民意积极谋划、理性应对，最终取得一个单选区（后港选区）和一个集选区（阿裕尼选区）的胜利，使竞选胜出的议员由上届的2席增加到6席，取得历史性胜利。其主要举措是：

1. **反对党在各选区首次全面向执政党挑战**。此次大选，新加坡共有7个反对党报名参选。除了政治强人李光耀领衔参选的丹戎巴葛集选区之外，反对党在剩余的26个选区组织力量与人民行动党同台竞争，从而使不满执政党的选民有机会投票表达意愿，避免历次大选中很多选区出现无人与执政党竞选而使行动党不战而胜的局面，给许多长期没有机会投票的选民和首次达到投票年龄的年轻选民表达不满的机会，改变了以往反对党在许多选区无能力推出有竞争力候选人的状况。

2. **反对党之间进行了最大限度的组织协调**。在选战开始前，各反对党进行了协调，即尽可能避免相互间的内耗而集中力量对抗人民行动党。各反对党经协调分别在不同选区分别挑战执政党，除榜鹅东单选区分别有工人党和新加坡民主联盟与执政党三党竞选外，其他所有选区都只有一个反对党向执政党挑战，最大限度地避免反对党阵营内部得票分散现象。

3. **主要反对党——工人党提出具有较强号召力的竞选口号**。工人党的竞选口号是"迈向第一世界国会"，其基本寓意是反对党并不奢望立即成为现有执政党的"替代"性政党，而只是希望成为国会中人民行动党"一党独大"情况下的"平衡"性政党。正如工人党秘书长刘程强所言，"只有反对党强大，才能改变行动党"。这一口号满足了新加坡民众要求在国会中有更多监督与制衡执政党力量的愿望，以此最大限度争取选民的支持。

4. **工人党集中精兵强将在个别选区，全力争取历史性突破**。工人党选择支持者相对集中的阿裕尼集选区来挑战执政党，上届大选人民行动党在该集选区仅以56%的较微弱优势战胜工人党。上次大选时，新加坡内阁资政李光耀曾嘲讽工人党秘书长，原后港区议员刘程强"为什么不走出后港单选区到集选区去竞选"。此次大选，刘程强不仅主动回应李光耀的挑战，领衔工人党竞选阿裕尼集选区，还在竞选团队中延揽了陈硕茂这样拥有哈佛大学本科、牛津大学硕士、斯坦福大学博士学位，长期在海外国际著名律师行执业的精英人士,给予一向奉行"精英主义"的执政党重大挑战,一举击败了由外长杨荣文领衔的执政党5人团队。

5. **执政党主动回应人民期待,积极顺应时代潮流,给反对党提供了更大的制度平台。**近年来,人民行动党已意识到人民政治参与诉求的提高和反对党实力的增强,积极回应和调整政策空间。选举开始前执政党推出政治改革的重大举措,正如李显龙表示的那样"无论大选成绩如何,下一届国会将出现9位官委议员以及至少9位反对党议员。……各党派议员可以针对各种问题发表意见,进行辩论,为新加坡寻找最好的发展策略"。这一制度变革,为反对党预留了比以前更多的制度空间。虽然反对党并不满足于仅出任对修宪和重大法案没有投票权的非选区议员,但执政党开明、开放的改革举措还是激励了选民自由地表达政治诉求。

这一现象表明,随着经济发展,人民生活改善,社会普遍受教育程度提高,人民将不再仅仅满足于经济增长,而是要求更多的政治参与机会和对长期执政、一党独大的执政党更多的监督制衡,并且可能理性地、循序渐进地争取民主政治的成长,积极地在现行制度的框架内,最大限度地争取与执政党进行合法、良性竞争。反对党批评执政党"他们把新加坡当做一家企业来管理,又把国内生产总值当做主要的衡量表现的指标,甚至用来制定部长的百万元年薪",喊出了"我们不是用来成就经济增长的工具,我们不是一堆数字"(国民团结党),他们"需要团结一致,建设一个公正平等的民主社会,而确保国会里拥有多过两个替代政党的议席"(新加坡人民党)。李显龙总理在代表执政党总结大选时,也承认"选民的诉求出现显著变化,大家期望反对党人进入国会,扮演制衡政府的重要角色",同时也肯定反对党"他们的操行负责任,并且组成多元种族团队竞选"。

三、尽管选情激烈,为什么整个竞选过程始终秩序井然,未出现贿选、黑金、族群冲突和暴力事件等东亚国家常见的选举弊病?

人民行动党除了输掉阿裕尼集选区的 5 个议席和后港单选区的 1 个议席外,在波东巴西单选区、如切单选区的得票率均刚超过 50%,属于险胜。但整个选举过程有条不紊,在理性法治的轨道内进行,其主要原因大致有:

1. **新加坡法治宪政成熟,对违法竞选行为惩罚严厉**。新加坡宪政民主相对成熟、司法相对独立,对违法竞选行为,以及涉及种族、宗教等极端敏感问题有严格的法律红线。根据新加坡法律,竞选活动仅进行 9 天,投票日前一天为冷静日,当天严禁公开竞选造势拉票活动。此外,国家对竞选经费和竞选宣传都有严格的法律规范,从以往的历史经验和本次大选观察,新加坡极少有选举舞弊案件和恶意人身攻击现象发生。特别是新加坡的选举制度基本得到广大选民认同,朝野政党及其支持者均能理性接受大选结果,李显龙总理在选后立即呼吁"所有政党和他们的支持者尊重大选的结果和人民的决定,全体国人在选举后应该遏制争议,努力修复裂痕"。

2. **新加坡长期实施多党竞选,各政党高度理性**。虽然新加坡长期由人民行动党一党执政,实行威权统治,但长期有反对党合法存在并参与竞选,人民行动党自觉地认识到执政党是通过大选受人民委托执政的,"大选是谈论政府的政策的时候,也是政府和人民更新契约的时候"。因此,"要向全体选民发出的呼吁是……请投人民行动党一票!"(2011 年 5 月 6 日李显龙总理代表人民行动党的竞选广播)而人民也已逐步适应运用选票来理性表达政治诉求,反对党也承认"在过去的 30 多年以来,有成千上万的人选择了反对党,而他们并没有遭受到有个人针对性的报复"(2011 年 5 月 6 日革新党的竞选广告)。

3. 新加坡现行政治制度得到大多数选民的认可和支持，使得"建设性"的反对党有了生存和发展的可能。长期以来，新加坡经济繁荣、政治稳定、执政党总体能够顺应时代和环境的变化，更新政策和领导班子，"也逐渐改变治理国家的方式"，特别是在应对重大危机时有良好政绩。因此，最大反对党——工人党反复向选民表示，"历来当选的工人党议员从来不曾，以后也不会，为了反对而反对"（2011 年 5 月 6 日工人党的竞选广播）。因此，新加坡的此次大选虽然竞争激烈，但主要是围绕各种公共政策的议题在辩论，是让人民选择"确保新加坡安全和繁荣的政党和候选人"（人民行动党），还是选择"能确保行动党真正成为新加坡人民的公仆，而不是以主人自居，也能保障可信赖的反对党议员有机会积累必要的经验，在执政党失败时足以组成替代政府"的反对党（工人党）。执政党警告反对党想争夺领导国家的"方向盘"将危害国家安全；反对党则回应国家需要"备用轮胎"。

四、为什么此次大选被视为是一场"多赢"的竞选？

新加坡此次大选被一些学者视为是执政党和反对党"双赢"的选举，我们认为可能不仅是"双赢"，甚至可以视为是"多赢"的选举。

1. **此次大选是反对党的胜利**。他们赢得了历史性突破，首次在议会中获得 6 位竞选获胜的议席，首次在一个集选区获胜，首次获得约 40%选民支持。因此，刘程强认为"这是新加坡政治和未来一代的里程碑"，选民"要使新加坡的民主成熟"。特别是工人党获得 6 个议席，还将根据新加坡新的政治制度保证反对党在国会有不低于 9 席，工人党还将获得落选选区得票率相对最高的 2 席"非选区议员"（另 1 席由新加坡人民党获得），从而成为国会中最有实力的反对党。

2. **此次大选也是执政党的胜利**。人民行动党在竞选 87 个议席中获得了 81 席，还惊险夺回了波东巴西单选区 1 席原来由反对党——人民党所拥有的议席，继续获得国会 2/3 以上的绝对多数，可以轻松通过执政党提出的各项重要法案，包括宪法修正案，保持强势执政地位。人民行动党秘书长李显龙领衔的执政党团队，在宏茂桥集选区获得了近70%的选民支持，超过上届66%的得票，显示了正在领导人民行动党及其政府进行政治改革的李显龙总理得到人民更广泛的支持，政治声望日益提升。

3. **此次大选也是新加坡人民的胜利**。此次大选使执政的人民行动党强烈地感受到"选民的诉求出现显著变化"，"各年龄层选民对政府和对国家的期望也提高了"，人民希望"新加坡的政治体制将更具竞争性"（李显龙）。新加坡媒体普遍反映"人民发出了强烈信号，要执政党改变作风"。执政党也一再表示选民的意见他们听进去了，特别是李显龙总理向人民道歉和落选的杨荣文外长呼吁执政党改革，以及为新加坡作出了杰出贡献的老一代政治家李光耀和吴作栋两位前总理在大选后宣布退出内阁，从而顺应人民的新期待，正式拉开了执政党改革的序幕。在新一届政府就职典礼上，李显龙总理全面回应了反对党的呼声，将全面检讨和改进民生政策，包括总统、总理和部长的薪金制度，新加坡选民的愿望得到了执政党及其政府的良性互动。

4. **此次大选也为新加坡共和国赢得新的国家形象**。选举过程中，新加坡朝野各政党和广大选民的理性竞争、良性互动，顺应了时代潮流和人民期待，开启了新加坡政治发展的新纪元。新加坡长期以来实行威权统治，人民行动党长期一党独大，制度上对反对党和媒体限制较多。开国元勋李光耀先生以家长作风和强人形象著称，他那种"由我们来决定什么是对的，别理会民众的看法"和"与其让人民爱戴，不如让人民畏惧"的马基雅维利式执政方式，虽曾在这个城市国家取得惊人的成功，但也越来越面临大的挑战和压力。此次大选李光耀还是继续保持他一贯的"直来直去"的说话方式，警告选民如投票给反对党，他们将"会后悔五年"，却不仅没有吓倒年青一代选民，反而更刺激了选民投反对党的票。而执政党现任的领导群体却已认识到人民要求变革的呼声和执政党需要转变执政方式，以应对政治格局转变的紧迫需要。李显龙总理向国人承诺，"我们将以真诚谦虚的态度为人民服务……不论你是不是行动党的支持者";并认为"新加坡的政治已进入一个新时代……我们的政治体制也更具竞争性。我希望这会使新加坡更加强盛,而不会分化我们的社会"。落选的新加坡外长杨荣文的团队也很有风度地向竞争对手表示"恭喜",强调"新加坡的历史翻开了新篇章……无论成绩如何,我们都是新加坡人"。这充分显示了新加坡正在为创造"亚洲优质民主进程"(郑永年)而作出新的贡献,进一步提升了新加坡的国际形象。

五、为什么说此次大选是"新加坡政治的分水岭"?

新加坡此次大选在该国政治发展中具有划时代意义,表现为:

1. **新加坡竞争性选举的政治制度开始形成**。此次大选吸引了大批反对党候选人参选,共7个政党推出170位候选人竞选87个国会议员,创新加坡历史之最。反对党也向执政的人民行动党发起最广泛的挑战,参与27个选区中的26个选区的竞选活动(李光耀参选的丹戎巴葛集选区在规定时间内无反对党合法报名参选),当选的反对党议员也创历史之最,工人党在阿裕尼集选区当选5人,在后港单选区当选1人。特别是反对党历史性地首次在阿裕尼集选区的胜利,标志着人民行动党长期在集选区的垄断性优势开始松动。因此,李显龙总理在大选揭晓后明确表示"这次大选是新加坡历史的分水岭,标志着我国政治已经进入一个新时代。在大选之后,各方和全国人民都应该去适应新的政治环境"。新加坡竞争性选举制度逐步形成并日趋成熟,虽然执政党的优势和强势地位并没有改变,但国会中的监督与制衡力量在增长,执政党的执政方式将发生重大改革。

2. **新加坡政治版图发生重大变化**。此次大选230万合格选民投票率高达93.06%,共计205.77万人参与了投票,创新加坡独立以来之最。其中,约有60万21—34岁之间的第一次参与投票者。随着社会结构的变化,特别是受过良好教育并在富裕社会中成长起来的年青一代和体制外社会精英的增加,国民的整体素质和选民的政治认同发生了重要转变，人们开始具有更为强烈的政治参与意识和政治表达诉求。这一部分选民要求表达和改变的愿望强烈，他们充分利用社交网站如脸书（Facebook）、YouTube 和推特（Twitter）为"政治偶像"设立网站、转发文章、表达意见、转发照片等等，成为反对党的重要支持者。历史发展表明新加坡年青一代不再将经济发展和 GDP 增长作为第一选项，而更重视民主、公正、平等地分享经济发展的成果，更重视广泛参与公共政策的制定和政治人物的遴选。

3. **人民行动党的强势执政方式开始转变**。人民行动党首次低姿态参与竞选动员。在反对党势力强大的阿裕尼选区，现任总理李显龙亲自为该选区候选人杨荣文站台助选。在 5 月 3 日群众大会、Facebook 上与网民的网聊以及冷静日竞选演说中，李显龙都对老百姓反映强烈的相关议题，如组屋价格、收入差距、通货膨胀、外籍劳工等问题作出回应，坦承执政党的工作不足。选举结束后，李显龙道歉并承诺要"纠正错误"，人民行动党及其政府将更包容不同意见，更尊重社会大众的意见，更多地为普通老百姓提供政治参与的平台，倾听民众的心声，而不仅仅依靠专家和精英。据新加坡民众反映，这在李光耀时代是不可想象的。

4. **老一代政治人物正式淡出历史舞台**。新加坡大选结束后一周，5 月 14 日新加坡内阁资政李光耀和国务资政吴作栋两位前总理出人意料地发表联合声明宣布从内阁退休，他们表示：在具有分水岭意义的选举后，他们决定离开内阁，因为"研究新的政治局势并考虑这一局势对今后的影响……是时候让年青一代推动新加坡在更加困难和复杂的情况下向前"。他们认为，他们已为新加坡的发展作出了贡献，现在是让李显龙总理和他的年轻领导团队有个全新阵容的时候。他们看到新加坡年青一代除了需要清廉和任人为唯贤的政府，以及享有更高的生活水平之外，也要政府在作出将影响他们的决定时，同他们进行更多的沟通。李光耀先生是新加坡开国元勋，名副其实的"小国大政治家"，他所开创的"新加坡发展模式"给东亚很多第三世界国家以启迪，也对中国的改革开放产生了重要的激励作用。他一生致力于国家的发展，他在 87 岁高龄时的"华丽转身"，顺应了时代潮流，将为新加坡的未来创建更加坚实的制度基础。李光耀先生从内阁退休，标志新加坡的"后李光耀时代"正在向"李光耀后时代"转变。

六、新加坡大选的政治启示

1. **一党长期执政不仅可能保持廉洁，也可能逐步推进多党竞选政治**。只有搞多党制才能遏制腐败的观点和多党竞选条件下一党难以长期执政的观点都是值得商榷的。新加坡执政的人民行动党内部也曾研讨，在保持政治稳定，经济发展的前提下，为适应民众政治参与的需要，是否可将人民行动党主动分解为两个代表不同公共政策取向的政党，以供人民选择。而在现行的新加坡非对称性政党制度条件下，反对党并无能力替代执政党，却能起到警示、监督、制衡执政党的功能，反而更有利于人民行动党努力改革、完善执政方式，积极回应民众需求，遴选出选民"公认"的优秀干部。

2. **长期以执政绩效和经济发展为执政合法性基础的执政党，也可能面临重大的民意挑战**。人民对执政党的要求是不断提高的，只有不断满足民众日益增长的需求，与时俱进地改革、完善执政方式，代表最广大民众利益的政党才能不断保持执政地位。在追求国家独立、民族解放的时代和全面推进国家建设和经济发展的时代，走在时代前列，引领国家发展的政党领导方式和回应人民需求的方式都是不同的。而在经济高速增长的全球化、信息化时代成长起来的年青一代参与决策的愿望与分享权力的诉求，必将与日俱增，这就是创造了新加坡奇迹的人民行动党今天面临的压力。

3. **缺乏民主传统的东亚威权体制，也可能逐步发展出宪政民主和优质的竞选制度**。随着经济发展、人民生活水平和教育水平提高，民众的参与意识和民主诉求必将不断提高。特别是在全球化背景下和网络化时代成长起来的年青一代，自我意识、参与要求和国际视野不断发展，传统权威和历史价值正在发生重大变化，只有适应这种时代变局，改革传统政治体制,才能满足民众愿望,促进社会和谐,推动社会进步。新加坡的经济发展和社会进步,以及公民素质的提高,已经使传统东亚人治国家向现代宪政法治国家转型,人民高度认同现行体制及其发展方向,执政党、反对党和选民都在共同价值规范和制度框架内博弈,给世人提供了很有想象空间的发展远景。

4. 信息技术和新媒体的发展,对现代国家的执政党及其政府的民主、科学、依法执政的能力提出了前所未有的挑战。顺应和驾驭竞选政治的能力,了解和掌握主流民意的能力是21世纪现代政党的核心竞争力,这与上世纪很多第三世界国家的政党核心竞争力有着显著不同。在20世纪,广大第三世界国家政党的核心竞争力主要看能否在争取国家独立、民族解放,推动经济发展方面满足多数民众的愿望。而在市场经济高度发展,民主法治建设逐步推进,公民受教育程度普遍提高的新兴发展中国家,执政党如何应对网络新媒体的发展,如何主动代表民意,积极回应民意,有效整合民意,善于引领民意,不断满足民众参与和共享的需求,从而有效驾驭竞选政治的能力,正在不断地考验着执政党。

5. 在非对称性政党体制下开放民主选举并不必然带来混乱、动荡和民粹主义。面临复杂的国际竞争和国家安全形势,在确保国家经济发展、民生不断改善的大前提下,适度发展民主政治,不断拓宽公民有序政治参与的空间,开放竞争性选举民主并不必然导致民粹主义。只有在威权体制下,民众政治参与空间狭窄,只能通过网络进行非理性的民粹情绪的狂热宣泄,才是对执政党政治合法性的最大威胁。新加坡大选期间网络民意和社会舆论几乎一边倒地倾向反对党,但选举结果执政党依然获得60%选民的支持,掌控90%以上的国会议席,与网络民意调查选民希望反对党可以拥有20%的议席有较大差距,表明多数民意是高度理性的,反对党的支持声音可能很大,但支持执政党的选民往往没有主动出声,但他们理性投票,肯定人民行动党执政的历史功绩和未来改革的承诺。在非对称性政党体制下,相对弱势的反对党支持者往往可能是"积极选民",而相对强势的执政党的传统支持者则会有不少

"消极选民"，执政党只要积极回应多数选民的诉求，充分激发传统支持者的政治热情，是完全有能力既开放政治选举，又能够保持长期执政地位的。

巴勒斯坦难民营状况考察

范鸿达[*]

【内容摘要】 巴勒斯坦难民问题是影响巴以和解的关键因素之一。目前480多万巴勒斯坦登记难民中，有140余万生活在58个难民营中，这些难民营分布在约旦、黎巴嫩、叙利亚、东耶路撒冷以及巴勒斯坦的西岸和加沙地带。由于所在国（地区）的发展程度和相关政策不同，所以各地难民营也是特点不一，相比较而言，目前约旦和叙利亚的难民状况稍好些，这两个国家都有专门的政府机构负责巴勒斯坦难民事务；近年来黎巴嫩政府对巴勒斯坦难民的关怀程度也在提升；巴勒斯坦控制区特别是加沙地带的难民状况则是相当之差。简而言之，各地难民营普遍存在的主要问题有人口密度过大、医疗和教育资源紧缺、涉入政治程度较深、与以色列对抗烈度更高等。虽然国际社会的救助可以部分改善巴勒斯坦难民的生存状况，但是解决巴勒斯坦问题的根本途径有赖于巴勒斯坦国家建立后的移入与难民所在国家的完全公民身份和权利的授予。

【关键词】 巴以冲突；难民问题；巴勒斯坦难民营

---

[*] 范鸿达：厦门大学公共事务学院副教授、博士。以色列特拉维夫大学、海法大学、耶路撒冷希伯来大学和巴勒斯坦希伯伦大学、土耳其中东科技大学访问学者。本文系作者主持的教育部人文社科规划基金项目"当前中东国家的政治动荡及其对我国的影响（11YJAZH024）"阶段性成果。

比较视野下的地区和国别政治
巴勒斯坦难民营状况考察

  自 1948 年以色列国成立以来，巴勒斯坦建国问题就成为世界难题之一，虽然历经数次惨烈的阿以战争和巴勒斯坦人的反以大起义，但是巴勒斯坦人梦寐以求的民族国家仍还没有建立起来。在困扰巴以和解的诸多因素中，巴勒斯坦难民问题依然是难以逾越的障碍。根据联合国巴勒斯坦难民救济和工程处（UNRWA，下文中以此英文缩写代称）的统计，截至 2010 年 6 月 30 日，登记的巴勒斯坦难民（RRs, Registered Refugees）已经多达 480 余万，其中生活在正式难民营（official camp, OC）[①] 的登记难民（Registered Refugees in Camp, RRCs）也有 140 余万。[②] 自 1948 年产生以来，巴勒斯坦难民问题就备受国际社会的关注，学术界也产生了一些优秀研究成果[③]，尤其是近 10 年来，国际学术界对巴勒斯坦难民现实问题的关注日益增多[④]。相比之下，我国对巴勒斯坦难民问题的研究就显得非常薄弱，迄今仅有的几份相关研究成果还主要是对其历史的描述和对其未来发展的粗线条预测[⑤]，缺乏对现实的关注；

[①] 正式难民营指的是获得 UNRWA 承认的难民营，也就是经由主办国和 UNRWA 签署正式协议负责运作的难民营。

[②] UNRWA, "Statistics", http：//www. unrwa. org/etemplate. php? id = 253.

[③] For example, Edward H. Buehrig, *The UN and the Palestinian Refugees: A Study in Nonterritorial Administration*, Indiana University Press, 1971; Avi Plascov, *The Palestinian Refugees in Jordan 1948 – 1957*, Routledge, 1981; Morris, Benny, *The Birth of the Palestinian Refugee Problem, 1947 – 1949*, Cambridge University Press, 1987; Mary Jane Deeb, and Mary E. King, *Hasib Sabbagh: From Palestinian Refugee to Citizen of the World*, University Press of America, 1996; Yoav Gelber, *Palestine, 1948: War, Escape and the Emergence of the Palestinian Refugee*, Sussex Academic Press, 2001; Michael Dumper, *Palestinian Refugee Repatriation: Global Perspectives*, Routledge, 2006 and many articles in *Refugee Survey Quarterly*.

[④] For example, Robert Bowker, *Palestinian Refugees: Mythology, Identity, and the Search for Peace*, Lynne Reinner Publishers, 2003; Michael R. Fischbach, *Records of Dispossession: Palestinian Refugee Property and the Arab-Israeli Conflict*, Columbia University Press, 2003; Julie Marie Peteet, *Landscape of Hope and Despair: Palestinian Refugee Camps*, University of Pennsylvania Press, 2005; Jamal Krayem Kanj, *Children of Catastrophe: Journey from a Palestinian Refugee Camp to America*, Garnet Publishing Limited, UK, 2010 and many articles in *Refugee Survey Quarterly*.

[⑤] 主要有余国庆：《巴勒斯坦难民问题的由来与发展》，载《西亚非洲》，1993 年第 6 期；赵克仁：《巴勒斯坦难民问题的历史考察》，载《西亚非洲》，2001 年第 1 期；于卫青：《巴勒斯坦难民问题的历史考察》，西北大学 2002 届博士学位论文；陈天社：《阿拉伯国家的巴勒斯坦难民及其影响》，载《世界民族》，2009 年第 3 期。

再者，巴勒斯坦难民问题早已成为事关人道主义关怀的国际热点问题之一，加强对此问题的研究以及相关外交政策的制定实施，也有利于进一步提升中国的国家形象。基于这两个因素的考虑，笔者利用正在中东访学便于实地考察难民营的有利条件，借助 UNRWA 的最新信息资料，拟对巴勒斯坦难民问题特别是难民营状况作一个深入调查。本文尤其关注正式巴勒斯坦难民营的状况，文中表格皆为笔者根据各方数据、信息独立制作完成。

一、巴勒斯坦难民营的由来

从 19 世纪末期犹太复国主义诞生及其快速发展，推动日益增多的犹太人移民巴勒斯坦，诚如以色列历史学家汤姆·赛戈武（Tom Segev）所言，自犹太复国主义诞生之日起，把巴勒斯坦人驱赶出"上帝应允之地"巴勒斯坦就成为犹太人一个恒久不变的目标。[①] 在此等目标的驱使和其他因素的推动下，犹太人移民巴勒斯坦的步伐不断加快，他们与当地人的矛盾也就自然产生。到 20 世纪二三十年代，巴勒斯坦阿拉伯人和犹太人之间的矛盾已经是不可协调；随着 1947 年联合国"巴勒斯坦分治决议"的通过和次年以色列国家的建立，以色列与阿拉伯国家便陷入了长期的激烈战争，并最终导致大量巴勒斯坦人流离失所，沦落为难民。[②] 为了应对蜂拥而至的巴勒斯坦难民，从 1948 年起接收国家和地区

[①] See Tom Segev, "The June 1967 War and the Palestinian Refugee Problem", *Journal of Palestine Studies*, Vol. XXXVI, No. 3, Spring 2007, p. 6.

[②] 其实在 1948 年阿以战争爆发前，一部分巴勒斯坦人特别是富人，就慑于战争和犹太人的恐怖离开了巴勒斯坦。关于当时巴勒斯坦难民产生的历史状况，国内外学者均做过专门研究，请参阅 Benny Morris, *The Birth of the Palestinian Refugee Problem, 1947–1949*（前引书）和赵克仁的《巴勒斯坦难民问题的历史考察》（前引文）。对于巴勒斯坦难民问题，以色列、阿拉伯国家的认识存在明显差距，参阅美以合作公司（AICE, The American-Israeli Cooperative Enterprise）网站文章：Mitchell Bard, "The Palestinians Refugees", http://www.jewishvirtuallibrary.org/jsource/History/refugees.html。

比较视野下的地区和国别政治
巴勒斯坦难民营状况考察

就建立了一系列的临时难民安置所,联合国大会也于1949年12月8日通过第302号决议,设立专门机构UNRWA①,并且于1950年5月1日开始运转,其最高行政官是由联合国副秘书长担任的主任专员(Commissioner General),其他高级官员都是主任专员根据UNRWA的条例规章挑选并任命的②,其招募的工作人员绝大部分来自巴勒斯坦难民或者难民营所在国的公民,比如在截至2010年底UNRWA的约3万名员工中,99%是来自这两个群体。③

按照UNRWA的定义,所谓巴勒斯坦难民,指的是1946—1948年间定居在巴勒斯坦,由于1948年第一次中东战争而失去家园和生活资料的巴勒斯坦人(包括其后代),以及他们合法收养的孩子④,UNRWA的服务对象包括在这一定义下自愿向该机构登记且需要帮助的巴勒斯坦人,也就是巴勒斯坦登记难民。⑤ 1950—2010年登记巴勒斯坦难民数量(见表1)。

---

① 关于UNRWA的成立背景及活动简况,见Lex Takkenberg, "UNRWA and the Palestinian Refugees after Sixty Years: Some Reflections", *Refugee Survey Quarterly*, Vol. 28, Nos. 2 & 3, UNHCR, 2010.
② See UNGA res. 302 (IV), 8 Dec. 1949, para. 9 (a); UNGA res. 302 (IV), 8 Dec. 1949, para. 9 (b) states: "The Director [Commissioner-General] shall select and appoint his staff in accordance with general arrangements made in agreement with the Secretary-General, including such of the staff rules and regulations of the United Nations as the Director and Secretary-General, shall agree are applicable, and to the extent possible utilize the facilities and assistance of the Secretary-General." See also Secretary-General's Bulletin, Organization of the United Nations Relief and Works Agency for Palestine Refugees in the Near East, UN Doc. ST/SGB/2000/6, 17 Feb. 2000, paras. 2.4, 3.1, note 1.
③ Riccardo Bocco, UNRWA and the Palestinian Refugees: A History within History, *Refugee Survey Quarterly*, Vol. 28, Nos. 2 & 3, UNHCR, 2010, p. 234, 236.
④ UNRWA, "Who are Palestine refugees?", http://www.unrwa.org/etemplate.php?id=86. 其实对巴勒斯坦难民的界定和认识,巴勒斯坦、以色列、一些阿拉伯和伊斯兰国家以及西方都有自己的看法,参阅 *Elia Zureik*, "The Palestinian Refugee Problem: Conflicting Interpretations", *Global Dialogue*, Vol. 4, No. 3, Summer 2002.
⑤ 需要注意的是,在1967年战争中以色列占领约旦河西岸和加沙地带后,又产生了一波巴勒斯坦失地者,包括难民和非难民,目前UNRWA也向这一波难民提供帮助。

表1　1950—2010年巴勒斯坦登记难民人数[1]　（人；截至每年6月30日）

区域	1950	1960	1970	1980	1990	2000	2010
约旦	506200	613743	506038	716372	929097	1570192	2004795
黎巴嫩	127600	136561	175958	226554	302049	376472	427057
叙利亚	82194	115043	158717	209362	280731	383199	477700
西岸[2]	—	—	272692	324035	414298	583009	788108
加沙	198227	255542	311814	367995	496339	824622	1122569
总计	914221[3]	1120889	1425219	1844318	2422514	3737494	4820229

资料来源及注释：（1）Figures are based on UNRWA records, which are regularly updated; however, registration with the Agency is voluntary and these figures do not represent an accurate population record;（2）Until 1967, the West Bank was administered as an integral part of the Jordan field;（3）Excluding the 45800 persons receiving relief in Israel who were the responsibility of UNRWA until June 1952。

自UNRWA成立以来，推动并设立巴勒斯坦难民营是其工作的关键内容之一。事实上，早在UNRWA正式运作以前，一些巴勒斯坦难民营就已经设立起来。随着1948年阿以战争前后第一波巴勒斯坦难民的产生，一系列巴勒斯坦难民营出现在了黎巴嫩、叙利亚、西岸、加沙和约旦等地，UNRWA成立后，它积极参与难民营的建设和服务供给。按照UNRWA的解释，所谓巴勒斯坦难民营，就是在UNRWA的推动安排下，由东道国政府设置的用于接纳巴勒斯坦难民并提供基础设施以满足其所需的地方，其所占地大部分是国有地，也有东道国政府从当地地主那里租借的。① 难民营的基础建设主要由主办国承担，但UNRWA卫生和技术部门也提供改善交通和污水排放系统的帮助。虽然很多巴勒斯坦难民营是UNRWA推动兴建的，但是该机构的职责却仅限于为难民营提供服务和管理自己的设施，它不拥有、管理和警戒难民营，因为这些都是东道国当局的责任。UNRWA在每个难民营都拥有一个服务办公室，居民到此处向难民营服务官（CSO）更新自己的记录或者提出一些与UNR-WA相关的问题，然后CSO再把难民的问题和请求提交给难民营所在地

---

① UNRWA, "Where do Palestine Refugees Live?", http://www.unrwa.org/etemplate.php?id=86.

区的管理处。① 时至今日，依然存在的正式巴勒斯坦难民营有58个②，具体分布是约旦10个、黎巴嫩12个、叙利亚9个、西岸19个、加沙8个；需要强调的是，并非所有巴勒斯坦登记难民都生活在难民营中，事实上，更多难民生活在难民营以外（见表2），本文重点关注的是难民营内的登记难民③。

表2　巴勒斯坦难民营统计（截至2010年6月30日）

所在国家（地区）	OC（个）	RRCs（人）	RRs（人）	RRCs/RRs
约旦	10	346830	2004795	416%
黎巴嫩	12	226767	427057	89%
叙利亚	9	129457	477700	99%
西岸	19	200179	788108	164%
加沙	8	514137	1122569	233%
总计	58	1417370	4820229	294%

数据来源：UNRWA, 2010 Statistics, http://www.unrwa.org/etemplate.php?id=253。

二、目前各地巴勒斯坦难民营状况

根据UNRWA的统计信息，截至2010年6月30日④，共有480余万

---

① UNRWA, "UNRWA's Responsibility in Camps", http://www.unrwa.org/etemplate.php?id=86。
② 叙利亚在1967年在已存的Dera'a难民营旁又新建了更大的一部分难民营，有人称之为Dera'a（Emergency）难民营，因为这两部分在条件状况方面几乎相同，也有人统称之为Dera'a难民营，所以在有关叙利亚的巴勒斯坦难民营数目上，不同的资料会有9个或10个的差异，本文采用9个之说，相应地，本文也就认为现存正式巴勒斯坦难民营共有58个；在20世纪70年代黎巴嫩内战期间，有3个巴勒斯坦难民营遭到毁坏从而取缔，但是难民仍然大都生活在原处。
③ 难民是自愿向UNRWA的派出机构登记的，他们登记的主要目的是获取UNRWA的帮助与援助。正式难民营中大多数是登记难民，但也有非登记难民。
④ 除非特别说明，本文的数据皆为截至2010年6月30日的UNRWA统计信息。

登记巴勒斯坦难民,其中有140多万生活在58个正式难民营中,这些难民营分布在黎巴嫩、叙利亚、约旦、巴勒斯坦西岸和加沙地区。[①] 尽管同为UNRWA提供服务的巴勒斯坦难民营,但是由于所在国(地区)的发展状况和对巴勒斯坦难民的态度不同,因此它们对难民营的关注和投入力度也不尽相同,从而造成各地的难民营状况有较大差别,甚至是同一国家和地区内的难民营,其内部状况和面临的环境也有相当差异。

(一) 约旦的巴勒斯坦难民营

约旦现有10个正式巴勒斯坦难民营,有346830名登记难民生活其中,占到其国内所有巴勒斯坦难民的17.3%强。在这10个难民营中,有4个是1948年第一次阿以战争的产物,另外6个则是1967年第三次阿以战争的结果(见表3)。另外,在约旦还有三个政府认可的难民营,但是UNRWA认为它们是"非正式"的。

表3 约旦的正式巴勒斯坦难民营简况

名称	设立年份	最初面积	最初接收难民(人)	目前登记难民(人;截至2011年6月30日)	备注
Zarqa	1949	0.18 km²	8000	20000 +	系1948年阿以战争后为接纳新产生的巴勒斯坦难民而建
Irbid	1951	0.24 km²	4000	25000 +	
Jabal el-Hussein	1952	0.42 km²	8000	29000 +	
Amman New Camp	1955	0.48 km²	—	51000	

[①] UNRWA, "Where do Palestine refugees live?", http://www.unrwa.org/etemplate.php? id=86. 其他巴勒斯坦难民一般生活在所在国家和地区的城镇中或其郊区,而且经常是在正式难民营附近。UNRWA绝大部分的学校、卫生中心等设施都建在难民营内,只有一少部分建在难民营外,所有这些设施均对营内外的巴勒斯坦难民开放。

(续表)

Souf	1967	0.50 km²	—	2000 +	系1967年阿以战争后为接纳西岸和加沙的难民及被迫离家者紧急而建
Baqa'a	1968	1.40 km²	26000 +	104000 +	
Husn	1968	0.77 km²	12500	22000 +	
Jerash	1968	0.75 km²	11500	24000 +	
Talbieh	1968	0.13 km²	5000	7000 +	
Marka	1968	0.92 km²	—	53000 +	

资料来源：UNRWA, Jordan camp profiles, http://www.unrwa.org/etemplate.php?id=100。

"约旦、以色列和巴勒斯坦均属于历史上的巴勒斯坦地区，是经1921年英国的划分和1947年联合国分治决议而形成当前一分为三的局面。"[1] 鉴于约旦和巴勒斯坦的这个历史渊源，所以在以色列建国后阿以、巴以矛盾日深的情况下，约旦在很长一段时期内（1948—1988）都自认为是巴勒斯坦人的合法代表[2]，直到1988年7月，约旦时任国王侯赛因才宣布中止与西岸的法律和行政关系，声明对西岸没有主权要求。[3] 也正是由于约旦和巴勒斯坦的这种地理、历史的相近性和民族的统一性，所以在1948、1967年阿以战争爆发前后，均有大量巴勒斯坦人涌入约旦，其中很大一部分沦为了难民。[4] 包括难民在内的巴勒斯坦人对约

---

[1] 陈天社：《约旦对巴勒斯坦问题的政策及影响》，载《郑州大学学报（哲学社会科学版）》，2008年第4期，"摘要"。

[2] 非常遗憾的是，在1948年9月，阿拉伯联盟委员会本已决定组建巴勒斯坦政府和由此成立巴勒斯坦国，但是此计划遭到一心要吞并西岸的外约旦的反对，为了使自己占领西岸合法化，外约旦国王阿卜杜拉国王策划了1948年12月1日的杰里科阿盟会议，在此次会议上，由阿卜杜拉国王选定的巴勒斯坦代表站在了外约旦一边，结果会议给予了阿卜杜拉国王对西岸的统治权，关于此情况，详见Izzat Tannous, *The Palestinians: A Detailed Documented Eyewitness History of Palestine Under British Mandate*, New York: IGT Co., 1988。

[3] 关于约旦对巴勒斯坦的政策，参阅陈天社：《约旦对巴勒斯坦问题的政策及影响》，载《郑州大学学报（哲学社会科学版）》，2008年第4期。

[4] 1967年爆发及其后，西岸和加沙包括巴勒斯坦难民在内的一些巴勒斯坦人逃亡到约旦，起初约旦政府认为他们只是从国家的一部分迁到另一部分（比如从约旦河西岸迁到东岸），所以不把他们登记为难民，直到20世纪70年代约旦政府才认同他们，UNRWA也随之把他们登记为巴勒斯坦难民。

旦政局具有相当大的影响，双方有时也会出现激烈冲突，1970年约旦政府军对包括难民在内的巴勒斯坦人的大举进攻就是一个鲜活例证。① 目前巴勒斯坦难民占到约旦总人口的约1/3左右，比例相当高，因此约旦政府对难民事务十分重视，约旦政府有一个专门处理巴勒斯坦难民事务的部门，即"巴勒斯坦人事务部（DPA）"，另外在约旦还存在一个"难民营改善委员会"②。在约旦的巴勒斯坦难民中，来自加沙地带（1967年阿以战争前受埃及管理）的约14万难民中只有为数极少的人获得约旦公民身份，但来自其他地方的绝大部分巴勒斯坦难民均被给予，可以获取约旦临时护照，不过他们不具备完全公民权利，比如没有选举权和在政府部门的任职权等。

（二）黎巴嫩的巴勒斯坦难民营

黎巴嫩现有12个正式巴勒斯坦难民营，生活在其中的登记难民有226767名，占到其国内所有巴勒斯坦难民的53.1%。在黎巴嫩的12个正式难民营中，有4个位于首都贝鲁特市内和郊区，6个位于黎南部且深受巴勒斯坦政治派别法塔赫的影响，另外两个位于黎北部。黎巴嫩的巴勒斯坦正式难民营简况（见表4）。

表4 黎巴嫩的巴勒斯坦难民营简况

名称	设立年份	目前登记难民 （人；截至2010年6月30日）	备注
Ein el-Hillweh	1948	47500 +	规模最大；深受内战影响；周边有大量难民

---

① 从20世纪60年代末期起，巴勒斯坦人对约旦政治的影响愈演愈烈，到1970年初，在约旦的巴勒斯坦人至少已经组建了7个政治组织，还有一定的武装，而且对约旦国内的不同政治派别和倾向都多有干预，这不仅危及到约旦哈希姆王朝的国王统治，而且也非常容易招来以色列的猛烈报复。约旦政府于是下令解除难民营的武装，从而导致巴勒斯坦游击队和约旦政府军的冲突，双方的冲突在1970年9月达到最高峰，到1971年7月，几乎所有巴勒斯坦战斗人员被驱逐出约旦。

② 该委员会成员由DPA从在市政委员会中任职的社区领袖和著名巴勒斯坦难民中间选任。

（续表）

名称	年份	人口	备注
Burj Barajneh	1948	16000 +	人口密集、极端贫穷
El Buss	1948	9500 +	—
Wavel	1948	8000	仍有人居住在早期安置的兵营中
Nahr el Bared	1949	24667（2010年7月）	2007年激进组织"法塔赫伊斯兰"与黎军队激烈交火，95%建筑、设施受损或无法修复，重建预计2012年中完成
Shatila	1949	8500 +	是1982年以黎战争和内战的严重受害者
Mar Elias	1952	600	黎最小的巴勒斯坦难民营
Mieh Mieh	1954	4500 +	深受黎内战影响；状况极差
Beddawi	1955	16500 +	2007年被毁后Nahr el Bared难民营的很多居民涌入该营，状况恶化
Burj Shemali	1955	19500 +	深受黎内战影响
Dbayeh	1956	4000 +	战略位置突出，受内战冲击很大
Rashidieh	1963	27500 +	地处沿海；分新旧两部分；深受黎内战影响

资料来源：UNRWA, Lebanon camp profiles, http://www.unrwa.org/etemplate.php?id=73; UNRWA Lebanon Field Office, UNRWA LEBANON 2011 Nahrel-Bared Camp Relief and Recovery Needs, p.15, Oct. 2010。

黎巴嫩是一个人口稠密的小国，巴勒斯坦难民约占该国总人口的10%，他们对黎巴嫩内政外交的影响比较大，甚至可以说包括难民在内的巴勒斯坦人是1975—1990年黎内战和1982年以色列入侵黎巴嫩的催化剂。至今巴勒斯坦人仍然是黎巴嫩政治生活中的一个重要角色，比如真主党所在的黎南部地区，就是 6 个巴勒斯坦难民营所在地。总体而言，黎巴嫩政府和其国内巴勒斯坦人之间的关系是不理想甚至可以说是多有冲突的，这严重影响到巴勒斯坦难民在黎巴嫩的生活及发展。① 在黎巴嫩，巴勒斯坦难民甚至连一些最基本的人权也享受不到，比如 2001 年黎巴嫩议会通过房产所有法修正案，就禁止巴勒斯坦难民拥有房产，而巴勒斯坦难民那些现有的房产也不能传给其后人。② 巴勒斯坦难民还被禁止在多达 20 个领域的工作权，因为这些难民也并非另一国家的正式公民，所以他们也得不到其他生活和工作在黎巴嫩的外国人所能享受到的一些权利，这导致黎巴嫩的巴勒斯坦难民对 UNRWA 的依赖程度比较高，UNRWA 成为他们的主要救济者和雇主。

目前社会和公民权利不足是巴勒斯坦人在黎巴嫩面临的最大挑战之一，要改变这种状况，首当其冲就是要推动巴勒斯坦人和黎巴嫩政府之间的关系发展。近几年来双方关系已经呈现出良好趋势，比如 2005 年黎内阁决定成立旨在推动巴勒斯坦难民状况改善的黎巴嫩－巴勒斯坦对话委员会（LPDC）③；2010 年 6 月，黎巴嫩进步社会党积极推动议会通过立法废除对巴勒斯坦人拥有房产和工作的限制④；8 月，黎巴嫩政府宣布取消一些针对巴勒斯坦难民的工作限制⑤等，这些举措对黎巴嫩的巴勒斯坦难民而言不可谓不是大喜讯。

---

① See Yassine, Dalal, "Unwelcome Guests: Palestinian Refugees in Lebanon", al-Shabaka Palestinian Policy Network, July 2010, http://al-shabaka.org/sites/default/files/policybrief/en/unwelcome-guests-palestinian-refugees-lebanon/unwelcome-guests-palestinian-refugees-lebanon_4.pdf.

② See Hussam Kanafani and Thaer Ghandour, "Homeless and Neglected", http://gulfnews.com/about-gulf-news/al-nisr-portfolio/weekend-review/articles/homeless-and-neglected-1.656765.

③ See SAMIR EL-KHOURY (Retired ambassador of Lebanon), "Lebanese Palestinian Dialogue Aids Refugee Prospects", http://www.euromesco.net/images/a_elkhoury.pdf.

④ Human Rights Watch, "Lebanon: Seize Opportunity to End Discrimination Against Palestinians", February 2010, http://www.hrw.org/en/news/2010/06/17/lebanon-seize-opportunity-end-discrimination-against-palestinians.

⑤ See Andrew Lee Butters, "Is Lebanon Finally Integrating Palestinians?", http://www.time.com/time/world/article/0,8599,2012024,00.html?xid=rss-mostpopularemail.

（三）叙利亚的巴勒斯坦难民营

叙利亚现有9个正式巴勒斯坦难民营，47.77万登记难民生活在其中，约占叙利亚全部巴勒斯坦登记难民的27%（见表5）。叙利亚的巴勒斯坦难民主要产生于1948、1967年的阿以战争。1948年逃往叙利亚的巴勒斯坦难民大部分来自现以色列北部城市沙费德（Safad）、海法和中部的雅法；1967年战争时又有包括巴勒斯坦难民在内的10万人从戈兰高地逃亡叙利亚其他地方。另外，1982年黎以战争也导致一些巴勒斯坦难民从黎巴嫩移至叙利亚。[①]

表5 叙利亚的巴勒斯坦难民营简况

名称	设立年份	最初面积	目前登记难民（人；截至2011年6月30日）
Sbeineh	1948	0.03 km^2	22600 +
Neirab	1948	0.15 km^2	20500 +
aramana	1948	0.03 km^2	18658 +
Homs	1949	0.15 km^2	22000 +
Khan Eshieh	1949	0.69 km^2	2000 +
Dera'a	1950 + 1967	0.04 + 1.26 km^2	10500
Hama	1950	0.06 km^2	8000 +
Khan Dunoun	1950 – 51	0.03 km^2	10000 +
Qabr Essit	1967	0.02 km^2	23700 +

资料来源：UNRWA, Syria camp profiles, http://www.unrwa.org/etemplate.php? id = 62。

叙利亚难民营的一个突出特点是面积较小，人口密度相当之大，例如Qabr Essit难民营，2005年其人口密度竟然达到846739人/平方公

[①] UNRWA, "Syria", http://www.unrwa.org/etemplate.php? id = 55.

里。① 就政治和社会地位而言，叙利亚的巴勒斯坦人状况较好，除了公民身份外，他们与叙利亚人几乎享有同等权利。叙利亚政府负责治理管辖难民营事务的部门是"巴勒斯坦阿拉伯难民总管理处（GAPAR）"，该部门的工作范畴包括但不限于登记巴勒斯坦难民基本状况；向难民提供各种工作机会；接受捐赠；向难民分发援助物资；联系国内外相关组织、官方机构、协会和个人等协商援助难民事宜；为改善叙利亚难民状况出谋划策等。② 由于政府起到的作用较大，所以和约旦相似，UNRWA在叙利亚的难民营治理运作方面也只能算是一个小角色。

（四）西岸地区的巴勒斯坦难民营

西岸有78万多登记巴勒斯坦难民，其中约四分之一生活在19个正式难民营中。由于西岸整体发展程度不高，所以这里的难民营状况与西岸其他区域之间的差异并不是很大，这一特点也适用于加沙的难民营。西岸19个难民营的简况（见表6）。

表6 西岸的巴勒斯坦难民营简况

名称	设立年份	目前登记难民（人；截至2010年6月30日）	失业率③（%）	备注
Aqbat Jaber	1948	6400	28	1967年战争前3万人，后大部分去了约旦
Ein el-Sultan	1948	1900 +	40	1967年战争前2万人，后大部分去了约旦
Am'ari	1949	10500 +	27	足球队数获巴锦标赛冠军，代表巴参加国际比赛
Deir 'Ammar	1949	2400	23	仍有人居住在早期安置的兵营中
Dheisheh	1949	13000	33	原始面积 0.31 km²

① UNRWA, Population Density of Registered Refugees in UNRWA's Camps (as at 31st of March 2005).
② 关于GAPAR的详细情况，参阅网站：http://www.gapar.net/en/haikal.html。
③ 西岸多数难民营的就业率和以色列市场环境以及巴以关系发展状况息息相关，所以失业率也会有较大幅度的波动。

（续表）

名称	年份	人口	失业率	备注
Far'a	1949	7600	22	原始面积 0.26 km²
Fawwar	1949	8000+	32	与法国一城结对子，获得对方一些援助
Jalazone	1949	11000+	—	原始面积 0.25 km²
Kalandia	1949	11000	20	处于以色列控制之下
Aida	1950	4700+	43	严重拥挤；设施受损严重
Arroub	1950	10400+	30	在耶路撒冷-希伯伦要道，偶有以色列士兵入侵
Askar	1950	15900	28	新旧 Askar 分处巴以控制；新的未得 UNRWA 认可
Balata	1950	23600	25	市民社会和政治角色突出
Beit Jibrin	1950	1000+	30	面积最小，现仅 0.02 km²
Camp No. 1	1950	6750	25	非常拥挤，以致葬礼时尸体经常要从住户窗户间传运才能到达难民营主要街道上
Tulkarm	1950	18000+	33	西岸第二大难民营
Nur Shams	1952	9000+	20	1998 年 11 月 PA 从以色列手中接管
Jenin	1953	16000+	25	2002 年 4 月以军队进入，至少 52 名巴勒斯坦人和 23 名以士兵死亡
Shu'fat	1965	11000	30	位于耶路撒冷市政区，具有该市身份证

资料来源：UNRWA, West Bank camp profiles, http://www.unrwa.org/etemplate.php?id=103。

从表6可以清晰地看出，西岸难民营的失业率非常之高。以色列对西岸的封锁给本地区的巴勒斯坦难民营造成很大困难，因为生活其中的难民此前的收入主要源于在以色列打工,只要以色列劳工市场不对西岸开放,那么西岸巴勒斯坦难民营的就业率就很难获得较大提升。而且,即使是工作的难民,其平均工资水准也低于非难民,根据 UNRWA 的报告,就业难民 2010 年下半年的日平均工资为 93.5 谢克(约 25.2 美元),月工资 2068 谢克(约 557.8 美元),分别低于同期非难民平均日工资、月工资的 12.6%、11.2%。①

西岸难民营面临的另一个严重问题是以色列警察、军队的严密检查和强行进入,以及隔离墙②的人为阻隔,而那些靠近以色列边境的难民营,比如 Shufat、Kalandia、Aida 等难民营,受以色列的钳制更大,特别是在巴以事态紧张的时刻。③ 即使是远离以色列边境的难民营,也难逃以色列警察或是部队的干扰,因为犹太人定居点遍布西岸各地,而每个定居点均有以色列警察或是部队的存在以给犹太定居者提供保护,状况更差反以烈度更高的难民营内的巴勒斯坦人自然是以色列警察和部队关注的重中之重。另外,绵延数百公里的隔离墙也对某些西岸难民营产生较大的负面影响,比如 Shufat 和 Aida 难民营,隔离墙就紧贴它们而建,从而阻断了它们与外部世界的便利联系,自然会加重它们的困难。

(五) 加沙的巴勒斯坦难民营

加沙现有 8 个正式巴勒斯坦难民营(见表 7),容纳着 51 万多登记

---

① UNRWA, "Refugee Labour Market in the West Bank", in "West Bank Labour Market second-half 2010" (Prepared by Salem Ajluni), April 2011, http://www.unrwa.org/userfiles/201106083557.pdf.

② 从 2002 年 6 月开始,以色列以"防止自杀式爆炸和保证以色列民众安全"为借口,在约旦河西岸修建隔离墙,设计长为六百余公里,将西岸和以色列完全割裂开来。根据联合国的统计数字,截至 2009 年,以色列修建的隔离墙已经侵占了巴勒斯坦近 10% 的土地。隔离墙的修建给西岸带来严重的医疗、教育、就业以及亲属互访等方面的困难。关于隔离墙,参阅 Wikimedia, "Israeli West Bank Barrier", http://en.wikipedia.org/wiki/Israeli_West_Bank_barrier。

③ 例如笔者曾数次造访的东耶路撒冷 Shufat 难民营,每次从里面出来进入耶路撒冷时,行人特别是车辆都要接受以色列边防警察的严密检查,在 2011 年 5—6 月态势紧张的时刻,以色列警察开进此难民营,与抗议民众发生激烈冲突;耶路撒冷附近的 Kalandia 难民营也是如此,在 6 月初,笔者曾经亲历发生在这个难民营内的巴以冲突,并且遭受到以色列边防警察释放的催泪弹袭击。

难民,超过加沙登记难民总人口的45%;加沙约2/3的居民均为登记难民。不管是难民营人口所占该区域难民比例,还是难民所占该区域总人口的比例,加沙都是最高的,这也凸显了加沙整体状况的糟糕。

表7 加沙的巴勒斯坦难民营简况

名称	设立年份	面积	最初接收难民(人)	目前登记难民(人;截至2010年6月30日)
Beach	1948	0.52 km²	23000	82000 +
Deir El-Balah	1948	0.16 km²	9000	20500 +
Jabalia	1948	1.40 km²	35000	108000 +
Bureij	1949	0.50 km²	13000	31000
Khan Younis	1949	0.50 km²	35000	68000 +
Maghazi	1949	0.56 km²	——	24000 -
Nuseirat	1949	0.77 km²	16000	62000 +
Rafah	1949	0.75 km²	41000	99000 +

资料来源:UNRWA, Gaza camp profiles, http://www.unrwa.org/etemplate.php?id=68; Wikipedia, "Bureij", http://en.wikipedia.org/wiki/Bureij。

  1948年阿以战争后,埃及取得了对加沙地带的管辖权,并一直持续到1967年战争失败。在埃及治理之下,加沙的巴勒斯坦难民被给予埃及旅游证明,借此可以进出加沙地带。1967年战争后,加沙被以色列占领,在此情况下,一部分巴勒斯坦人逃离加沙,也有一部分继续停留加沙,他们其中的一些人也加入到加沙难民的行列。在过去十年中,加沙的巴勒斯坦人可以说是每况愈下,经年的被占领、持续的封锁和冲突,使得绝大部分加沙人都急需国际社会的援助。在加沙状况如此糟糕的情势下,难民营的状况也是在劫难逃,2008年12月27日开始的为期22天的以色列攻打加沙,不仅造成6万住宅受损或遭破坏,而且还带来此后以色列对加沙更为严厉的封锁,因为禁止输入建材,所以就无法建造新住宅，不断增多的人口也只能共用原有的紧张住处，这使得加沙的巴勒斯坦难民住宿状况更加恶劣。

相比较西岸，加沙难民的就业状况更差，在2010年下半年，加沙难民的就业率还不到四成，日、月平均工资分别为58.8谢克（约15.8美元）和1380谢克（约372.3美元）。① 在这种情况下，加沙难民的普遍贫困也就在所难免，目前加沙仍约有32.5万名难民处于赤贫状态，连基本饮食也无法保障。另外，多年的政治动荡和穷困，导致加沙地带食品不安全的程度非常高，达到52%，这也影响到此地难民的健康状况。② 尽管 UNRWA 动用超过1万名员工，在200多个站点，给加沙的巴勒斯坦登记难民提供包括教育、健康、救济和社会服务等在内的多项援助，但是这并不足以改变加沙难民的生存状况。时至今日，加沙难民仍是状况最差的巴勒斯坦难民群体。

总体而言，在难民营治理方面，不像约旦和叙利亚的难民营治理方较为单一，就是政府机构发挥非常突出的作用，巴勒斯坦控制区和黎巴嫩的难民营在治理方面有多重角色发挥作用，包括人民委员会、安全委员会、UNRWA 难民营官员、著名人士、巴勒斯坦政治派别和一些组织等等，在不同难民营这些角色发挥的作用也不尽相同，但不管在这三个地方的哪个难民营，"人民委员会"都是发挥最大作用的角色，但需注意的是，它的成员并非由选举产生，在很大程度上讲，它凸显的是某一组织相对他者的力量优势。③

---

① UNRWA, "Refugee Labour Market in the Gaza Strip", in "Labour Market Briefing/ Gaza Strip, second-half 2010" (Prepared by Salem Ajluni), April 2011.

② See "Report of the Director of Health, UNRWA, for 2010", in World Health Organization, "Health Conditions in the Occupied Palestinian Territory, including East Jerusalem, and in the Occupied Syrian Golan", A64/INF. DOC. /3, 12, May 2011.

③ See Sari Hanafi, "Governing Palestinian Refugee Camps in the Arab East: Governmentalities in Search of Legitimacy", Issam Fares Institute for Public Policy and International Affairs, American University of Beirut, October 2010, p. 8; The International Crisis Group (ICG), *Palestinian Refugees and the Politics of Peacemaking*, ICG Middle East Report N°22, 5 February 2004, pp. 14–17.

三、巴勒斯坦难民营普遍存在或面临的主要问题

当初难民营是为了临时安置难民而建,再加上所在国家和地区的发展态势并不理想,所以难民营的整体状况一直处于比较差的状态①,甚至一些难民营连诸如供水、污水垃圾处理系统和电力等基础设施都不完备。就笔者看来,目前巴勒斯坦难民营普遍存在的几大问题或特征有人口密度过大、卫生和教育资源短缺以及涉入政治程度较深、与以色列对抗烈度更高等。另外,高失业率也是各难民营的困境之一,因为在前文中已经有所提及,所以在这部分就不再累述。

1. 难民不断增加,人口密度大

和其他很多阿拉伯、穆斯林区域一样,难民营内的巴勒斯坦人出生率也是相当之高,这通过 25 岁以下难民占所有难民的高比例中就可以表现出来,2010 年西岸和加沙的难民中有 50% 以上未满 25 岁②,表 8 显示的各地 18 岁以下的难民比例也可以说明巴勒斯坦难民中存在着持续的高出生率。值得注意的是,居高不下的出生率并非是造成登记难民不断攀升的唯一因素,比如 2010 年,西岸和加沙的登记难民较之 2009 年增长了 6.9%(大约 13 万人),其中半数是由于人口的自然增长,另外一半则是由于与非难民家庭成员结婚(即登记为难民和现在或以往与非登记难民结婚的妇女的丈夫和后人)而新增的。③ 在难民不断增加、但面积基本保持不变的情况下,巴勒斯坦难民营的人口密度高自是必然。据来自 UNRWA 的资料,截至 2005 年 3 月 31 日,在其负责的巴勒斯坦难民营中,人口密度超过每平方公里 10 万的难民营有 22 个,其中两

---

① 笔者尤其需要强调的是,我们这里所言巴勒斯坦难民营的落后是基于与其周边地区的比较而言,其含义并非是"人间炼狱"的图景。笔者曾经走访过西岸的三个难民营(Shufat、kalandia 和 Deheisha),发现这里难民的住处并非是破烂不堪的低矮帐篷,而多是多层楼房和院落,只是建得比较紧凑而已,而这种紧凑的建筑在世界上很多地方——包括中国——并不少见。所以,笔者要强调,在很大程度上讲,难民营其实就是一个比周边地区状况差或者类似的普通街区而已(加沙的一些难民营状况甚至并不差于周边地区)。
② See Op. Cit. , "Report of the Director of Health, UNRWA, FOR 2010".
③ Ibid.

个难民营人口密度竟然分别高达 846739 人/平方公里和 639296 人/平方公里,而同期世界人口密度最大的行政区上海黄浦区也才为 126542 人/平方公里,它也是仅有的一个超过 10 万人/平方公里的行政区(见表 8)。

表 8　巴勒斯坦难民营和世界大都市人口密度比较

人口密度最大的 5 个巴勒斯坦难民营 (数据截至 2005 年 3 月 31 日)		世界人口密度最大的 5 个行政区域 (local censuses 2000—2006)	
难民营名称	人口密度 (人/km²)	行政区名称	人口密度 (人/km²)
Qabr Essit(叙利亚)	846739	上海黄浦区	126542
Sbeineh(叙利亚)	639296	St. Anthony Parish (澳门)	98776
Shatila(黎巴嫩)	207547	Tondo District, Manila (菲律宾)	64796
Wavel(黎巴嫩)	173846	St. Lazarus Parish (澳门)	52370
Nahr el Bared(黎巴嫩)	153632	Distrito II, L'Hospitalet de Llobregat(西班牙)	51658

资料来源:UNRWA, Population Density of Registered Refugees in UNRWA's Camps (as at 31st of March 2005)。

由于人口过于拥挤,所以难民营对新住处的需求日益强烈,在难民营占地不变的情况下,除了在公共用地和绿化区上建造房屋以外(这样的地方也早已用尽),只能寻求向高处发展。这样,在原本只为平房打下的地基上,难民纷纷加盖至二层,甚至还有三层、四层的,其中的安全隐患是不言而喻的。[①] 另外人口的过度拥挤还给难民营带来一系列的社会心理问题,包括邻里冲突、妇女早婚早育、家庭对孩子的监护和教

---

① 例如位于西岸城市纳布卢斯近郊的第一难民营,早在 10 年前,就已经没有平方存在的,住宅中 60% 是三层,30% 是两层,10% 是四层。

育不力等等。①

2. 健康和教育资源短缺

随着难民人数的不断增加,包括难民营在内的巴勒斯坦难民健康医疗状况也是愈加令人堪忧,人均健康开支预算极低,特别是约旦、黎巴嫩和叙利亚三国的难民和其国民之间非常显著的婴儿死亡率差异,鲜明彰显了难民医疗状况的恶劣（见表9）。在难民整体健康医疗状况很差的情况下,西岸和加沙的难民状况更差,在这两个地区,目前非传染性疾病是巴勒斯坦难民的主要健康问题,对此类疾病的治疗尚不够全面；与此同时,UNRWA 面临的卫生服务压力过大,每名医生平均每天要为102 名病人接诊,这就难以保证质量；遍布西岸的以色列检查站以及它对加沙的封锁也给这两地造成极大的医疗困境,比如加沙,2010 年底有165 种药物和 144 种处置材料为零储存,在 2011 年 1 月初则有 38%的基本药物缺货。② 健康医疗条件的不足,再加上人员的过度拥挤,这也容易造成一些传染性疾病在难民营的滋生蔓延。

巴勒斯坦难民营存在的一个非常突出的问题是教育资源严重不足,如表9所示,18 岁以下巴勒斯坦难民占各国（地区）难民总数的比例相当高,特别是加沙,竟然高达 41.4%。大量青少年的存在,需要相配套的教育资源与设施,但是目前的实际状况却是相当不理想,学校不足、校舍简陋、教学设备和师资均存在较大缺口,比如 UNRWA 在巴勒斯坦控制区开办的学校,每个班级有多达 45—60 人,因为财力有限,教师

---

① See Mona Marshy, "Social and Psychological Effects of Overcrowding in Palestinian Refugee Camps in the West Bank and Gaza-Literature Review and Preliminary Assessment of the Problem", August 1999, prepared for the International Development Research Centre, http: //web. idrc. ca/uploads/user‐S/12076632891Social_ and_ Psychological_ Effects_ of_ Overcrowding_ in_ Palestinian _ Refugee_ Camps_ M_ Marshy. doc.

② See "Report of the Director of Health, UNRWA, for 2010", in World Health Organization, "Health Conditions in the Occupied Palestinian Territory, including East Jerusalem, and in the Occupied Syrian Golan", A64/INF. DOC. /3, 12, May 2011, pp. 6 - 7.

也多是不甚合格的协议工。①

表9　各国（地区）巴勒斯坦难民健康和教育状况比较（截至2010年6月30日）

统计项目		约旦	黎巴嫩	叙利亚	西岸	加沙
RR的年增长率（%）(1)		0.8	7.0	5.1	8.9	5.5
18岁以下儿童占RR的比例（%）		31.5	24.3	31.3	32.0	41.4
每个难民家庭成员数量（人）		5.5	5.2	4.5	5.9	6.3
每个RR的健康开支预算（2010，美元）		10.5	30.5	18.6	25.2	26.2
每10万难民医护人数	医生（人）	9.6	21.5	14.4	20.9	14.9
	护士（人）	25.2	48.5	32.6	62.7	29.3
婴儿死亡率（%，每千人）	难民中	22.6	19.0	28.2	19.5	20.2
	所在国（地区）中	17	12	14	24	24
教育	学校（所）	173	75	118	97	228
	教职工（人）	5603	2190	2698	3098	8512
	在校生（人）	122200	32892	66014	55679	206114

资料来源：UNRWA, *The Annual Report of the Department of Health 2010*。

难民营医疗条件的恶劣，会影响到难民的身体健康，教育资源的短缺，会影响到难民的智力发展，而健康与智力，是一个人能够获得发展的关键性因素，从这一角度来讲，难民营的前景也难言乐观。

---

① 笔者曾于2011年6月下旬走访了位于东耶路撒冷的舒法特难民营中的一所学校，学校是以色列官办性质，原在难民营外的舒法特地区，那里的教学设施非常好，但是以色列当局后来让学校搬到难民营内，并且安置在目前这个条件非常简陋的大院，这所学校内没有运动场，没有电脑室，也没有取暖设施，这对于冬天相当寒冷的耶路撒冷而言是很大的一个缺陷。这所学校有近900名学生，几乎全部来自舒法特难民营，每个班级有40多人，在当地已经是非常拥挤的班级。值得注意的是，在西岸和加沙的所有难民营中，舒法特难民营由于地处东耶路撒冷，其状况还是比较好的一个。

3. 涉入政治程度较深，与以色列对抗烈度更高

因为冲突和战争被迫离开了故土，而且政治经济和社会地位低所在国公民一等，这让巴勒斯坦难民愤恨难平，自然会影响到他们的思想意识和政治倾向；相比较为分散的其他巴勒斯坦难民，难民营中的巴勒斯坦难民更容易形成共愤心理，再加上某些政治势力的有意引导和争取，所以也就造成难民营与政治势力甚至是激进势力的紧密相连，并且对以色列怀有更加敌视的态度。

历史上难民营曾是巴勒斯坦游击队成长的沃土，主要以难民营为依托的巴勒斯坦游击队在20世纪五六十年代曾对约旦的政治发展产生较大影响，甚至达到干涉约旦内政的程度，以致约旦政府军于1970—1971年大举进攻巴勒斯坦游击队，一些难民营也因此遭到重创。① 黎巴嫩的巴勒斯坦难民营与政治的关联性更强更持久，对黎内政外交的影响也更大，长期以来，"法塔赫"等巴勒斯坦组织积极在黎难民营发展势力，因为难民营中的抗以力量日益显现，并时常对以色列发动袭击，从而导致以色列对黎巴嫩南部一再进行军事打击，使得黎以关系更加紧张。此外，巴勒斯坦人还介入了黎巴嫩内部政治势力的竞争，对黎巴嫩内战的爆发和持续也起了相当大的推动作用。时至今日，黎巴嫩政府仍然视难民营中的激进势力为不稳定因素，2007年黎巴嫩政府军与难民营武装力量的惨烈军事冲突就表明了这一点。② 难民营也是一些巴勒斯坦政治军事组织的发展温床和争取对象，比如法塔赫、哈马斯、"人阵"、"民阵"等均有与之关系密切的巴勒斯坦难民营。

尤其值得注意的是，因为巴勒斯坦问题悬而未决和难民状况难以改观，巴勒斯坦难民的失望不满情绪扩散蔓延，这直接推动了伊斯兰势力在难民营中的持续发展，一些激进的伊斯兰组织也应运而生。③ 生活状

---

① Wiki, "Black September in Jordan", http://en.wikipedia.org/wiki/Black_September_in_Jordan.
② 陈双庆：《巴勒斯坦难民营的生态》，载《世界知识》，2007年第12期，第32—33页。
③ See the International Crisis Group (ICG), *Nurturing Instability: Lebanon's Palestinian Refugee Camps*, Crisis Group Middle East Report N°84, 19 February 2009, pp. 21–23.

况的艰难和激进势力的推动,自然使得难民营成为冲突多发区。目前,在巴以冲突的具体案例中,与难民营有关的冲突仍然屡见不鲜,特别是在一些敏感的日子,比如以色列的"独立日"、"耶路撒冷日"(在巴勒斯坦人看来均是自己的"灾难日")和"6.5"战争纪念日等,以色列警察、边防警察和军队都会提高警惕,因为在这些日子巴勒斯坦难民会举行包括冲击以色列边境线在内的多种激烈抗争。那些靠近以色列边界或是犹太定居点的难民营,更是会成为以色列警察、军人和犹太人重点关注的对象。①

四、巴勒斯坦难民问题难以解决的根源

在很大程度上讲,巴勒斯坦难民营的状况改善和问题解决有赖于巴勒斯坦难民困局的总体突破。但不幸的是,巴勒斯坦难民问题是一个久拖未决的难题,它给难民本身、难民营所在国家以及巴勒斯坦和以色列均带来严重困扰,时至今日,巴勒斯坦难民问题仍然是巴以和解的一个严重障碍。尽管巴勒斯坦难民问题已经存在了60余年,但是现在仍然看不到解决这一难题的有效途径,之所以如此,根本原因在于与难民问题关系最为紧密的巴勒斯坦和以色列二者观点的不可调和。

巴勒斯坦一直强调难民的回归权。巴勒斯坦前驻华大使扎卡利亚·阿卜杜·拉希姆在2004年曾就巴勒斯坦难民问题阐述了巴方立场,巴方认为,犹太人、以色列要为巴勒斯坦难民的产生负责:"1947年11月,联大181号分治决议(在巴勒斯坦建立一个阿拉伯国家和一个犹太国家)通过后,巴勒斯坦的阿拉伯人与犹太人之间的矛盾激化。在英国

---

① 在2011年"6.5"战争纪念日,笔者亲赴西岸Kalandia难民营进行考察,目睹了那里的巴勒斯坦难民与以色列边防警察(完全军人装备,因此很多媒体直接把他们报道为以色列军人)的激烈冲突,现场有多位巴勒斯坦人受伤,笔者也不幸深受催泪弹的摧残。在笔者走访过的耶路撒冷舒法特难民营和伯利恒Deheisha难民营、Aida难民营内,几乎随处可见抗议的口号和宣传画,在难民营入口和主要街道区,冲突的痕迹也显而易见,而且因为这三个难民营均靠近以色列自设的边境线,所以以色列检查站和隔离墙也与它们紧密相随。

人的支持下，犹太人武装大规模地袭击阿拉伯城镇和村落，屠杀阿拉伯平民。不少村庄甚至被夷为平地。因此，大批巴勒斯坦人逃离家园，流亡到周边的阿拉伯国家从而沦为难民。这就是巴勒斯坦难民问题的开端。"在巴方看来，今日流散在各地的巴勒斯坦难民回归地处以色列境内的原籍是有国际文件保障的："1948 年 12 月，联大通过 194 号决议①，要求巴勒斯坦难民回归 1948 年前的居住地。这个决议非常重要，几乎每个国家都承认这个决议，今天我们所提出的解决难民问题的主张就是以这个决议为基础的。"对于联合国通过的让巴勒斯坦难民回归的决议，巴方认为以色列是曾经承诺履行的，但是后来以色列又违背了自己的国际承诺："1949 年年初，以色列驻联合国代表向联合国提交了成为联合国正式会员国的申请。联合国作出回应，把以色列遵守联大 181 号和 194 号决议，即巴勒斯坦建国和巴难民回归，作为以色列成为联合国正式会员国的前提条件。以色列代表稍后代表以色列政府向联合国保证遵守并执行上述两个决议，于是联合国同意了以色列的申请，接受其为正式会员国。但在以色列加入联合国之后，却拒绝执行这两个决议案。"在如此认识的基础上，巴方把巴勒斯坦难民问题的悬而未决完全归咎于以色列方面，认为解决这个问题"最大的困难在于以色列政府的态度。他们至今都拒绝承认难民问题的存在，拒绝承认难民的身份，以色列官方不允许难民回归。这是问题的关键。只要以色列政府承认难民的回归权，我们就能找到双方都能接受的解决办法"②。

以色列在巴勒斯坦难民问题上的看法与巴勒斯坦大相径庭。以色列前驻华大使海逸达曾在 2004 年 10 月专门为中国媒体撰写《巴勒斯坦难

---

① 1948 年 12 月 11 日，联合国大会第 194（Ⅲ）号决议宣布应当让希望返回家园的难民尽早在实际可行的时间回去，决定不回去的难民，应当赔偿他们的财产损失。这项决议规定设立巴勒斯坦和解委员会，除其他事项外，请委员会促进难民的返回、安置和重新参与经济和社会活动。但是，委员会争取让难民返回作出的努力没有取得成功。194 号决议全文 "Palestine-Progress Report of the United Nations Mediator（A/RES/194（Ⅲ））"，见联合国网站，http://daccess-dds-ny.un.org/doc/RESOLUTION/GEN/NR0/043/65/IMG/NR004365.pdf?OpenElement.

② 参阅《访巴勒斯坦驻华大使：500 万难民苦寻回归路》，载《新京报》，见 http://news.sohu.com/20041021/n222599368.shtml（2011 年 11 月 19 日查询）。

民问题》阐述以方立场。以方认为"导致这一问题的直接原因是1947年阿拉伯国家拒绝联合国大会181号决议,该决议本可以将原来英国委任统治的地区分割为一个阿拉伯国家和一个犹太人国家。随后,阿拉伯国家发动了一场旨在摧毁新生的以色列国的战争。或者是因为阿拉伯领导人的呼吁,或者是因为惧怕战争,或者是因为未来在犹太人管理下生活的不确定性,许多在战火殃及地区居住的巴勒斯坦阿拉伯人离开了他们的家园。如果阿拉伯国家和当地的巴勒斯坦阿拉伯领导人不发动这场强加于以色列的战争,难民问题是不会产生的"。至于巴勒斯坦难民回归以色列问题,海逸达大使直言:"在以色列和阿拉伯邻国缔结的协议中并没有这方面的内容,国际法或相关联合国决议也没有认可这一权利……(巴勒斯坦和阿拉伯领导人)声称他们的主张有联合国决议为依据,最明确的章节是联合国大会194号决议第11段,但这一决议最初他们还否决过。而且,联合国大会不是一个立法机构,它关于政治事务的决议并没有法律上的约束力。"在巴勒斯坦难民与中东和平的关系问题上,以色列大使的观点也非常鲜明:"巴勒斯坦方面声称无限制地向以色列移民,实际上,这是那些不想让以色列存在的人玩弄的政治把戏:以色列人口只有670万,其中阿拉伯以色列人占19%。巴勒斯坦人在要求成立他们自己国家的同时,又要求向以色列自由移民的权利,这是另有图谋的。他们不断要求这一'权利'的结果将使以色列国的基本特征消失。因此,巴勒斯坦领导人这样做是在破坏中东和平的前景。"至于巴勒斯坦难民解决的途径,海逸达给出的以色列方案是"巴勒斯坦难民可以在(未来建立的)巴勒斯坦国或者在相当于以色列领土650倍的21个阿拉伯国家定居"。①

从巴方的表述看,犹太人和以色列的暴力是催生巴勒斯坦难民的根本原因;以色列在巴勒斯坦难民回归一事上的出尔反尔也要为巴勒斯坦难民问题久拖不决负责;解决这一难题的最佳途径就是允许巴勒斯坦难

---

① 参阅《以色列驻华大使海逸达谈巴勒斯坦难民问题》,载《新京报》,见 http://news.sohu.com/20041021/n222599311.shtml (2011年11月19日查询)。

民回归。以色列则认为,阿拉伯国家和巴勒斯坦人对联合国决议的漠视以及他们在1948年发动对以色列的战争才是导致难民出现的根本因素;巴勒斯坦难民的回归缺乏国际法的支持,而且从以色列国内民族人口构成上看,巴勒斯坦难民回到以色列境内绝无可能;解决这一难题的最佳方式是巴勒斯坦难民返回到未来建立的巴勒斯坦国,或者在其他阿拉伯国家生活。巴以观点是如此之针锋相对,这也就不难理解双方为什么至今仍还没有在解决巴勒斯坦难民问题上达成共识了。

五、结语

对于巴勒斯坦难民来讲,难民营是一个爱恨交集的场所,正如叙利亚首都大马士革加拉马纳(Jaramana)难民营的一位中产阶级难民所言:"难民营的拥挤变得不堪忍受,巴勒斯坦家庭子女的急速增多,以及伊拉克移民不断进入我们中间,(导致)没有了绿化带,没有了孩子的玩耍地。是的,这令人痛苦……不过尽管如此,我仍然喜欢待在这里与我的家人和人们生活在一起,在这里,我感觉到安全。"[1] 寥寥数语,道尽了身份特殊的巴勒斯坦难民对于难民营的无限、无奈依赖。事实上,不仅身处其中的难民对难民营感情复杂,当代巴勒斯坦知识分子也对难民营认识不一。巴勒斯坦民族委员会(PNC)成员、大马士革大学教授易卜拉欣·赛哈比(Ibrahim Shehabi)博士认为"难民营是绝望的表达";萨米·谢赫(Sami Sheikh)博士则深信"难民营是巴勒斯坦问题和巴勒斯坦人民受苦受难的明确象征";自1970年以来一直居住在叙利亚的加沙诗人拉塞姆·玛德胡恩(Rasem El-Madhoon,)则说:"难民营拥有不止一个目的和任务,在离散的早期阶段,它曾是保护巴勒斯坦人存在和自我表现的地方,是一个人们聚集和共生的场所;现在,它已经不再是

---

[1] Sari Hanafi, "Refugee Camps in the Arab East: Governmentalities in Search of Legitimacy", Issam Fares Institute for Public Policy and International Affairs, American University of Beirut, October 2010, p. 5.

政治解决的先决条件;一旦巴勒斯坦国家建立起来,难民营的重要性将会大大降低。"巴勒斯坦诗人格哈兹·纳赛尔（Ghazi El-Nasser）也直言:"难民营曾经是溶化巴勒斯坦人的锅炉吗？在一定程度上讲它是,过去它是巴勒斯坦人革命的温床!"①

除了知识分子外,巴勒斯坦民族权力机构,一些阿拉伯、伊斯兰国家和以色列等对难民营也各怀己见,有观点甚至认为,难民营的长期存在和落后是有关方面有意而为之的,目的是吸引外界的关注,以此促进巴勒斯坦问题的尽快解决。其实,难民营只是难民的一个载体,是巴勒斯坦难民问题的一个具体表现,连巴勒斯坦人自己都在难民营问题上有上述之认识差异,那么巴以双方在巴勒斯坦难民问题上存在分歧也就不足为怪了。巴勒斯坦方面坚持认为以色列要为难民负责,以色列则认为巴勒斯坦人和阿拉伯国家才是导致难民产生的罪魁祸首。② 巴以对1948年战争导致的难民数量分歧也非常大,以色列认为最多只有40万,巴勒斯坦方面则坚称有80万—90万之多;巴勒斯坦非官方资料认为的数字是75万—80万,以色列学者的研究则称有60万左右。③ 就对难民的安排上,巴勒斯坦和一些阿拉伯国家主张难民的回归权,对此以色列加以拒绝;巴勒斯坦方面还考虑以对难民进行经济补偿或者相关国家给予巴勒斯坦难民公民身份的方式来解决难民问题,但是这在操作上也难度极大。在各方无休止争论中,巴勒斯坦难民不得不继续在卑微的身份下生活。

---

① See Dr. Hamad Said Al-Mawed, "The Palestinian Refugees In Syria: Their Past, Present and Future, prepared for the Expert and Advisory Services", Fund International Development Research Centre, 1999, http://prrn.mcgill.ca/research/papers/al-mawed.pdf.

② See Government of Israel, "The Refugee Issue: A Background Paper", Jerusalem: Government Press Office, 1994; Palestinian Authority, "Palestinian Refugees and the Right of Return", Jerusalem: Ministry of Information, 1995; Abbas Shiblak, "The Palestinian Refugee Issue: A Palestinian Perspective", The Royal Institute of International Affairs, 2009.

③ See Elia Zureik, "Palestinian Refugees and the Peace Process", Washington, D.C.: Institute for Palestine Studies, 1996; Moshe Efrat, "The Palestinian Refugees: The Dynamics of Economic Integration in Their Host Countries [in Hebrew]", Tel Aviv: Israel International Institute for Applied Economic Policy Review, 1993.

比较视野下的地区和国别政治
巴勒斯坦难民营状况考察

巴勒斯坦难民问题的悬而不决，自然会导致难民营发展水平和环境的持续低劣，因为难民营状况的改善有赖于巴勒斯坦难民问题的解决进展。面对巴勒斯坦难民这一事关人道主义之世界难题，国际社会不应置之不理，要积极行动起来推动难民状况的改善。尽管 UNRWA 自身也存在很多不足，在国际社会也招致很多非议，特别是来自以色列方面的猛烈抨击①，但是在目前阶段，其角色还是无法被取代的。为了更好地发挥其作用，2004 年 UNRWA 和瑞士政府在日内瓦联合组织了一次重大会议，专门探讨 UNRWA 面临的挑战以及其未来的运作，会议形成被称之为"组织发展进程"的一系列发展计划，旨在优化 UNRWA 的运作，推进巴勒斯坦难民状况的改善，其中就包括改善巴勒斯坦难民营的项目。②时至今日，UNRWA 仍然是很多巴勒斯坦难民的生活依靠，特别是对加沙的难民而言更是如此，近年来以色列对加沙实施了非常严密的封锁，在很多国际救援物质因此无法运抵加沙的情况下，UNRWA 的援助就显得十分关键。③而 UNRWA 对巴勒斯坦难民援助的程度和其接受到的捐赠数量息息相关。除了来自联合国的很有限行政预算外，UNRWA 其余的活动资金几乎全部来自捐赠，捐赠方有国家政府、国际组织、非政府组织、企业和个人等。目前，美国、欧盟委员会及其成员国、日本、加拿大和澳大利亚是主要捐助国，世界银行和伊斯兰发展银行也是主要的捐助者，在 2010 年 UNRWA 接受的 8.4 亿美元捐赠中，超过 72% 来自国家政府④，22% 来自国际组织，3% 来自联合国系统，另外 3% 则来自

---

① See By Ted Belman, "Disband UNRWA If You Want Peace", http://www.patriotaction-network.com/group/istandwithisrael/forum/topics/disband-unrwa-if-you-want, "UNRWA, A Sponsor of Terrorism", http://samsonblinded.org/blog/unrwa-a-sponsor-of-terrorism.htm; Jonathan Spyer, "UNRWA: Barrier to Peace", http://www.biu.ac.il/Besa/perspectives44.html.

② See Lex Takkenberg, "UNRWA and the Palestinian Refugees after Sixty Years: Some Reflections", *Refugee Survey Quarterly*, Vol. 28, Nos. 2 & 3, UNHCR, 2010.

③ 当然，UNRWA 对加沙难民的救援工作有时也会受到以色列方面的钳制，但毕竟在大多数情况下它还是能够较为自由地出入加沙，对于这一点，是笔者在 2011 年 6 月造访 UNRWA 西岸总部时所得。

④ 在 UNRWA 公布的 2010 年 20 大捐赠国（政府）列表中，并没有中国的身影。笔者曾于 2011 年 6 月与 UNRWA 西岸总部打过一次交道，在与新闻官交流时，当时还被问及中国政府为何对此事项不甚积极。笔者认为，中国政府完全可以在这一点上有所行动。

基金会、非政府组织和个人等。① 在力争获得更多捐赠的情况下，UNRWA 也需要进一步改进自身的工作，以更好地服务于继续帮助巴勒斯坦难民。② 单就巴勒斯坦难民营而言，所在国政府一定要负起自己应负的国际责任，把难民营当做自己管辖下的一个自然区而非"孤立带"，给予难民营更多投入，给予其中的难民更多权利，毕竟，相比较 UNRWA，所在国政府的政策和举措对巴勒斯坦难民营的影响更大。③

　　国际社会的捐赠、UNRWA 的运作和难民营所在国的努力固然可以给巴勒斯坦难民提供一些帮助，但是通过此等途径，难民状况无法获得较大程度改善，这也绝非解决难民营和难民问题的根本之策。现在，不管是巴勒斯坦权力机构还是以色列，都知道巴勒斯坦难民的大规模回归原地绝无可能，所以，所谓的"难民回归权"只是巴方在巴以谈判中的一个日益轻微的砝码而已。也许，少量难民象征性地回归、巴勒斯坦国建立后的移入和所在国政府完全公民身份和权利的给予，才是身处难民营内外的巴勒斯坦难民更值得期待的前景，而在这其中，笔者认为，解决困扰目前巴以关系的巴勒斯坦难民问题的根本途径是巴勒斯坦国建立后的难民移入。笔者在以色列、巴勒斯坦进行为期一年的访学期间，走访了这两个国家（地区）的大部分地方，发现几十年前自然条件几乎相同的土地上，目前呈现出非常不同的地理面貌——以色列的先进技术和有效治理使得他们拥有了更多适宜人类居住的土地，但是巴勒斯坦一边

---

① See UNRWA, "Key Facts and Figures", http://www.unrwa.org/etemplate.php?id=667; "Total Contributions to UNRWA 2010-Overall Contributions", http://www.unrwa.org/userfiles/file/financial_updates/2010/Total% 20Contributions% 20to% 20UNRWA% 202010% 20 -% 20All% 20Donors.pdf.

② UNRWA 自身的确还存在一些问题，急需改进，参阅 Lindsay, James G., "Fixing UNRWA: Repairing the UN's Troubled System of Aid to Palestinian Refugees", Washington Institute for Near East Policy, Policy Focus #91 (January 2009), http://prrn.mcgill.ca/research/papers/PolicyFocus91.pdf。

③ 对于难民营所在国家的责任与作为问题，UNRWA 的最高行政官、主任专员 Karen AbuZayd 女士曾作专门论述，见 "Host Countries must Respect International Law and Govern Palestinian Refugee Camps as Distinct but Not Isolated", Issam Fares Institute for Public Policy and International Affairs, American University of Beirut, 2008, http://www.aub.edu.lb/ifi/public_policy/pal_camps/Documents/memos/ifi_pc_memo01_abuzayd_english.pdf。

的居民却是非常集中地生活在城市及其周边地区，其他地方则多是一片荒芜。比照以色列对国土的改造和规划治理，巴勒斯坦境内无人居住的一些土地也是有可能被发展为巴勒斯坦人居住区的。在目前巴勒斯坦还未取得国际社会普遍承认、巴以冲突依然较为激烈的情况下，以色列方面显然不会帮助巴勒斯坦民族权力机构进行土地改造等方面的工作，但是，通过协商在以色列和国际社会普遍认同巴勒斯坦的主权独立和领土完整之后，作为正常国家间关系的发展，以色列可以利用自己的移民经验和先进技术，帮助巴勒斯坦进行一些土地改造等有利于移民安置的工作，在这一过程中以色列的西方盟友也可以贡献自己的才智。毕竟，对以色列而言，在自己相对于巴勒斯坦的优势难以被撼动的前提下，帮助巴勒斯坦获得一些必要的发展也可以使本国取得更好的国际发展环境。

泰国政党模式的变迁与民主巩固

高奇琦[*]

【内容摘要】 西方学者在界定民主巩固内涵时主要存在三种路径：政治制度路径、民主文化路径和多元综合路径。政治制度路径的理论家强调政党的作用，民主文化路径的理论家强调公民社会的作用，而多元综合路径则试图在两者之间折中。1997年泰国宪法以及之后泰爱泰党的兴起为泰国第二波民主化之后的民主巩固创造了条件。然而，泰爱泰党并没有专心于群众型政党的建设，而跨越式地去学习全方位政党、卡特尔政党和商业公司型政党的经验和特征。这一学习模式在促使泰爱泰党迅速崛起的同时，也埋下之后在喧嚣中退场的隐患。泰爱泰党的政党学习实践反映出后发国家的一种学习困境，也揭示了政党模式的次序变迁与民主巩固之间的密切关联。

【关键词】 政党模式；民主巩固；政党变迁；公民社会；泰国

---

[*] 高奇琦：华东政法大学政治学研究院讲师，华东政法大学法学博士后流动站研究人员。本文系作者主持的国家社科青年项目《党群协商与群众工作创新实践研究》（11CZZ018）；上海市教委科研创新项目《国际比较视野下的执政党与公民社会联结机制研究》（11YS185）；上海市教委晨光计划项目《国外政党与公民社会关系对中国共产党建设党群联结机制的启示》（09CG58）的研究成果。

一、政党在民主巩固中的地位

民主化作为比较政治学中的一个重要问题方兴未艾，而民主巩固作为这一领域的一个新热点问题正在引起学界的关注。有关民主巩固的分析最早起源于美国经济学家丹克沃特·罗斯托（Dankwart Rustow）1970年关于拉丁美洲的转型路径研究，其关注点主要是拉丁美洲民主体制的高频率变动。[1] 在世界第三波民主化兴起之后，一些民主理论家纷纷表示了对这些新兴民主国家民主稳定性的关注，譬如美国政治学家西蒙·马丁·李普塞特（Seymour Martin Lipset）认为，"新民主体制必须制度化、巩固化和合法化"[2]。那如何界定民主巩固的内涵？笔者认为，西方已有研究成果在界定民主巩固的内涵时主要存在三种路径：政治制度路径、民主文化路径和多元综合路径。

政治制度路径主要认为，民主制度的巩固是民主巩固的关键，其代表人物是美国政治学家塞缪尔·亨廷顿（Samuel Huntington）和波兰裔美国学者亚当·普热沃斯基（Adam Przeworski）。亨廷顿的主要贡献是"两轮选举测试模式"（two-turnover test）。亨廷顿认为，衡量民主巩固的简单可行办法是，观察该政权是否两次和平地将权力移交给选举的获胜者。[3] 普热沃斯基同样认为，当所有重要的政治团体将体制内的主要政治制度视为政治竞争唯一的机制并遵守其游戏规则时，该民主体制就被认为得到了巩固。普热沃斯基进一步细化了体制内主要政治制度的内容，包括竞争性活动的制度框架、竞争性代议政府、经济冲突在民主渠

---

[1] Dankwart Rustow, "Transitions to Democracy", *Comparative Politics*, Vol. 2, 1970, pp. 339–346.

[2] Seymour Martin Lipset, "The Social Requisites of Democracy Revisited", *American Sociological Review*, Vol. 59, 1994, p. 7.

[3] 〔美〕塞缪尔·亨廷顿：《第三波——20世纪后期民主化浪潮》，刘军宁译，上海三联书店1998年版，第321页。

道的解决、文官对军队的控制等。①

民主文化路径主要认为，民主的规范和文化要比民主制度更重要，其代表人物是阿根廷学者圭勒摩·奥唐奈尔（Guillermo O'Donnell）和美国政治学家罗伯特·达尔（Robert A. Dahl）。奥唐奈尔认为，政治行为不仅受制于正式规则，而且还受到非正式规则（如裙带关系、家庭主义和私人庇护等）的影响。奥唐奈尔认为，需要正视非正式规则在民主巩固中的作用，即民主巩固的关键是要建立一套有效运作的民主规范。②达尔用另一组语言来表达同样的内容。达尔认为，民主的巩固要求有强大的民主文化，这种文化为遵守民主程序提供充分的情感和认知支持。③

多元综合路径主要认为，制度和文化都是影响民主巩固的重要因素。多元综合路径的代表人物是美国耶鲁大学教授胡安·林茨（Juan J. Linz）和哥伦比亚大学教授阿尔弗莱德·斯泰潘（Alfred Stepan）。林茨和斯泰潘对巩固的民主政体给出了三个向度的指标：第一，就行为层面而言，在一个巩固的民主政体之内，没有重要的民族、社会、经济、政治行动者将重要资源用于建立非民主政体；第二，就态度层面而言，绝大多数民众都具有这么一种信念，即民众程序和制度是治理社会集体生活最合适的方式；第三，就制度层面而言，全国范围内的统治力量和非统治力量都服从并认同于特定的法律、程序和制度。④ 林茨和斯泰潘的第三点明确强调制度，而第二点则实质强调民主文化或者民主规范，第一点在某种意义上是制度和文化层面作用的外在表现。

---

① Adam Przeworski, "The Game of Transition", in Scott Mainwaring, Guillermo O'Donnell and Samuel Valenzuela (eds.), *Issues in Democratic Consolidation*: *The New South American Democracies in Comparative Perspective*, Indiana: University of Notre Dame Press, 1992, p. 106.

② Guillermo O'Donnell, "Illusion about Consolidation", in Larry Diamond and Marc F. Plattner (eds.), *Consolidating the Third Wave Democracies*, The Johns Hopkins University Press, 1995, pp. 41 – 53.

③ Robert A. Dahl, "Developmen and Democratic Culture", in Larry Diamond and Marc F. Plattner (eds.), *Consolidating the Third Wave Democracies*, The Johns Hopkins University Press, 1995, pp. 34 – 35.

④ 〔美〕胡安·J. 林茨、阿尔弗莱德·斯泰潘：《民主转型与巩固的问题：南欧、南美和后共产主义欧洲》，孙龙等译，浙江人民出版社2008年版，第6页。

比较视野下的地区和国别政治
泰国政党模式的变迁与民主巩固

政党在民主巩固中究竟处于何种地位呢？政治制度路径的民主理论家更为强调政党的作用。亨廷顿的"两轮选举测试模式"实质是强调竞争性政党制度的稳定性和有效性。亨廷顿对现代化国家政党制度的强调，早在其 1968 年名著《变化社会中的政治秩序》中就清晰地表述过。① 同样，普热沃斯基所言的主要政治制度，如竞争性活动的制度框架和竞争性的代议政府，实际也是在强调竞争性的政党制度。多元综合路径的民主理论家也强调政党作用的发挥。林茨和斯泰潘认为，巩固的民主政体需要五个相互作用的场域：自由和活跃的公民社会、相对自主和受人尊重的政治社会、确保公民自由权利和结社生活的法治、供民主政府使用的国家官僚系统、制度化的经济社会。林茨和斯泰潘认为，"充分的民主转型，特别是民主的巩固，必然涉及政治社会"，而政治社会主要由政党、选举制度、政治领导、政党之间的联盟以及立法机关组成。② 很明显，在林茨和斯泰潘的语境中，政党是政治社会的中心。与这两个路径相比，民主文化路径的理论家更多强调公民社会在民主巩固中的作用。

二、泰国民主化与民主巩固的历程

泰国的第一波民主化肇始于 1932 年民党领导的资产阶级革命。在曼谷王朝七世王的妥协下，泰国确立了君主立宪体制，从此启动了民主化进程。泰国的第一波民主化进程在 1958 年中止，沙立·他那叻（Sarit Thanarat）的政变开启了泰国的第一波民主化回潮。沙立和继任的他侬·吉滴卡宗（Thanom Kittikatchorn）实行了长达 15 年的军人独裁统治。1973 年，学生领导的民主运动重新开启了泰国的第二波民主化浪

---

① 〔美〕塞缪尔·P. 亨廷顿：《变化社会中的政治秩序》，王冠华、刘为等译，上海人民出版社 2008 年版，第 334—344 页。
② 〔美〕胡安·J. 林茨、阿尔弗莱德·斯泰潘：《民主转型与巩固的问题：南欧、南美和后共产主义欧洲》，孙龙等译，浙江人民出版社 2008 年版，第 7—10 页。

潮。1973—1992年间，军人与职业政客交替掌权。1991年的军事政变引发了1992年的"五月风暴事件"，以中产阶级知识分子为中坚的大规模民主运动将泰国的民主化推入一个稳定发展的新阶段。① 可以说，1992年之后，泰国进入民主巩固阶段。泰国的两波民主化在世界民主化浪潮中处于何种位置呢？参照亨廷顿对世界民主化浪潮的分析，泰国的第一波民主化（1932—1958）基本可以被归入世界的第二次民主化短波（1943—1962），泰国的第一波回潮（1958—1973）可以被归入世界的第二次回潮（1958—1975），泰国的第二波民主化（1973—1992）可以被归入世界的第三波民主化（1974年至今）。②

如何评价1992年之后泰国民主巩固实现的程度？按照亨廷顿的"两轮选举测试模式"，泰国很难说已经实现了民主巩固。1992—2006年间，泰国经历了川·立派（Chuan Leekpai，1992—1995）、班汉（Banharn Silpa-archa，1995—1996）、差瓦立（Chavalit，1996—1997）、川·立派（1997—2001）、他信（Thaksin Shinawatra，2001—2005）、他信（2005—2006）六届政府。但川·立派、班汉、差瓦立这前三届政府均是因为丑闻而倒台，并非因为正常选举而实现政权轮替。川·立派第二届政府在2001年通过选举将政权移交给他信政府，这可以算做第一轮选举后的移交，但2005年他信再次获胜而并没有移交政权，随后2006年的军事政变干扰并打乱了这一民主巩固过程。尽管如此，按照亨廷顿的标准，泰国已经非常接近民主巩固。这也是在2006年之前西方国家一度认为泰国是东南亚实行民主最彻底的国家的原因。③ 但是，2006年的军事政变使得人们更为冷静地看待泰国的民主进程。然而，也不能武断地说，2006年的军事政变中断了泰国的民主进程。军事政变之后，军人集团很快退出了政治舞台。这其中潜含了泰国民主巩固的成绩，即尽管军人集

---

① 〔澳〕约翰·芬斯顿主编：《东南亚政府与政治》，张锡镇等译，北京大学出版社2007年版，第300—304页。

② 〔美〕塞缪尔·亨廷顿：《第三波——20世纪后期民主化浪潮》，刘军宁译，上海三联书店1998年版，第15页。

③ 陈建荣：《泰国民主的前景：军权、法制、金钱与政党》，载《东南亚研究》，2007年第6期。

团在2007年也推动新宪法并试图保护其利益，但军人集团此时也清醒地认识到逆转民主进程所暗含的政治风险。2007年之后，泰国又重新进入新一轮民主巩固时期。

三、泰国政党的制度环境与模式变迁

泰国政党的制度环境一直表现为变动性和非连续性的特征。泰国的政党发展源于1932年政变之前就已经存在的民党（People's party）。民党是1932年政变的主要参与者，但在建立君主立宪制之后，该党并没有建立相应的政党制度，而将自身转变为人民协会，并宣布政党非法。民党这种害怕政党竞争的思想导致了泰国政党发展的停滞。① 在泰国第一部宪法——1932年宪法及其同年修正案中，并无任何关于政党的条款。直到1946年宪法才第一次述及政党条款，允许政党存在和活动。到1955年9月，泰国颁布其历史上的第一部政党法。然而，到1958年沙立上台之后，新一轮党禁开始。到1968年，虽然他侬政府推动的1968年宪法和1968年政党法中有关于政党的较宽松规定，但此时在军人政权之下政党的活动空间几乎没有。直到1973年学生运动之后，1974年宪法和1974年政党法才重新给予政党更大的活动空间。到1974年4月选举之前，泰国政党数达到39个。到1976年泰国政变之后，政党再次被宣布为非法。直到1981年新政党法颁布，政党活动才又再次恢复。②

1997年宪法颁布所推动的政党制度变迁有利于政党的整合和制度化发展。1997年宪法规定的一些改革方案倾向于扶持较大政党。譬如，鉴于一个政党获得公共资金的数量取决于该党在前一次选举中获得席位的多少，大党可以获得更多的公共资金资助。再如政党代表制和单选区制

---

① 王子昌：《泰爱泰党与泰国的政治发展》，载《东南亚研究》，2007年第1期。
② 任一雄：《政党的素质与民主政治的发展——从泰国政党的历史与现状看其民主政治的前景》，载《东南亚研究》，2001年第5期。

度的引入、禁止转党的条款等都是为了加强大党的影响，并通过使政党对选民更加负责任来完善政党形象。① 1997年后的政党制度变迁在很大程度上推动了泰爱泰党的发展。但是，这一制度变迁在2006年政变之后被中止。2007年新宪法修订了政党制度和选举程序。譬如，政党名单制的功能有所弱化，并且取消了对5%以下得票率的限制，以牵制大型政党的发展。同时，新宪法规定，"凡宪法法院裁定强制解散的政党，其执行委员5年之内不得从政"②。

那泰国的政党模式表现出何种特征以及变迁趋势呢？笔者在这里引入西方政党类型学的最新理论成果，并以此为基础对泰国的政党模式及其变迁进行评析。西方政党类型学的发展与以下学者的贡献紧密关联：法国政治学家莫里斯·迪维尔热（Maurice Duverger）在1954年提出的干部型政党（cadre parties）和群众型政党（mass parties）；③ 德裔美国学者奥托·基希海默尔（Otto Kirchheimer）在1954年提出的全方位政党（catch-all parties）；④ 约翰·霍普金斯大学政治学教授理查德·卡茨（Richard Katz）和荷兰雷登大学教授彼得·梅尔（Peter Mair）在1995年提出的卡特尔政党（cartel party）；⑤ 英国学者乔纳森·霍普金（Jonathan Hopkin）和意大利学者凯特瑞那·保罗西（Caterina Paolucci）在1999年提出的商业公司型政党。⑥ 最后，荷兰学者安德·库维尔（André Krouwel）将这些学者的研究成果连贯起来，形成一个历史主义的五阶段政党模式分类，即精英型政党、群众型政党、全方位政党、卡

---

① 〔澳〕约翰·芬斯顿主编：《东南亚政府与政治》，张锡镇等译，北京大学出版社2007年版，第326页。

② 周方冶：《泰国政治动荡的原因与前景》，载《当代世界》，2008年第10期，第24—25页。

③ Maurice Duverger, *Political Parties: Their Organization and Activity in the Modern State*, London: Meuthen, 1954, p. 71.

④ Otto Kirchheimer, "Notes on the Political Science in Western Germany", *World Politics*, Vol. 6, 1954, pp. 317–318.

⑤ Richard Katz and Peter Mair, "Changing Models of Party Organization and Party Democracy: The Emergence of the Cartel Party", *Party Politics*, Vol. 1, No. 1, 1995.

⑥ Jonathan Hopkin and Caterina Paolucci, "The Business Firm Model of Party Organization: Case from Spain and Italy", *European Journal of Political Research*, Vol. 35, 1999, pp. 307–339.

特尔政党和商业公司型政党。①

根据库维尔的界定，精英型政党的存续时间主要是1860—1920年，其社会背景是有限普选权的开放，政党组织的规模较小，政党成员精英化程度高，政党资源主要来自政党成员的私人联络，政党运作以政治精英的局部社会动员为主，政党竞争的目的是分配特权。群众型政党的存续时间主要是1880—1950年，其在大众普选的推动下生成，政党组织规模较大，政党成员的社会普及程度较高，某一意识形态是构筑该类型政党认同的基础，政党资源主要来自党费或捐赠，政党运作以人力密集型的整体社会动员为特征，政党竞争的目的是希望在执政之后推动激进的社会改革。全方位政党的存续时间主要是1950年到现在，其社会背景是意识形态的中间化，政党组织的规模趋于缩小，政党向所有阶层开放，党内的异质化程度提高，政党资源主要来自社会捐赠，政党运作体现为人力密集与资本密集的结合，政党参与政治竞争的目的是推动社会的渐进改良。卡特尔政党的存续时间主要是1950年至现在，其社会背景是政党与国家的结合，政党组织的规模越来越小，党员与非党员之间的界限模糊，强调党员的个人化而非有组织的整体，政党资源主要来自国家补贴，政党运作呈现出资本密集型的特点，政党之所以参与政治竞争是因为其将政治作为一种职业。商业公司型政党的存续时间主要是1990年至今，其产生背景是商业集团的政治化，政党组织高度依赖其领袖，主要雇佣选举技术专家来进行媒体动员和市场营销动员，政党运作的特点是资本密集型加技术密集型，政党参与政治竞争的目的是通过政治保证其经济利益的获得。② 当然，库维尔的界定主要基于欧洲政党发展的现实。

按照西方的政党分类标准，泰国的绝大多数小党都属于精英型政党。美国学者戴维·维尔森（David Wilson）对20世纪50年代的泰国政党有过如下描述：泰国政党在它们存在的时候"并无或者极少在议会之

---

① André Krouwel, "Party Models", in Richard S. Katz and William Crotty (ed.), *Handbook of Party Politics*, London: Sage Publications, 2006, pp. 249-268.

② Ibid., pp. 262-263.

外有什么组织。一般来说，议员必须通过自己的努力在自己所属的省份赢得选举，政党标签是无足轻重的。政党从来没有代表过真正的社会势力，只不过代表着最上层统治阶级内部的宗派集团和个人罢了"[1]。维尔森的描述在今天的泰国政党政治中仍然有效。泰国的大多数政党历史都比较短，缺乏组织建设和延续性，往往以某一政治领袖为中心，而且转换政党的现象非常频繁。这些政党几乎是完全为争夺和分割利益而形成的一种庇护关系网络。这些都是精英型政党的基本特征。

只有民主党和泰爱泰党属于例外情况。民主党已经具备一些群众型政党的特征：进行政党的正式组织建设，积极发展基层组织，到1997年时已发展基层组织172个；整合政党的意识形态和纲领，20世纪60年代时该党的基本纲领是林肯的民主思想，即民有、民治和民享，到70年代时逐渐调整为民主社会主义;[2] 巩固稳定的选民基础，该党的主要基础在经济发展较发达的泰国南方，主要选民群体是工商业者和城市中产阶级。泰爱泰党是1998年之后迅速崛起的一个重要政党。泰爱泰党的情况比较复杂，下一部分将作详细分析。

四、泰爱泰党的学习困境与后发劣势

泰爱泰党最初是以试图进入政治领域的商业精英联盟的形式出现的。这一商业精英联盟是一种松散的、非组织化的联盟，属于典型的精英型政党模式。但之后，泰爱泰党很快就进入转型阶段。按照西方政党发展的规律，泰爱泰党最先应该学习群众型政党的特征，应致力于发展党员并进行组织建设。在实践中，泰爱泰党确实也注重党员和组织的发展。到2001年选举时，其党员数量据称已经达到800万，到2005年时，党员数量增加到1400万。泰爱泰党还组织每年的全国党员大会和不定

---

[1] David A. Wilson, *Politics in Thailand*, Ithaca: Cornell University Press, 1962, p. 68.
[2] 任一雄：《政党的素质与民主政治的发展——从泰国政党的历史与现状看其民主政治的前景》，载《东南亚研究》，2001年第5期。

期的地区党员会议。① 然而，这些党员数量和党员大会仅是象征意义的。这些党员并不需要向泰爱泰党缴纳党费，也几乎不参与任何政党组织活动。党员会议更多是欢迎政党领袖的一个仪式，而不是产生政党代表和政党领袖的一种机制。党员并没有影响政党政策的正式渠道。到2005年初，他信允诺将模仿美国政党的初选模式，并将在地方引入由党员选举泰爱泰党候选人的机制。2005年7月，在泰爱泰党总部新迁之后，他信宣布其打算对泰爱泰党进行全面制度化。但是，直到2006年政变之前，却一直没有任何具体的措施出台。② 泰爱泰党对群众型政党模式的学习和实践过程并未完成。

实际上，泰爱泰党在其政党转型过程中一直处于一种学习困境。西方政党的多种模式特征都可以从泰爱泰党的政治行为中表现出来，这表明泰爱泰党在试图学习西方的多种政党模式。譬如，泰爱泰党试图学习西方全方位政党（catch-all party），希望取悦社会各个阶层。例如，在2001年大选之前，泰爱泰党与工会组织、穷人协会（泰国最为活跃的公民社会组织之一）以及商会组织等进行私下协商，希望得到它们的支持。但在2001年执政之后，泰爱泰党背弃了诸多其在竞选时的私下允诺。他信允诺工会组织将在执政后批准国际劳工组织关于结社自由和集体谈判的协定和建立一个职业健康和安全研究所，他信允诺穷人协会将在执政后改造严重污染环境的巴蒙大坝，但他信在施政后均无意兑现这些承诺。泰爱泰党在选举承诺中的全方位特征与施政实践中的偏农村倾向之间的距离，引发了除农民阶级之外多数社会阶层与泰爱泰党的反目。③

再如，泰爱泰党也试图学习西方卡特尔政党（cartel party）的特征，即吸纳其他政党，或与其他政党结盟，试图实现一党独大地位。然而，泰爱泰党在急速扩张中并没有采取选择性吸纳和渐进整合的战略，结果

---

① Pasuk Phongpaichit and Chris Baker, "Thaksin's Populism", *Journal of Contemporary Asia*, Vol. 38, No. 1, 2008.
② Ibid.
③ Ibid.

是政党版图迅速扩大，然而内部却存在严重分裂，如存在汪南然集团、自由正义党集团、新希望党集团、曼谷民代集团、国家开发集团和汪磨挽集团等。① 这种党派分裂和整合缺失使得泰爱泰党更像一个政党联盟，而不像一个完全整合和凝聚力较强的政党。更为恶劣的结果是，泰爱泰党的无约束性扩张导致了执政联盟扩大而待分割利益不变之间的紧张，用美国政治学家赖克（William Rike）的表述，就是这种扩张破坏了最小获胜联盟法则（minimum winning coalition law）。赖克认为，政党联盟需要保持一个最小获胜规模，因为政党联盟规模越大，每个成员获得的利益份额越少，维持联盟的成本也越高。② 这种因利益分割产生的矛盾导致他信原亲信林明达（Sondhi Limthongkul）的倒戈，而林明达的倒戈是引发反他信运动的重要因素。③

另外，泰爱泰党同样在学习西方商业公司型政党（business-firm party）的运行特征。在所有的政党学习中，这一学习最为深入，这与他信的商业背景有很大关系。商业公司型政党的最佳范本是贝鲁斯科尼领导的意大利力量党。泰爱泰党在2001年选举和2005年选举中运用许多政治营销的技术，如使用其商业集团中的营销专家和公共关系专家通过广播和平面媒体塑造选民偏好等。但问题是，商业公司型政党的运作模式太过现代，甚至有许多后现代元素，而泰国的现代化程度还不高，社会还很传统和保守，对商业化力量有本能的恐惧感。而具有相当独立意识的城市中产阶级则逐渐对他信集团滥用选举技术形成一种强烈的反对态度。对商业公司型政党的学习导致了泰爱泰党的民粹主义发展，也在很大程度上导致了其最终的毁灭式结果。

泰爱泰党的政党学习反映出一种后发劣势。后发劣势是与后发优势结合在一起的。后发优势体现为后发国家凡事都可因循早发国家的模板

---

① 李路曲：《泰国的政党政治与泰爱泰党一党独大局面的形成》，载《社会主义研究》，2005年第5期。

② William H. Riker, *The Theory of Political Coalition*, New Haven: Yale University Press, 1962, pp. 32 – 33.

③ Oliver Pye and Wolfram Schaffar, "The 2006 Anti-Thaksin Movement in Thailand: An Analysis", *Journal of Contemporary Asia*, Vol. 38, No. 1, 2008.

而为，后发劣势则表现为选择太多，而导致每次学习都不深入，而浅层和扭曲的学习往往隐含着桎梏和危机。早发国家往往逐个解决社会和政治问题，并有序地完成政治制度化。但后发国家，特别是在当下全球化时代下的后发国家，则很难次序地逐一完成现代化过程中出现的问题。这些问题往往突发性地集聚爆发。后发国家有制度学习的优势，但后发国家很难找到早发国家在应对问题时的单一情境。譬如，早发国家在阶级斗争和工人运动的背景下完成了政党制度化的过程。阶级斗争提供给政党鲜明的意识形态特征，而工人运动则提供给政党充足的会员和固定支持者。但目前后发国家面临的情境非常复杂，一方面，后发国家需要完成国家构建和政治制度化，这些因素是决定后发国家政治稳定和秩序发展的关键；另一方面，后发国家面对的政治生态已经出现一些不利于政治制度化的变化，如社会多元化的发展和媒体政治的兴起，这两点与群众型政党模式生成的背景已大不相同。而后发国家因为制度学习而面对的制度选择又较多，如泰爱泰党的政党运作模式似乎是希望吸收群众型政党、全方位政党、卡特尔政党和商业公司型政党四者的优势。但这种跳跃式学习模式和跨越式发展路径使其陷入一种学习盲乱和发展困境。这种学习和发展模式可以导致选举绩效的迅速攀升，但也容易导致其政党发展缺乏稳定性和持续性。

结语：政党模式的次序变迁与民主巩固

质言之，民主巩固的核心是制度与文化。在泰国的民主巩固中，公民社会的蓬勃发展已经使民主文化开始在泰国民众中生根，这一点可以从2006年泰国政变后军人集团对公民民主态度的忌惮上找到例证。虽然泰国的民主文化还很不成熟，如民众仍然保有对庇护政治和金钱政治的习惯性理解，而政治精英也缺乏对政治妥协的理解和认同，但民主文化的构建并非一日之功。而当下泰国民主巩固中最为紧要的是政治秩序的稳定。而强大的政党和有效的政党体制才是政治秩序稳定的关键，这一点亨廷顿在其名著《变动社会中的政治秩序》中进行过充分阐述。

1997年泰国宪法和2001年泰爱泰党的崛起本来给予泰国民主巩固一个绝好的政治机会,然而泰爱泰党的跨越式学习在促使其迅速崛起的同时,也埋下之后在喧嚣中退场的隐患。西方政党发展的历史表明,政党模式的发展不能跨越,特别是群众型政党对于一国政治发展的重要作用更不能被回避。群众型政党是稳定社会秩序的关键。通过发展缴纳党费的党员,并鼓励党员参与政党活动,来实现政党认同的凝聚,使得社会逐步认同政党在政治发展中的作用,以及逐步习惯通过政党来表达利益诉求。当然,泰爱泰党的解散并非意味着泰国民主巩固的恶性终结,只不过意味着泰国的民主巩固需要更长时间和实践来完成。未来泰国的民主巩固不能完全寄希望于公民社会,而政党才是肩负更多民主巩固责任的重要行为体。泰国政党向群众型政党的完整发展是泰国民主巩固的关键。从主要政党的制度化,到整个政党体系的制度化,再到整个政治系统的制度化,直至民主制度的巩固,这是一个因果关联、环环相扣的政治发展过程。未来泰国民主巩固的希望可能更多应寄托在民主党和继承了泰爱泰党的人民力量党身上。

20世纪90年代以来斯洛伐克的欧洲化与政治转型

周忠丽[*]

【内容摘要】 斯洛伐克自20世纪90年代以来经历的政治转型，同时也是一个意义深远的欧洲化过程，欧盟在斯洛伐克政治转型过程中发挥了巨大影响力。欧盟发挥影响力的方式及强弱与该国内部政治力量对比密切相关。梅恰尔政府期间，斯洛伐克因"政治不达标"被排除在入盟谈判之外。1998年大选后祖林达政府执政，斯洛伐克在从入盟的"慢车道"驶向"快车道"的过程中，实现了修改宪法、政党制度、保护少数民族和法治等一系列基本问题的重大改进。

【关键词】 欧洲化；政治转型；欧盟；斯洛伐克

中东欧国家自1989年以来经历的国内制度转型，同时也是一个意义深远的国际社会化（International Socialization）和欧洲化（Europeanization）过程，西方国家主导的国际机构十分活跃，对这些国家制度转型的走向、进程和结果均起到了重要作用。转型之初，国际货币基金组织、北约等国际组织影响很大，无论是在政治领域确立西方式多党国会民主制度的框架，还是在经济领域实施的稳定化、自由化和私有化措

---

[*] 周忠丽：中共江苏省委党校讲师。

施，都不难看到国际机构的踪迹。到20世纪90年代中后期，随着欧盟东扩进入具体实施阶段，欧盟设置的"入盟门槛"，连同中东欧国家加入欧盟的热望，使得欧盟在中东欧国家的国内制度重建和公共政策的制定与执行过程中，具有了前所未有的影响力。

较而言之，欧盟对斯洛伐克政治转型的影响更为突出。斯洛伐克因未能履行欧盟政治标准一度被排斥在欧洲一体化进程之外。在从入盟的"慢车道"转到"快车道"的过程中，斯洛伐克自身为实现政治制度稳定和巩固政治转型的成果付出了很大努力，但来自欧盟（也包括北约）的外部影响更为突出。笔者选取斯洛伐克为研究个案，试图将国内政治带入国际关系的分析框架，具体深入地展现欧盟因素对斯洛伐克政治转型的影响，在增进对斯洛伐克政治转型理解的同时，深化对欧盟东扩过程中政治影响力的认识。

一、欧洲化对政治转型的影响及其解释

近年来，随着欧盟东扩战略的全面实施，"欧洲化"一词的使用频率颇高，越来越多的研究者将注意力从传统欧洲一体化、欧盟东扩进程中重要会议和重要文件转向对欧洲化的研究。尽管学界在定义方面尚存争议，但不妨碍研究者使用欧洲化这一术语来分析欧盟的制度安排、政策制定及政治文化对成员国和候选国产生的现实和深远影响。对处在制度转型进程之中的中东欧国家而言，欧洲化这一概念既强调了"欧盟政治与制度作为一个独立变量在国内制度转型过程中的作用"，同时也"展现出国内政治结构和各方力量对欧洲一体化的回应过程"。[①]

欧盟（欧共体）自创建以来，深化和扩张一直是同步进行，旨在建立一个和平统一的"大欧洲"（Pan-Europe）。欧盟东扩战略与其在后冷

[①] James A. Caporaso, "Third Generation Research and the EU", *Presentation at Conference on Impact of Europeanization on Politics and Policy in Europe*, Toronto, Canada, May 7–9, 2004, p. 3.

比较视野下的地区和国别政治
20世纪90年代以来斯洛伐克的欧洲化与政治转型

战时期面临的挑战,以及需要重新定位自己的角色、结构和功能密切相关,同时也迎合了中东欧国家冷战后"回归欧洲"的渴求——通过加入欧盟来实现本国在经济制度、政治制度和价值观念等方面与欧盟现有成员国的均质化发展。同时,还可以使其彻底摆脱俄罗斯的控制,寻得新的安全保障和政治归属感,并获得在欧洲事务中的发言权。欧盟对中东欧国家制度转型的影响主要包括两个方面:一方面是激励,另一方面是规范。所谓激励,可以理解为欧盟在中东欧国家制度转型过程中给予的援助,促进这些国家的制度转型。众所周知,欧盟对中东欧国家的经济援助及其他方面的合作是货真价实的,而不像对待俄罗斯停留在外交辞令上,口惠而实不至。欧盟设立了许多基金支持中东欧国家的制度转型,经济援助的重点除了经济和社会领域,如建立欧洲重建和发展银行,实施"24国援助计划"和"法尔计划"(PHARE),还包括培训中东欧国家的公务员队伍、促进人权、推动地方自治,以及改善议会活动等政治计划。规范,就是通过制定具体的标准和每年一度的评估,使中东欧国家全面实现与欧盟规则的接轨(Adoption)。早在1989年中东欧国家制度转型伊始,时任法国总统密特朗就指出,合作或援助的目的是换来民主的回归,对人权的尊重和自由选举的举行。欧共体随后提出五个基本要求,即建立法治、尊重基本人权、实行多党制、1990年年底举行自由选举以及执行市场经济政策。[①] 1992年欧共体爱丁堡会议提出把建立保证民主、法治、人权和尊重少数民族的制度作为入盟的首要条件。1993年欧盟哥本哈根首脑会议不仅确认了东扩的合法性,而且制定了欧盟东扩的三大框架原则,首次明确表示达到这些标准的入盟申请国可以获得正式的成员国身份,即建立稳定的、制度化的国家机制,保障民主、法治秩序,保护人权,切实尊重少数民族权利;建立行之有效的市场经济制度;承担成员国义务,把政治、经济货币联盟作为自己的目标。[②] 由此,"哥本哈根协定"从总体上规定了候选国要达到的目标,

---

[①] 高歌:《东欧国家的政治转轨》,世界知识出版社2003年版,第241页。
[②] Presidency Conclusions, Copenhagen European Council 1993, 7. A. iii, http://www.europarl.euro.eu/enlargement.

"欧盟法律"（acquis communautaire）将各领域的要求通过章节和条款进行细化。1997年欧盟通过的《阿姆斯特丹条约》第6款再次强调了这个政治条件。在评估方面，1997年7月欧盟委员会提交的 Agenda 2000 第一次分别对中东欧申请国的制度转型进行了全面评估，此后每年一度的评估报告针对每个国家出现的问题提出意见和建议，促进整改。除此之外，欧盟还不定期向中东欧国家派出单个或数个观察团，对议会大选、人权和少数民族问题发表看法。

具体到欧盟制约性对候选国国内政治转型的影响，通常的研究大多使用宏观因素来解释，如政党体系、国内制度构成和各项其他指标，为国内为什么及如何回应欧盟制约性提供了较为全面的解释。然而，这些"结构化"的解释往往缺乏可分析的变量来分析欧盟制约性和国内回应之间这一互动过程，也难以理清各要素之间的相关性程度。笔者通过对斯洛伐克入盟前后政治转型的研究发现，欧盟制约性对候选国制度转型影响的强弱与该国内部政治力量对比的关系密切，其影响力发挥是与国内对入盟持积极态度的政治力量里应外合的结果，否则，纵然欧盟有更丰富的援助和更合理的评估程序也是徒然。

二、斯洛伐克"回归欧洲"的愿望与政治掣肘

在整个20世纪，斯洛伐克都处在动荡不安和急剧变化的漩涡之中，不仅仅经历了政治制度和政府组织形式的多次变迁，国家本身也变动不居，斯洛伐克人见证了他们的首都戏剧性地来回变换，先是从布达佩斯到布拉格，再移到布拉迪斯拉发，又重新回到布拉格，最终又回到了布拉迪斯拉发。1989年政局剧变既为变革政治制度敞开了大门，也为民族主义的复兴创造了条件。

剧变后不久即在捷克斯洛伐克出现了修正不合理联邦制的呼声。1990—1992年，捷克与斯洛伐克的政治精英多次就联邦制度的具体安排进行磋商，但难以达成一致。在1992年6月举行的议会大选中，克劳斯

领导的公民民主党与梅恰尔（Vladimír Meiar）领导的"争取民主斯洛伐克运动"（HZDS）分别在捷克和斯洛伐克胜出，这两位政治领导人对国家未来发展的设想相去甚远且互不妥协，促使联邦国家快速走向解体。不同于南斯拉夫解体伴随民族冲突和引发继承战争，捷克和斯洛伐克联邦共和国的解体是双方政治精英协商共识的结果。至1992年12月31日联邦解体前，斯洛伐克与捷克在共同的联邦共和国框架内完成了部分政治转型任务：建立了多党竞争的议会民主制，并在此框架下制定了相关的法律法规；确立了与西方国家及其主导的国际组织的友好关系，尤其是在"回归欧洲"的口号下积极发展与欧盟的关系。

但是，斯洛伐克"回归欧洲"的愿望与欧盟的标准之间依然存在很大差距。建国之初的国家建设涵盖了一系列基本政治问题，如领土、公民身份、宪政、行政权力、外交与安全政策等，所有这些问题都与如何确定政治形态和制定游戏规则这样一类国内不同政治力量之间的较量密切相关。这些基本政治问题与政治转型引发的各种问题和矛盾纠结在一起，导致了斯洛伐克在整个20世纪90年代产生的政治问题，远不止是存在潜藏的政治态度对立，更是表现在日常事务中明显的政治冲突[①]。由于宪法存在弊端、政治精英缺乏民主治理的经验且精英之间相互对立，斯洛伐克的日常政治运作比邻近的捷克和波兰更不稳定，不同政党和力量间一直处于相互对立和持续不断的斗争之中，特别是在宪法、反对派的地位和少数民族权利等问题上，正是这些问题遭致了欧盟的多次批评和警告。

由于斯洛伐克曾长期遭受异族压迫，民族主义和主权意识非常强烈，梅恰尔领导的"争取民主斯洛伐克运动"是捷克斯洛伐克联邦解体的倡导者，在独立建国过程中起到了非常重要的作用。与此同时也俨然以"斯洛伐克民族历史胜利之父"自居，不仅将匈牙利少数民族，还将那些不赞成联邦解体、不支持斯洛伐克独立的政治家及持不同政见者宣

[①] Karen Henderson, "Slovakia and the democratic criteria for EU accession", in Karen Henderson (ed.), *Back to Europe*, London: UCL Press, 1999, pp. 221 - 240.

布为威胁新国家的内部敌人,并表示与这些敌人不可能采取任何妥协,要采取一切手段打击他们。① 自 1994 年后,"争取民主斯洛伐克运动"的领导使得斯洛伐克的政治转型出现倒退趋势。

1992—1998 年期间,"争取民主斯洛伐克运动"一直是国会第一大党,梅恰尔三次出任政府总理,执掌斯洛伐克政权(除 1994 年短期落选)。1994 年大选后,HZDS 与斯洛伐克民族党(SNS)及斯洛伐克工人协会(ZRS)联合组阁。梅恰尔政府一方面在国会和政府机构实行双重集权,损害反对党利益和国会正常职能的发挥;另一方面虚构法律事实,威胁要将民主联盟的 15 名代表驱逐出国会。这些行为不仅触怒了反对党,也引发了欧盟的不满。1994 年 11 月 23 日,欧盟理事会向斯洛伐克总统科瓦奇(Michal Kováč)递交了第一份正式警告(démarche),批评斯洛伐克缓慢的政治转型过程,要求斯洛伐克进行经济改革和坚持民主原则,同时表示欧盟"期待斯洛伐克能在政治领域作出持之以恒的努力来巩固民主,形成一个稳定的市场经济,建立地区间合作特别是消除与邻国匈牙利、及境内匈牙利少数民族之间的紧张关系"②。这份措辞严谨的警告提醒斯洛伐克:"对(候选国)政府而言,发展与欧盟的关系在享受有利条件的同时也需履行义务",欧盟"对自(1994)大选以来政府某些方面的行为表示关切"。梅恰尔政府驳斥欧盟的警告带有偏见,没有确凿证据,甚至是干涉主权国家内政。不过,反对党普遍认为欧盟的警告意义重大,事实上也如此。尽管梅恰尔政府对欧盟的警告给予了强硬回应,但最终没能将民主同盟驱逐出国会。

出于公共舆论和维护国家形象的需要,尽管梅恰尔政府与欧盟的摩擦不断,但没有否定发展与欧盟关系的重要性。1995 年 1 月,梅恰尔政府向国会提交的方案表示,"政府认为执行欧洲一体化是首要任务"。1995 年 6 月 27 日,梅恰尔向法国外长递交了斯洛伐克申请加入欧盟的正式申请书,有意向外界表明,本届政府将履行与欧盟协定的各项义

---

① 姜琍:《转型时期斯洛伐克民粹主义探析》,载《俄罗斯中亚东欧研究》,2008 年第 1 期。

② SME,21 September 1995,p. 4.

务，加快一体化进程。

但是，梅恰尔政府为了尽可能强化政府及总理个人的权力，并未真正贯彻相关协定及履行候选国的义务，国内政治发展甚至还部分倒退。梅恰尔与其支持者不断扩大总理职权和行政部门权力，尽可能多地占据政府和国会中的关键职位，这一行为不仅造成政府和反对派之间的紧张关系，也导致梅恰尔与总统科瓦奇之间持续不断的对立和冲突。梅恰尔政府对总统进行了一系列政治攻击，包括1995年5月在国会发起对总统的不信任投票，9月要求总统辞职（科瓦奇对这一要求置之不理，因为不符合宪法或其他法律、制度的规定），此外还削减总统办公室的预算。[1] 科瓦奇的儿子更是在1995年8月遭人绑架，警方调查的结果表明，政府和情报部门涉嫌该绑架案。1995年10月26日，欧盟理事会向斯洛伐克递交了第二份正式警告，表达了欧盟"对斯洛伐克目前政治紧张的严重关切"，提及"为反对总统采取的措施将有可能损害国家宪法和欧盟普遍的民主实践"，以及对不断增长的行政权力和限制国会职能的担忧。再一次特别提醒斯洛伐克，作为欧盟的联系国，在正式加入欧盟之前必须履行哥本哈根峰会制定的各项标准。[2] 同时，来自欧盟的警告还涉及政治表达自由，对政府与国内媒体（大部分对政府持反对意见）日趋紧张的关系，及斯洛伐克国有广播电视台偏倚政府的亲政府立场表达了不满，特别是当政府在布拉迪斯拉发大街上像歹徒一样对付持异议的记者时，更是败坏了斯洛伐克的名声，让外界觉得斯洛伐克的民主根本就不靠谱。[3] 一时间，斯洛伐克与欧盟的关系成为国内政治争论和冲突的焦点，甚至是普通民众日常谈论的话题。鉴于欧盟的援助能减少转型困难及加入欧盟的前景，绝大多数民众希望政府改善与欧盟的关系。

---

[1] Karen Henderson, *Slovakia: The Escape from Invisibility*, London and New York: Rougledge, 2002, p. 81.

[2] Agence Europe, *Europe*, No. 6593, 27 October, 1995, p. 5.

[3] G. Pridham, "Complying with the European Union's Democratic Conditionality: Transnational Party Linkages and Regime Change in Slovakia, 1993 – 1998", *Europe-Asia Studies*, Vol. 51, No. 7, 1999, p. 212.

来自欧盟的正式警告和取消基于"欧洲联系协定"（European Association Agreement）确定的项目援助与合作的威胁，没有根本改变斯洛伐克的国内政治运行。梅恰尔政府除继续加强中央政府控制外，还试图更多更改国内政治的游戏规则，以尽可能持久地执掌权力，甚至声称"民主是多数的恐怖"，"赢者多吃"。1996年3月，他提出在斯洛伐克实行简单多数制或是混合选举制，变更选举规则对第一大党"争取民主斯洛伐克运动"大有助益。不过，由于新规则对执政联盟中的斯洛伐克民族党和斯洛伐克工人协会的危害太大，招致二者共同反对；同年下半年，梅恰尔政府对国家行政区划进行了重新划分，使得国内普遍疑虑"新设立的79个地区今后将作为国会选举的选区"；他还修改"基金会法"，使成立非政府组织变得更加复杂和困难；此外，还进行了刑法典的修改，允许对破坏宪政秩序的"意图"进行检举和起诉。时任欧盟轮值主席就修改刑法典表示了"关切"，认为"可能不符合欧盟制定的'哥本哈根标准'"。① 与此同时，斯洛伐克境内的匈牙利少数民族使用匈牙利语的权利受到威胁，不安全感与日俱增，一是由于前一年通过的关于国家语言方面的法律，二是试图在讲匈牙利语的学校引进双语教学。

1997年7月15日，欧盟委员会公布了一份针对候选国的综合评估报告 Agenda 2000，认为"斯洛伐克的政治制度不稳定，政治生活缺乏民主基础及其过程中的缺点，导致斯洛伐克未能如欧盟所愿履行哥本哈根标准的政治要求"②。欧盟的指责源于梅恰尔政府的一系列"不民主"行为，如国内政治分化加剧，总统和总理之间的冲突不断升级，司法体系的运作处于强大政治压力之下，不公平地对待反对派，对批评政府的异议人士贴上"敌人"、"反斯洛伐克"和"反国家"的标签。1997年，时任美国国务卿的奥尔布赖特称斯洛伐克为"民主的黑洞"。同年底，欧盟"卢森堡峰会"同意与波兰、捷克等第一批国家启动入盟谈判，但

---

① "Declaration by the Presidency on Behalf of the European Union on Slovakia", 6253/96, Presse 79, Brussels, 1996年4月3日。

② European Commission, *Agenda 2000*: 3. *The Opinions of the European Commission on the Applications for Accessions*, Brussels, 1997, Section on Slovakia.

斯洛伐克被拒绝在"第一梯队"之外。

三、斯洛伐克驶向入盟"快车道"与政治转型加速

　　1998年是90年代斯洛伐克政治的分水岭。1998年正值斯洛伐克的国会大选年，政党之间的对立与争夺更加激烈，形成了两大政党阵营，一方是以"争取民主斯洛伐克运动"为首的执政联盟，另一方是以斯洛伐克民主联盟为首的反对党阵营。在这种各党派和各政治力量决意一决胜负的紧张氛围下，"争取民主斯洛伐克运动"加紧了集权。1998年3月1日，科瓦奇总统任期期满，严重分化和支离破碎的国会无法提名总统候选人和产生新总统。依宪法规定，由总理代行总统的大部分职权。梅恰尔在授权总统职权的48小时内，对参与总统儿子绑架案和因破坏1997年公投（就是否全民直选总统公投）而侵害公民权利的内政部长等人进行大赦。同时，还召回了59位驻外大使中的28位。欧盟轮值主席对此声明，"梅恰尔总理进行大赦的决定……破坏了他本人对善治和法治之基本准则的承诺"。考虑到大选临近，欧盟进一步声称，"这些行为使得斯洛伐克民众为获得国际社会尊重与加入欧盟的愿望和努力受挫，欧盟为此深感遗憾，将继续支持民众加入欧盟的热望，并密切关注与履行入盟承诺相关事态的发展"。① 5月1日，执政同盟占绝对多数的国会通过了选举法修正案。其中，两大变化备受争议：一是新选举法规定除国有（实为政府控制）电视媒体外，其他形式的竞选宣传均被禁止；二是禁止以政党同盟的身份参加竞选。作为回应，祖林达领导的斯洛伐克民主联盟重新登记，注册为一个新政党，沿用原名。同样地，原匈族各政党也重新注册为匈族联盟。作为反击，"争取民主斯洛伐克运动"以SDK是政党联盟，而非政党向最高法院提出禁止其参选的请求，

---

① "Presidency Statement on Behalf fo the EU on the Situation in Slovakia", *Bulletin of the EU*, 3/1998 Common Foreign and Security Policy (15/16), ECSC-EC-EAEC, Brussels-Luxembourg 1998, www.europa.eu.int/abc/doc/off/bull/en/9809/p103022.htm.

但最高法院以理由不充分未予受理。

大选之初,梅恰尔凭借对政府资源的控制使竞选活动存在一定程度的扭曲。梅恰尔不仅是作为 HZDS 的党魁,更是以政府和国家首脑的身份来调动竞选资源和进行政治宣传,政府控制下的传媒对执政联盟不遗余力地吹捧,对反对党则尽显讽刺和丑化之能事。反对党尽管在媒体助选方面处于劣势,但充分借助了受欧盟支持的 NGO 和市民社会的力量。由 NGO 联合发起的"选民意识"(voter awareness)运动,极大激发了年轻人的投票热情,他们大多是受过良好教育,居住在城市,不满梅恰尔的专断作风。NGO 组织还反复提醒公众监督政府是否操纵选举。OSCE、欧盟理事会和欧洲议会都派出了相当数量的代表监督大选。由于这次大选事关斯洛伐克的入盟前景及国内政治走向,民众政治参与热情高涨,投票率高达 84%。

不过,尽管 HZDS 在大选中赢得了 27% 的选票和 43 个席位,保住了国会第一大党的位置,但由于 SNS 和 ZRS 的糟糕表现,无法通过三党结盟来达到法律规定的 76 个席位。于是,总席位占 3/5 绝对多数的四个反对派斯洛伐克民主联盟(SDK)、民主左翼党(SDL)、匈族联盟党(HC)和谅解党(SOP)组成了一个由左翼广泛结盟的新政府,民基盟主席祖林达(Mikuláš Dzurinda)出任总理一职,欧盟表示对这次和平和公正的选举及其结果表示欢迎。欧盟委员会关于斯洛伐克的第二份报告称"不同的政治气候正在出现,对于承认和愿意改变缺点的新政府,将为其开启新的机会之窗。新政府现在有机会展现自己实现对民主、尊重少数民族权利和法治的承诺"①。

祖林达政府执政后,第一要务是针对"民主不达标"问题,改善国内民主状况,将加入欧盟作为本届政府工作的重中之重。首先,修订新语言法,改善了与匈牙利少数民族的关系;其次,改善执政党和反对党在国会内外的关系,新政府欢迎反对党提名本党候选人进入国会委员会,以及其他一些重要但不完全由政府掌管的机构,如监督公共电视和

---

① Commission Report, *Slovakia*, Brussels: The European Commission, 1998.

广播、管理国家财产基金会，力图使各政党走上良性竞争的轨道；再次，修改宪法直接选举产生总统。宪法修正案于1999年1月生效并开始实施，SOP创始人鲁道夫·舒斯特（Rudolf Schuster）于同年5月当选为总统，结束了斯洛伐克在长达一年多的时间里因总统缺位在国际交往和国内政治中出现的尴尬，同时也增强了国内制度的稳定性。

此后，斯洛伐克的入盟进入了快车道。1999年是祖林达政府为启动加入欧盟谈判所做工作最集中的一年。2月，斯洛伐克通过了旨在加强其与欧盟整合的行动计划（Action Plan）；5月，修订了NPAA（National Programme for the Adoption of the Acquis）；6月，撰写和提交斯洛伐克为加入欧盟所做各项准备工作的报告，以及对中期经济政策的评估；9月，提交了一份斯洛伐克实现与欧盟整合进程的补充报告。同时，斯洛伐克政府加快与欧盟成员国的联系，特别是那些能起到关键作用的德、法等国。欧盟委员会于1999年10月13日发布的第二份年度报告对斯洛伐克给予了高度评价，认为"斯洛伐克对实现欧洲一体化重要性的理解已经发生了根本性改变，实现了开启加入欧盟谈判的基本政治标准，包括制度的稳定，法治、尊重人权和保护少数民族权利"，还特别提到"在修改选举法和宪法后，举行了总统直选，将反对党包括进国会委员会，签署关于地方自治的宪章，加强司法独立，加大反腐败力度，保护公民权利和少数民族权利上取得的进步"。1999年底召开的"赫尔辛基峰会"正式同意启动与斯洛伐克的入盟谈判，2000年2月开始实施，斯洛伐克进入到具体落实欧盟法律和制度规定的阶段。如果说能否实现欧盟的"哥本哈根政治标准"仅仅是政府愿意与否，那么要逐条逐项地落实欧盟8万页的法律，不仅存在许多技术上的困难，还导致了执政党之间在许多问题上产生分歧，对政府能力构成了极大挑战。

随着斯洛伐克渐次规范宪政、政党制度、法治和人权等问题，欧盟对斯洛伐克政治的关注也从宏观制度转换到日常的政治和经济问题上来。由于各执政党在福利和经济政策问题上存在极大分歧，特别是民主左翼党难以接受这些激进的改革措施，以致菲措（Robert Fico）于1999年10月脱离民主左翼党，成立了方向党（Smer），从内部冒出一个对执政联盟最具威胁的政党。祖林达领导的 SDK 也四分五裂，严重妨碍了政府的决策力和执行力，不得不在 2000 年 1 月对民基盟进行重组，成立新政党"斯洛伐克民主和基督教联盟"（SDKÚ）。欧盟在 2000 年发布的第三份年度报告中，提到"政府内部的紧张，导致了一些带有政治敏感性的立法程序难以有效开展，包括宪法改革"①。比以往更为严厉地提及政府的不稳定，特别是包括 SDL' 主席和议会主席在内的部分议员，在 2000 年 4 月对祖林达投不信任票，投票反对自己的政府。2001 年 2 月，斯洛伐克国会通过了宪法改革协议，国内民众和欧盟普遍表示欢迎，但遭致了匈族联盟党的不满，甚至声称要退出执政联盟。欧盟警告匈族联盟党"将会损害欧盟对斯洛伐克的判断和评价，进而影响斯洛伐克入盟的进程"。HC 最终妥协，因为入盟符合斯洛伐克境内匈牙利人和 HC 本身的根本利益。同时，欧盟在改善斯洛伐克境内罗姆人的处境方面扮演了关键角色。如果说匈牙利人一直在通过组建本民族政党和用选票来改变处境，罗姆人长期以来都是"用脚投票"。来自欧盟的压力填补了国内改善罗姆人处境动力不足的问题。

尽管问题不断，祖林达政府还是成功处理了与欧盟的关系，并力图使国内政治达到一定程度的均衡。欧盟充分肯定了祖林达政府的努力，并本着"区别对待"的原则使得斯洛伐克在第二批开启入盟谈判的候选国中遥遥领先，急追第一批候选国。欧盟 2000—2001 年的进度报告指出，"根据目前的入盟谈判进度看，斯洛伐克实现了后来者居上，赶超了'第一梯队'的波兰和爱沙尼亚"②。2001 年 11 月，欧洲委员会声称"斯洛伐克拥有运作良好的市场经济。如果能够在财政巩固、完全执行政府宣布的结构改革方案上作进一步的努力，短期内将能够承受入盟的

---

① European Commission, *2000 Regular Report on Slovakia's Progress towards Accession*, Brussels, 2000, p. 6.

② Information on the Present Situation Regarding the Process of Enlargement of the European Union, http://www.mfa.gov.yu/Policy/Multilaterala/EU/analize_e/info_EU_prosirenje_e.html.

市场竞争压力"①。

2002年9月,斯洛伐克举行独立以来的第三次大选,民基盟与匈族联盟党、基督教民主运动和新公民联盟以78票的微弱多数组阁执政,祖林达再次当选政府总理,延续了上届政府的内外政策。不过,由于执政党只在国会中占微弱多数,反对党"人民党—争取斯洛伐克民主运动"和方向党力量强大,双方在一些重大问题上时常发生明争暗斗。

2002年底,斯洛伐克完成了与欧盟及其成员国的入盟谈判,为2004年正式入盟铺平了道路。2003年5月,斯洛伐克举行了入盟全民公决,支持率为92.46%。2004年5月1日,斯洛伐克成为欧盟正式成员国。至此,斯洛伐克完成了"回归欧洲"的旅程。

2002—2006年的中右翼执政联盟继续扩大和深化改革,涉及国家财政、税收、公共财政管理、医疗卫生、社会保障、劳动力市场、养老金和教育等领域,旨在使经济尽快融入欧盟。欧盟对这些改革表示欢迎,世界银行更是在2003年称斯洛伐克为改革先锋,但是,国内民众并不买账,很快厌倦了这种变革,因为改革增加了失业率,民众生活没有得到相应的提升。特别是当2004年入盟得到保证后,国内的欧洲怀疑主义进一步上升,方向党适时利用了选民心理,声称要更加重视和维护斯洛伐克在欧盟中的国家利益。在2006年6月的大选中,方向党获得29.14%的选票,一跃成为第一大党,与斯洛伐克民族党和"人民党—争取斯洛伐克民主运动"组成左翼政府,菲措出任总理一职。

菲措政府执政后,部分调整了原中右翼政府实行的经济改革,通过一些社会福利保障措施来帮助低收入家庭及失业者、退休人员和病患者等弱势群体,缩小贫富差距。但为了更多地引进外资,调整幅度和强度远没有执政前的决心大,与欧盟关系依然是政府工作的重心,包括支持欧洲一体化的方针,履行斯洛伐克作为欧盟成员所承担的一切义务,并承诺政府的优先任务之一就是尽一切努力,按时间表满足加入欧元区的

---

① Commission of the European Communities, *2001 Regular Report on Slovakia's Progress Towards Accession*, Brussels, 13 November, 2001, SEC. 2001, 1754, p. 36.

各项条件，无条件地接受欧盟对斯洛伐克公共债务和物价的监督。2008年5月，欧盟委员会的报告称"斯洛伐克在通货膨胀、政府财政状况、长期利率水平和汇率稳定程度以及立法准备等五个方面均已具备加入欧元区的条件"。2009年1月1日，斯洛伐克正式加入欧元区，成为维谢格拉德集团中第一个加入欧元区的国家。

2010年6月斯洛伐克大选，方向党获34.79%的选票胜出，但原执政盟友斯洛伐克民族党仅获5.07%的选票，HZDS的得票率更是跌至4.32%。最终，民基盟（15.42%）、自由团结党SaS（12.14%）、基督民主党（8.52%）及桥党Most-Hid（8.12%）联合执政，拉迪乔娃（Iveta Radicova）出任总理一职，成为斯洛伐克历史上首位女总理。新政府主张削减政府机构、促进民族和谐和自由市场经济，同时也不得不面对因庇护关系和腐败行为导致有所变形的宪政体系及其治下的决策进程。

四、结语

斯洛伐克因为转型的初始条件较差，加之民族—国家建设与各领域的转型同时进行，任务的多重性和同时性加大了政治转型进程的复杂性和不确定性。独立后的政治转型逐渐偏离了联邦时期的轨道，一度明显落后于捷克、波兰等国。但就整个转型过程而言，斯洛伐克向西方式民主制度的过渡快速且基本平稳。斯洛伐克的第一部宪法不乏弊端，但对保存斯洛伐克的民主，阻止其滑向威权政治发挥了巨大作用。梅恰尔政府多次违宪，如弹劾总统、破坏公投、禁止民基盟参加国会大选等，宪政法庭能及时制止或加以制裁，这也是尽管饱受欧盟"不民主"和"政治不稳定"的批评，但能所幸没有导致国内动乱和人道主义灾难的重要原因。

欧盟对斯洛伐克政治转型进程的影响非常巨大。每当斯洛伐克的国内政治形势与欧盟信奉的民主政治有所偏离，或"相容度"（goodness of fit it）越低的时候，制度调整的压力和幅度也就越大。但是，欧盟对斯洛伐克政治转型的制约方式和影响强弱并非固定不变。从被欧盟排斥在外到开始入盟谈判，再到入盟成定局并正式加入欧盟，斯洛伐克处于入盟进程的哪个阶段，直接影响着欧盟因素在斯洛伐克政治转型过程中作用的强弱。祖林达政府开始执政的1998年到2000年12月欧盟同意开启入盟谈判，是斯洛伐克政治制度最快速的转型阶段，在修改宪法、政党制度、保护少数民族、公民权利和法治等一系列基本问题上作出了重大改进。

20世纪80年代末冷战结束为欧洲统一消除了社会政治制度和意识形态上的障碍，通过一种和平方式东扩从而实现统一的可能变成现实。欧盟是当前各类国际组织中制度密度最高的地区，其相关规则涵盖了广泛的问题和领域，分正式和非正式两方面。举例而言，既包括具体政策领域、政治规则、行政和司法过程中的规则条例，也包括国家和地方机构的建立和完善。与此同时，欧盟也是对第三方国家要求范围最广，程度最高的组织，涵盖了政治、经济和社会发展的方方面面。欧盟的制约性体现在对成员国和候选国（或相关实体）的压力和限制上，同时也包括欧盟对某种制度和方式的特定偏好，由一套检测和评估机制构成。在物质援助或政治机会的承诺下，各成员国和候选国履行规定的义务。这些都表现在斯洛伐克入盟过程中实现的政治转型上。

此外，从对20世纪90年代斯洛伐克欧洲化和政治转型的分析可以看出，斯洛伐克不同政治力量在加入欧盟过程中的较量，在很大程度上是以政党竞争的方式展开。无论是梅恰尔政府对欧盟的抵触情绪，还是祖林达政府在加入欧盟过程中表现出来的巨大热情，及后来的菲措政府在处理与欧盟关系上的态度摇摆，除了源于领导人个人的政治理念、气质和经历异同的解释外，更多是基于"利益最大化"的理性计算的结果，为了能够组阁执政和保证执政联盟的稳定，各政党及其领导人都不失时机地打出"欧盟牌"。对梅恰尔及其领导的"争取民主斯洛伐克运动"而言，尽管加入欧盟的前景诱人，但也代价高昂，因为积极发展与欧盟的关系，意味着招致持极端民族主义的斯洛伐克民族党不满而倒戈，进而导致政府解散。而在祖林达政府中，发展与欧盟关系和履行欧盟制约性中规定的义务，是各执政党利益一致的选择，因为只有在入盟这面旗帜下，理念和利益迥异的各政党才能联合起来打败共同的对手"争取民主斯洛伐克运动"，阻止其执掌政权是这些政党在1998年大选前结盟的唯一黏合剂，在联合组阁执政后，加入欧盟这个首要目标又成了弥补各执政党间矛盾和保持政府稳定的最重要因素。同样地，菲措政府在欧洲化问题上的态度，无不是在国内政治力量与欧盟之间小心地踩钢丝。

  如果以1998年大选为分水岭，我们可以看到前后两幅截然相反的图景：梅恰尔政府和祖林达政府在内政外交政策上的迥异之处。斯洛伐克政治转型的经验表明，欧洲化需要透过国内政治制度这一变量来影响政治转型。换言之，候选国的政治结构不是铁板一块，而是不同政治力量的彼此较量，通过与作为外生变量的欧盟进行不同方向和方式的互动，构成国内政治生态的动态均衡。在20世纪90年代国际局势剧烈变革的背景之下，中东欧转轨国家正是在欧洲化和执政权力两者的相互作用下，实现了本国大政方针的调整、政治运行方式的变更和政治制度的转型。 CPS

新加坡 2011 年大选与宗教角色转变

章 远[*]

【内容摘要】新加坡是一个多元化、高人口密度的移民社会。2011年新加坡大选给新加坡政治与社会带来一定的变化,这其中也包括原本应该因政教分离原则而被屏蔽于政治生活之外的宗教。新加坡针对宗教的制度设计原则是保护宗教信仰自由、促进宗教平等与和谐共存,更重要的是不给予宗教干预政治的空间。然而,随着反对党政治诉求获得更广泛的认可,宗教也重新获得渗入到包括大选在内的政治生活中来。

【关键词】新加坡;2011 年大选;宗教和谐;宗教的政治性参与

2011 年 5 月新加坡大选尘埃落定,人民行动党取得选举的最终胜利,反对党也收获突破性的 5 个议席。因为本次新加坡大选过程中释放出诸多政治进程变化的信号,一些乐观的观察家将此次大选的意义提升到"分水岭"或者"里程碑"的地位,以期推动更大规模的地区政治进步。新加坡 2011 年大选与过去大选相比,带来的变化也包括宗教方面。新加坡国内宗教原本因政教分离原则而被屏蔽于政治生活之外。新加坡

---

[*] 章远:博士,华东政法大学政治学研究院助理研究员,华东政法大学法学博士后流动站研究人员。本文是上海高校青年教师培养资助计划"国际宗教非政府组织的信仰外交路径及影响研究"(课题编号 hdzf10002)的阶段性成果之一。

政治空间以往与宗教相处的方式是：政府保持世俗属性，国家政治与社会中的宗教相互分离，不同宗教之间地位平等，但并不完全禁止宗教介入公共生活。从本次大选来看，宗教已经不仅仅在新加坡的民众信仰生活中发声，宗教同时也开始尝试在政治选战过程中发挥更大影响力。宗教发展使得今天的新加坡宗教正在潜移默化地渗入到包括大选在内的新加坡政治生活中来。

一、政教分离的新加坡

新加坡针对宗教的制度设计原则是：以制度的形式保护宗教信仰自由、促进宗教平等与和谐共存，更重要的是不给予宗教干预政治的空间。自建国起新加坡就是一个人口成分多元化、密度高的移民社会。据统计，超过80%的新加坡国民有宗教信仰。① 宗教自由原则是新加坡法律维护的基本原则。尽管宗教在新加坡社会生活中欣欣向荣，然而新加坡在政教关系议题上的制度设计一贯极力避免出现宗教影响政治的情况。宗教问题与种族问题一样，都是新加坡政治语境中的极端敏感词汇。② 在网络环境相对宽松的新加坡，涉及宗教的议题却是新加坡网络监管的关注对象。

新加坡国内宗教族群之间的关系基本和谐平稳，政府官方也非常重视倡导宗教和平共处的局面。比如新加坡政府发表于2003年7月20日的《宗教和谐声明》③ 就肯定了宗教和谐对新加坡的重要性。声明中确认"宗教和谐"是维护新加坡"多元种族、多元宗教社会之和平、进步与繁荣的要素"。作为宗教活动的直接行为体，新加坡的宗教团体不排

---

① 新加坡驻华大使馆：《新加坡简介》，见新加坡驻华大使馆网站，http://www.mfa.gov.sg/beijingchi。
② 黄卫平、陈文、陈家喜：《新加坡大选：一场多赢的竞选》，载《深圳特区报》，2011年8月8日。
③ 胡绍皆：《宗教和谐声明》，载《中国宗教》，2003年第10期。

斥参与跨宗教甚至是跨国界的宗教交流与对话。近期典型的例证发生在2009年12月，作为中新两国建交20周年系列活动之一，新加坡十大宗教（耆那教、巴哈伊教、拜火教、道教、佛教、基督宗教、锡克教、新都教、伊斯兰教、犹太教）与中国五大宗教共同举办"中国—新加坡2009宗教文化展"。"宗教和谐"正是中新宗教文化展的展出理念。①

新加坡建国之时并不认可宗教和谐是新加坡宗教的第一顺位属性。相反，彼时新加坡制度建设的重要目的在于严格限制宗教因素在非宗教领域的活动范围。推行的是极度理想化的西方式"政教分离"式政体。正如其时李光耀资政的政论："宗教团体必须把人民的政治和经济需求留给非宗教团体，如政党，去处理。这是因为如果任何一个宗教团体设法确定我国人民的社会经济议程并通过'社会行动纲领'来动员基层的话，其他宗教团体也会纷纷效法。一旦人们基于对宗教的虔诚而在社会经济问题上被动员起来，结果对大家都没有好处。"②

新加坡的政教分离实践包括行政层面制度规范和法律层面制度规范。其一，对精英阶层，新加坡1966年颁布的《管理穆斯林法》授权总统作为国家最高首脑可以担任穆斯林议会主席，有权任命包括新加坡伊斯兰教法庭成员在内的相关宗教官员。新加坡宪法第八十九条规定"始终不渝地保护新加坡少数民族和少数宗教集团的利益，应是政府的职责"。1990年的《维护宗教和谐法》赋予内政部长一旦认定任何人"导致不同宗教团体之间产生敌视、仇恨、恶意情绪"的任何行动，就可以立即发布"针对他人的限制令"的权力。

其二，对市民阶层而言，新加坡宗教的社会资本主要集中于教育、慈善等传统领域。宗教表达权力在一些情况下会遇到制度性限制。比如新加坡的公立学校禁止穆斯林女生佩戴头巾，如果坚持要佩戴那么带头巾的女生只能去穆斯林学校。而穆斯林学校的教学水平却又不及公立学校，在穆斯林看来限制入学的规定涉及宗教歧视。而宗教歧视诉讼在新

---

① 王作安：《在"中国—新加坡2009宗教文化展"开幕式上的致辞》，见中国国家宗教事务局网站，http://www.sara.gov.cn/ldxx/wza/ldjh/598.htm。
② 〔新加坡〕联合早报编：《李光耀40年政论选》，现代出版社1996年版，第313页。

加坡法庭胜诉的可能极小。宗教与服兵役在新加坡同样如在其他西方国家一样有可能出现矛盾。新加坡执行"权力主义"限制和管理宗教团体登记。新加坡所有的组织和社团都必须在政府的严格监督下运行，同时新加坡并没有类似日本《宗教法人法》的特定专门管制宗教团体注册的法令。通过严格的社团登记制度，新加坡即保证宗教信仰自由原则，又在事实上取缔了耶和华见证会这样的教派。[①]

二、宗教角色在大选中的变化

新加坡与其他国家和地区相比，从独立以来几乎没有发生过宗教之间的直接暴力冲突，尤其是在大选之年。随着宗教全球性复兴，每逢竞选年，宗教问题常常成为各个国家内部参选政客影响选举、吸引选票的重要议题。另一方面宗教常常因为被刻意煽动，而成为威胁到社会稳定的不安定因素。新加坡则不然。新加坡以往选举不能涉及敏感性话题，这其中就包括宗教。无论是社会舆论还是选举制度，新加坡都努力杜绝宗教介入大选。新加坡1984年设立集选区制度正是为了避免国会在异乎寻常的选举结果中成为单一肤色或宗教背景的国会。然而本次新加坡大选还是释放出宗教于政治圈复苏的迹象。新加坡宗教的角色正悄然改变。

本次大选所表现出的政治变化体现了新加坡市民阶层对摆脱威权政治格局，扩展民主化的政治要求。虽然参选者的公开发言都没有涉及宗教敏感话题，但却开始有宗教界人士以宗教敬拜、言论自由为依据，表达从宗教立场出发的利益诉求。政治家在宗教场所参与宗教性活动的时候也能发表政治性言论。比如选前数月，内政部长黄根成在穆哈芝林回教堂出席宗教嘉年华活动时接受媒体询问表示欢迎反对党来挑战执政党，并没有因为身处宗教敬拜场所而避谈政治话题。常规宗教活动有时

[①] 参见美国国务院：《2001年关于国际宗教自由的年度报告》，第195页。

反而处于限制之外。比如根据国会选举法,候选人在投票前一天的"冷静日"不能再进行任何竞选行为,但允许参选人仍然可以参加宗教仪式。

新加坡宗教界人士并没有在本次大选期间选择禁声。新加坡佛教的活动中心往往是寺庙禅堂,但此次大选过程中新加坡的佛教人士利用公共媒体表达自己的政治立场成为观察家的新看点。新加坡佛教居士林林长李木源在投票之前"冷静日"发表自己对阿裕尼、杨荣文选战的看法,明确表示支持杨荣文。虽然李木源居士强调"作为一个宗教界人士,作为一个虔诚的在家佛教信众,本应秉着息事宁人之态,不要掺和在政情选情之中,但是,作为佛教徒的我,在前提上依然是新加坡公民,依然有行使自己手中神圣投票权的权利,对于此次阿裕尼之役,我相信我依然有表达个人心声的机会"。然而正是因为这番表白,反而强调了他的宗教身份,很难说不会在选前对其他同宗教信仰者产生影响。更遑论李木源居士的论据是杨荣文部长"尊敬、热爱其他宗教","深入研究其他宗教教义"①。另一方面,宗教介入大选的尝试也遇到了反对的声音。李木源居士的言论也引发阿裕尼集选区行动党团体的对立面工人党团队的不满,激进人士甚至向李居士寄发恐吓信。

三、宗教的政治性参与对新加坡政治发展的潜在影响

新加坡长期以来国家政策主要围绕促进经济增长,具体措施包括将新加坡发展成为主要的经济中心;改善国民条件,特别是住房以及就业;压制不同政见派等等。新加坡政府控制反对力量的努力一定程度上有益于维持社会稳定。但也正因为政策选择上从为了稳定的局面出发,客观上使得政府有理由进一步限制反政府言论、打压反对派,以及遏制

---

① 李木源:《支持杨荣文部长还需要更多理由吗?》,载《联合早报》,2011 年 5 月 6 日,http://www.zaobao.com/ge/pages/ge110506m.shtml。

社会的潜在不安全因素。新加坡以往的巨大成就，与民众牺牲个人权利有关。宗教天然具有符合人类普世伦理的公义属性，又有鉴于教义等分歧而产生冲突的潜质。长远来看，这次大选发轫于民间的宗教政治性参与对新加坡未来政治发展可能有以下三个方面的潜在影响。

其一，宗教政治性参与有可能有利于促进完善公民文化，实现社会公平正义。各国公共生活中的宗教群体往往主要关注教育、慈善等公益事业议题。本次选举中反对党对政府不满的主要内容是高房价、社会贫富差距悬殊等有关社会公平正义的议题。主流宗教大都追求普遍正义宗教背景的慈善组织，其内驱目标是为了传播自身信仰的宗教、促进宗教整体进步，客观上促进公平公正。在反国家福利主义的新加坡，宗教地位提升有助于推进更多民众享有复合式福利保护。换言之，宗教团体可以在更宽容和平等的社会中充当福利提供者，以及国家提供的社会福利的补充，就像他们在欧洲大多数国家所做的那样。

其二，新加坡深层的儒家文化将因宗教政治性参与增多而遭遇挑战。儒学文化是新加坡文化的重要内核。甚至有学者认为新加坡之所以能够成功地以威权政治、精英政治维持统治，儒家文化居功至伟。但儒家在新加坡并不是政府和法律认可的宗教信仰，不具备宗教身份，而在马来西亚等国则因为华族是少数族群，儒学反而享有宗教身份。宗教保护方面的政治制度无法惠及新加坡儒学，相对于宗教重要性增加，儒学发展空间会进一步受到挤压。新加坡儒学发展如果受制会波及中华文化的软实力。

其三，在选举及以后的政治生活中过于强调宗教信仰自由，宗教的负面作用可能将会出现。国务资政吴作栋曾自豪于新加坡能够将人民不分种族和宗教，团结到新加坡人的认同中来。但是宗教自由原则的滥用可能会导致依据宗教分歧而产生群际分裂。2010年新加坡就发生过基督教牧师布道过程中诋毁佛教和道教的事件，新加坡内部安全局介入后当事牧师才被迫道歉。李资政也曾提到新加坡年轻人更愿意接受基督教而不是佛教、道教，不愿意如上一代人一样祭祀祖先。宗教间竞争对社会稳定而言未必是良性变量。

2011年新加坡大选落幕，新的新加坡政府已然产生。大选过后，李光耀和吴作栋两位政界元老宣布退出内阁。正如新加坡宗教联谊会现任主席、道教总会长陈添来所说，"从这次选举看，年青一代有年青一代的诉求，现在是放手让年青一代领导新加坡的时候了。"① 从被动且消极地避世到采取策略性手段积极发声，新加坡的宗教角色也正在随着政治进步而经历新一轮的更新与转变。

---

① 谢燕燕：《华社和宗教界表示惋惜，但认为这是领导层自我更新必须之路》，载《联合早报》，2011年5月15日，http://www.zaobao.com/ge/pages/ge110515n.shtml。

进步的全球主义——挑战蛮横的资本

〔美〕威廉·K. 塔布[*]

王金良 译[**]

我将论证当代全球化的某些层面,以及全球化对劳工阶层带来的影响。从一般性概念入手,在不同时期(包括我们所处的时代)全球化的表现形式不同,然而它一直是资本主义发展的组成部分。接着我将谈到自负的资本,它试图按照自己的喜好来重塑世界。为此我将对在美国开始实行的劳动标准以及工人们的劳动权利进行对比,然后考察国际化资本主义制度的组织机构,如国际货币基金组织和计划中的多边投资协议,这些组织正在推行某种强制性措施。最后,还将谈到抵抗资本的力量。

全球化是一个减少国家间壁垒以及促进国家间经济、政治、社会交

---

[*] 威廉·塔布(William K. Tabb)是皇后学院的经济学教授,也是纽约城市大学研究生中心的政治学教授。他的《重建政治经济学:经济学思想的主要分水岭》一书,于1999年春末由劳特利奇(Routledge)出版社出版。这篇演讲由皇后学院劳工研究中心赞助,也是为1998年11月20日的《每月劳工领导早餐》准备的。后来这篇讲稿重新修正过,为的是参加1999年2月15日在哥伦比亚大学国际与公共事务学院举办的"全球政治经济的劳动和大众抗争"研讨会。

[**] 王金良:华东政法大学政治学研究院讲师,博士。本文根据1999年2月1日《每月评论》所载文章译出。

往的过程。通过共享全人类的知识和劳动成果,全球化可以极大地增强人们改善生活水平的能力。当然这一切并未发生,然而人们常常会忽略这个问题。正如理查德·沃克(Richard Walker)所言:"积累是世界经济的主要驱动力,同时也带来了资本间的竞争以及对劳动的剥削。使用'资本主义体系'的概念要比'全球市场'更有意义,可以说市场的主要目的是服务于人类需要而资本家和公司也成了最大的神话。"

当听到"政府是无能的,在强有力的全球市场面前我们无能为力"的论调时,首先得弄清楚是哪个政府?资本主义是资本家的国家,政府不是弱势阶层对抗市场力量的中立仲裁者,它只是当代资本主义体系的一个结构性组成部分。全球化不是连美国政府都无力对抗的压路机,相反国家是全球化进程的活跃参与者。退一步说如果美国失去了对国际市场的影响力,问题也是自我造成的。正如英国政治学家苏珊·斯特兰奇(Susan Strange)所说:"为了让世界上其他国家有安全感,同时迎合美国资本主义,历届美国政府都在消除对外国投资的障碍以加快资本的流动。"由于坚持市场导向,国家间的发展进一步不均衡了,结果是否退出全球市场体系不再是一个选项。斯特兰奇认为"'依赖'(dependency)一词描述了目前这种情形。"加拿大理论家罗伯特·考克斯(Robert Cox)认为:当今时代国家已被迫成为"全球经济到国家经济的传输带,也是捍卫国内福利的堡垒"。由于退出市场是不可能的,国家面临的问题就是如何处理全球资本之间的关系,以及如何有意识地创设全球的和国家的组织。全球化主张社会控制和平均,然而过度自由的力量却是当前的主要威胁。由此可见,我们的目标是推动全球化更均衡、更积极的发展,对此心灰意冷或者借口全球化是不可避免的只是一种意识形态建构,也是政府和媒体领域中的政治势力粗暴干涉的结果。

全球化不只是一种科技驱动的力量。当代改头换面的全球化以及政治势力已经扭曲了许多正在发生的事情。举例来说,全球化与美国的工作和收入之间的关系并不简单。大多数贸易国支付着比美国更高的薪水。一般意义上讲,从低薪国家进口的是美国本土不易生产或根本不能生产的物品,如香蕉、咖啡和铁矾土。但是最近东亚制造业出口国和

《北美自由贸易协定》的出现否定了这种情况。由于交通运输和通讯的革新，许多工业品正在本土之外生产，这也引起了关于不公平竞争和保护工人权利之间的争论。下面我将谈到这些争论的某些方面。

资本的改良主义

不论苏联共产主义的本质是什么，但它的确支援了民族解放斗争，保护了马克思主义的政权不受强大的美国帝国主义干涉（如古巴和其他政府的情况）。随着冷战结束和苏联终结，跨国资本家已经修改了他们的国家理论和实践。在新形势下，人们不再需要残暴的独裁政权，通常自由国家将它们描述为：一个充满赤裸裸的压迫、大规模谋杀、严刑拷打、敲诈勒索商业活动的世界。从经济角度来看，这些独裁政权无效率且维持成本很高，结果是增强了反对派的凝聚力。人们普遍认为国内压迫和国外资本主义是相关的，所以要压制反对派必须付出高成本，甚至承担爆发反抗资本主义大众运动的危险。最好的选择莫过于由善意的、民主选举的东道国的精英来管理民主政府，它们具有跨国资本家的全球主义眼光，信奉具有市场导向的全球主义，支持国际货币基金组织的紧缩政策。如果没有革命威胁，对于跨国资本家来说，更好的合作者是东道国的商业阶级而不是寻租的军政权。

有趣的是，主要工业国家尤其是美国竭力把国际劳动标准写入世界贸易组织的协定中，包括国际劳工组织认定的权利：结社自由、集体组织和谈判的权利、非歧视、最低年龄要求和禁止强制劳动。在美国国会和欧盟议会中，有人提议限制不符合劳动标准的进口活动。这是民主和选举时代的组成部分，也是对冷战时代美国扶植旧式独裁政权的反思。

奉行古典自由主义的比尔·克林顿和托尼·布莱尔告诫第三世界国家，强迫它们推行自由贸易、自由竞争、无歧视的开放经济和自由选举的政策（其中金钱的力量起支配作用）。在受到大众运动威胁的国家，暴力手段不是必要的选择。或者说敲诈本国和外国资本家的官员们更偏爱正规的自由市场规则。很少有（如果有的话）东道国精英愿意放弃竞争以吸引外国投资，可见诸如此类国家和政府也不再是"必要之恶"。

若主张自由市场政策的势力持续赢得选举，必然推行正统的民主政治和更高的劳动标准。通过打破非民主统治和经济压迫，中产阶级以及偏爱自由市场的政党赢得自由选举，这种民主化进程能够改变政治平衡，结果是对抗新自由主义的大众运动难以形成。对于劳工阶层来说，主要问题是赋予抽象的正式劳动权利，结束独裁的和军事的政治统治。正如在新自由主义国家里需要进行定期选举和言论自由，不管多么不受欢迎，在经济竞争的领域也需要限制劳工阶层的权利。

劳动标准/劳动权利

对劳动标准和劳动权利的区分有助于解释正在发生的事情。劳动标准是把特定国家的产品排除在市场之外的决定性标准。劳动权利是政府和雇主承担的尊重工人及其组织的责任，以及劳工阶级自我组织的权力。

劳工阶级有权制定新的劳资关系规则有重要意义。政府可以批准各类劳动标准，但劳动权利只能靠自己赢得。这两者的获得离不开劳工阶级同盟者的参与，但其同盟者关注点有所不同。甚至在某些最大的经济部门中，也没有严格执行正式的劳动标准，尤其是在国内消费而不涉及出口的生产部门当中。劳工阶级只能尽力争取合法的劳动权利，而不能寄希望于相关国际制裁。更有甚者，劳动标准是由政府或自我管理的贸易协会来执行的，而不是独立的监管协会。这些独立的监管协会更加关注象征性的劳动标准，在这种情况下，劳工阶层如何扩充独立的组织以及如何自我组织是最重要的。

如《国际劳工组织公约》一样，联合国的人权公告也认定了工人们的普遍权利，如禁止使用童工、结社自由和组织的权利。但是国际劳工组织的公约取决于自愿服从，没有强制力。但当涉及保护知识产权时，世界贸易组织却可以强制实施劳动标准。但它不这样做，因为……因为这些问题的管辖权属于国际劳工组织！需要指出的是，1919年成立的国际劳工组织的目的是阻止布尔什维克在全世界尤其是欧洲工人中的蔓延，当时欧洲深受革命的重大威胁。

在贸易和投资报告中，世界贸易组织秘书处指出："由于相关规则和政策空白，而且已有政策缺乏连续性，这威胁到贸易与投资协议的安全和稳定的两个基本目标。"同时也损害了许多相关的投资政策，如商标实施权、保护外国生产者的特定权利、再到工人们的财产权，然而这些都与贸易本身无关。世界贸易组织可以有所作为，但这又不属于它的职责。至于国际劳工组织，通过资本工具可成为布尔什维克恐慌的冷却装置，遗憾的是自成立伊始它发挥的作用是无足轻重的。

发达国家基本遵守了国际劳工组织的劳动标准，但实际上英国和美国一直在（当然合法地）削减劳动权利。另一方面，发达国家可以通过劳动标准威胁和惩戒东亚和其他新兴工业化国家。然而在强烈反对劳动标准的发展中国家则不会针锋相对，它们更关心劳工权利。为了本国资本家的利益，它们追求与发达国家共享资本积累最大化的共同目标。在发展中国家的官方言论中，很难听到为工人争取可维持生活的工资、较好工作条件或其他权利的声音。

不论在发展中国家还是在发达国家中，工人们面临的基本问题都不是外来竞争而是资本的力量。工作是需要保护的，由于资本产生对劳动的强制压力，所谓的国家权力和市场自由摆脱了社会控制。同时资本诱使劳工们之间的竞争，从而侵蚀劳工阶级的力量和阶级意识。

政府决策的压力来自劳工们的社会状况，然而事实与此背道而驰——政府更倾向于补贴资本，如取消对机器征税，对倒闭公司的有利税收待遇（对困境中的工人们则无作为），甚至进一步压缩劳工家庭的就业、健康和教育支出。有社会责任的政府应该把重心放在如何对资本进行管制和征税上，而不是移民和所谓其他国家劳动力优势问题上。

在工业化国家中，强调劳动标准能够限制资本，也能提升反对剥削和压迫的意识，但主要是它必须增强劳工阶级的权力。权利的获得必须依赖劳工们的斗争，并尽可能得到其他进步运动的支持，而不是提出缺少实施机制的无用标准。

对于近年来第三世界血汗工厂中的生产规则问题,进步人士终止了与生产工人之间的交涉。跨国公司试图规避严格审查,但各种公开报道使其陷入困境。在这种情况下,由资方主导严格审查成为跨国公司的公共关系工具,对提高劳动权利毫无帮助。我将分析该问题,但必须先强调下述观点。

政府是为资本服务的,托词竞争需要政府支持有组织地侵害工人权利,因而不能期望政府首脑们首要考虑劳工的需要。也许工会会员们更能了解全世界受剥削大众的利益与国家利益之间的区别。此外,国际劳工组织现在的领导人似乎推崇行动主义哲学,这或许使该组织能够成为一个追求劳工阶级利益的有力工具。与世界贸易组织不同,国际劳工组织的结构是三重的,它无权撇开劳工仅仅满足跨国资本家的需求。劳工、政府和资本都是平等参与者,决策是自愿协商和服从的结果。在某种意义上,联合国大会是讨论经济议题的重要场所,然而由其他组织如世界银行和国际货币基金组织才有真正的决策权,其决策机制不是一国一票,而是按美元分配决策权,后果是美国单独就能够行使否决权。

自上而下的全球化/自下而上的抵抗

目前还没有必要醉心于少数致力于劳工解放和环境保护的国际组织。另一方面,企业全球主义的代理人不遗余力地致力于扶植资本家摆脱大众控制。关于多边投资协议(MAI)的谈判一直秘密进行了数年之久,今年早些时候《商业周刊》曾称之为"至今未有耳闻的爆炸性贸易密约",然而直到公众全球贸易观察(Public Citizen Global Trade Watch)把该协议草稿转帖到网上之前,华盛顿的立法者几乎无人知晓。世界贸易组织总干事雷纳特·卢杰罗(Renato Ruggiero)表示多边投资协议将是全球单一经济宪章。它推进了《北美自由贸易协定》和世界贸易组织奉行的原则,减少了现行政策对资本的限制,而且禁止政府制定新法律干涉资本的自由运作。任何国家退出多边投资协议之前必须经过5年的等待期，而且在15年内不能撤销企业享有的特权。国家不但失去了对经济的控制，而且如果干涉跨国公司也可能被起诉。就是说某些政策损害了公司利润，那么国家必须承担相应的损失。

目前多边投资协议还没有提上日程，特别是作为宽泛的反抗运动（包括民族资本和文化民族主义者）一部分的左派运动揭露了它的目标。然而世界贸易组织对它的许多条款十分推崇，同时在修订的国际货币基金组织的章程中也体现了多边投资协议的宗旨，这是它在民族国家层面实践的结果。

显而易见，相对于民选政府而言，资本正在打造一个不负责的强力国际机制。由于国家的政治精英们赋予了权力，这种国际机制只服从于跨国资本及其官僚盟友制定的市场规则，否则将无法应付下次选举。政治家说道："我们无法控制局面，全球化已经不受掌控"，从而把主权交给资本家。工人阶级只有意识到问题的重要性，形成组织化的反对派才能扭转势头。

这是长期而艰难的斗争，但斗争意识已经迅速地传播开来。主要发达国家或许已经迎来了新自由主义的高潮。当前问题不是撒切尔—里根政府对劳工阶级及其组织的打压，他们已经深刻认识到该政策的高成本，严厉打击劳工阶级的时代已经过去了。布莱尔—克林顿政府提倡体验工人们遭遇的工作方式，宣扬民主，并使我们心甘情愿接受新自由主义意识形态。真正问题在于我们是资本主义社会的一部分，无关乎是否是全球化社会的一部分。要挑战全球最强的公司，大众运动需要逐渐适应这一转变。

大众的抵抗和进步的全球主义

美国的民意测验表明，有4/5的人不愿去来自血汗工厂的服装商店购物，并且如果确认某产品出自善待工人的供应商，他们宁愿在20美元的基础上多支付一美元。资本主义的剥削政策是不受欢迎的，也是容易受到攻击的，在民众眼里公司的商业行为形成了特定的戏剧化形象。草根劳动组织、环保组织、人权组织有着持续的战斗精神：它们有强有力的证据表明沃尔玛、迪斯尼等公司是贪婪的剥削者，主张维护工人权利。

在海地6美分的迪斯尼衣服在美国成为19.99美元，国立劳动委员会（National Labor Committee）和人民诚信网络（the People of Faith Network）等组织也有众多类似数据。对于当代资本主义形态的认识，激进的示威、游行、宣传、记者会和其他媒介已经广泛地传播开来。全球血汗工厂联盟（The Global Sweatshop Coalition of Solidarity）、正义团体和工会组织，将萨尔瓦多、海地和尼加拉瓜的工人们邀请到美国，将他们的遭遇告知更多人。人民知情权运动也在争取要求公司公布哪些人、在哪里、在何种生活和工作条件下从事劳动。遗憾的是，多数公司通常拒绝向消费者透漏如此详细的信息。

许多迹象表明一场强力运动正在形成。不少学校要求禁止购买来自血汗工厂的商品，它们顶住了来自大公司的压力。吉姆·基迪（Jim Keady），前足球明星，圣约翰大学的神学学生和助理教练，因抗议本校与耐克公司之间的不道德商业关系而被迫辞职，耐克公司曾给学校提供金钱和设备，作为回报学校的教练和运动员也变成了该公司血汗工厂商品的移动广告牌。基迪大胆质疑学校与耐克交易的道德性，然而耐克与200多所学校都有类似协定。里奥·约翰逊（Leo Johnson），一个住在布隆克斯区的Edenwald-Gunhill社区中心的年轻工人，为表示抗议鼓励孩子们抵制耐克鞋（并将他们的穿过的耐克鞋退回给公司），目的是要求耐克公司给工人支付一份可维持生活的薪水。社区服务所和青年组织（youth organizations）联合起来呼吁年轻人关注耐克公司如何对待国外工人以及如何对待他们自己的，如通过无情的广告来推销150美元的鞋子，没有这双鞋有些人逃避上学（甚至去盗窃）。约翰逊一语中的，这个广告从"他们的头脑中吸食脑髓"。

从本质上说，商品拜物教对人类的潜能有强大的破坏作用。从耐克城到迪斯尼商场,反血汗工厂联盟的支持者手持烛火在纽约第五大街上游行,他们有目的地联合在一起。迪斯尼打造了坚韧不拔、乐观向上、不屈不挠的消费主义家庭价值观的正面形象,这不符合它贪婪又剥削的真实面目,如剥削在海地开办的血汗工厂,也包括利用美国广播公司—电视网络破坏技术工人工会。

耐克这样的公司正积极地进行规避活动。它们与教堂、劳工组织、人权和工人权利联盟讨价还价。这些谈判也没有产生什么实质性影响。原因是公司坚持它的行为准则,比如说允许它们仅仅支付"合法的"最低工资来雇用当地童工,维持生活的工资还要低,而这些14岁左右的童工每周要工作60小时,该工资标准是由剥削性政府为讨好大公司而定的。资方的独立监察员(实际上监察员往往对公司充满感激之情,而对于运动团体没有任何义务),他们的审查(在既定一年任期内限制公司承包商的比例仅仅是5%)提议很明显就是一种粉饰,结果是所有团体都宁愿没有任何协议,而不是让这些公司在衣服上贴上"无血汗"标签,从而让消费者误以为它们对待工人是公正的。

当然,这里提到的运动只是一个开端。消费者的联合抵制不能战胜或改变资本主义。但这种抵抗可能指出改变的风向。它们与第三世界国家的大众运动(那里人们已走上街头反对全球化资本的剥削)表明人们已经开始质疑全球化无可替代的观念。

全球化的动力恰恰也正是目前的威胁之处。交通通讯的突破性进步使得血汗工厂成为核心生产市场,同时也暴露了它的恐怖。使许多全球投机者一夜暴富的工具也可能在一夜之间造成全球金融恐慌。甚至于对那些控制甚严的媒体和竞争性的新自由主义政党,它们的自由选举也为富人或跨国公司提供保障,但也不能避免发生于去年12月在委内瑞拉大多数民众反抗整个体制的事件。在法国多边投资协议高度机密的商议过程,也在大众的强大压力之下曝光和破产了。技术正在让世界各地的人们每天的生活更好,也被认为是新自由主义的原因,但新自由主义的全球化并不是技术进步的必然产品,而是远未结束的政治斗争的结果。

图书在版编目(CIP)数据

比较政治学研究.第3辑/李路曲主编.
—北京:中央编译出版社,2012.9
(CPS学术辑刊)
ISBN 978 – 7 – 5117 – 1508 – 1

Ⅰ.①比…

Ⅱ.①李…

Ⅲ.①比较政治学

Ⅳ.①D0

中国版本图书馆 CIP 数据核字(2012)第 223853 号

比较政治学研究.第3辑

出 版 人	刘明清
策划编辑	贾宇琰
责任编辑	侯天保
责任印制	尹 珺
出版发行	中央编译出版社
地　　址	北京西城区车公庄大街乙5号鸿儒大厦B座(100044)
电　　话	(010)52612345(总编室)　　(010)52612311(编辑室)
	(010)66161011(团购部)　　(010)52612332(网络销售)
	(010)66130345(发行部)　　(010)66509618(读者服务部)
网　　址	www.cctphome.com
经　　销	全国新华书店
印　　刷	北京中印联印务有限公司
开　　本	787 毫米×960 毫米　1/16
字　　数	305 千字
印　　张	21.5
版　　次	2012 年 9 月第 1 版第 1 次印刷
定　　价	63.00 元

本社常年法律顾问:北京市吴栾赵阎律师事务所律师　闫军　梁勤
凡有印装质量问题,本社负责调换,电话:(010)66509618